역사 사냥꾼

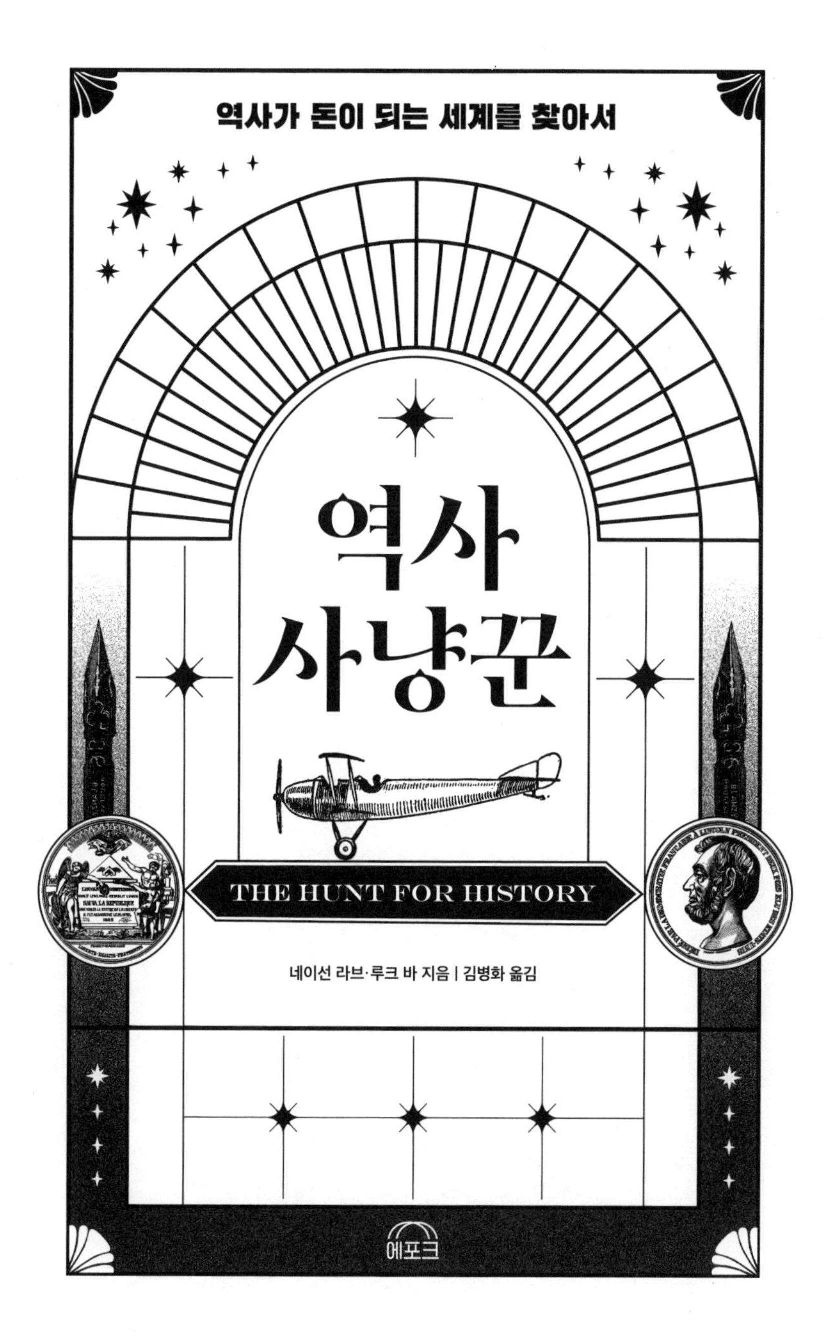

역사가 돈이 되는 세계를 찾아서

역사 사냥꾼

THE HUNT FOR HISTORY

네이선 라브·루크 바 지음 | 김병화 옮김

에포크

카렌과 엘리자베스에게

차례

✶ 3장 ✶

심화 학습

일러두기

본문의 주는 모두 옮긴이 주다.

프롤로그

발견의 순간 혹은 낙담의 전조

1849년, 나의 고조부 찰스 본 휴스턴이 보스턴에서 배에 올랐다. 야심만만한 청년 찰스는 골드러시가 한창인 캘리포니아로 가는 길이었다. 티에라델푸에고 곶을 빙 돌아 올라가서 샌프란시스코에 내린 그는 금광을 찾아가 1855년까지 일했다. 그러고는 그때까지 모은 금을 배에 싣고 파나마까지 간 다음 황열병의 위협 속에서 파나마 지협을 횡단하는 위험한 여정을 시작했다. 지협을 통과한 뒤에는 다시 배에 올라 메인주로 돌아갔고, 그곳에서 연인인 소프로니아 앤 포터와 결혼했다. 그 금을 모으기까지 6년이라는 시간이 걸렸고, 전문 기술을 익혀야 했으며, 노력은 필수요, 수많은 행운도 만나야 했다.

내 선조인 찰스 본 휴스턴과 아내 소프로니아. 그는 금을 찾기 위해 1849년에 캘리포니아로 갔다.

나는 가끔 생각했다. 황폐한 지형을 탐색하고, 강바닥을 샅샅이 쓸면서 보물을 찾고, 그 밑에 숨겨져 있을 금 한 조각, 혹은 그보다 더 많은 것을 찾는 과정에서 그가 몇 번이나 실패하여 땅을 쳤을까? 고조부의 "흰고래"•는 땅속 깊은 곳에 묻혀 있는 눈부신 금맥을 끌어내는 것이었는지도 모른다. 그가 그런 것을 한 번이라도 찾아냈는지는 알 수 없지만 금광에서 많은 재산을 모아 돌아왔다는 것은 사실이다. 이 시절의 유품으로 우리 집안에 내려오는 것 중에 나의 고조부가 캘리포니아에서 발견한 천연 금괴가 하나 있다. 그가 처음 찾아낸 보물인지도 모른다.

내가 하는 일은 다른 종류의 사냥이다. 내 사냥의 대상은 역사와 관련된 것, 과거가 남긴 흔적relic, 역사적 문서document와 사람이 만든 유물artifact, 그리고 중요성을 가진 것들이다. 값을 따질 수 없을 정도로 귀중한 것도 사냥의 대상이다. 가격이 아니라 중요도의 측면에서 보는 가치 말이다. 나는 우리 회사인 라브 컬렉션을 위해 최선을 다해 그런 물건을 손에 넣고, 대중에게 소개하고 판매한다.

메인주의 어느 집 다락방에서 새로 발견된 상자에 들어 있던 알렉산더 해밀턴이 쓴 편지 스무 통, 조지 워싱턴이 직접 쓴 자필 발표문, 어밀리어 이어하트가 미국 여성 최초로 대서양 횡단 비행에 성공했을 때 직접 기록하고 서명한 조종사 착륙 허가증, 닐 암스트롱과 함께 달에 갔다 온 미국 국기, 알베르트 아인슈타인이 상대성 이론에 대해 토론하는 내용이 담긴 미발표 서한.

• 곧 허먼 멜빌의 『모비딕』의 은유. 사람이 평생 강박적으로 집착하는 목표.

전 세계 사람들이 날마다 우리에게 연락해 자신들이 가진 것이 무엇인지, 가치가 얼마나 되는지, 팔려면 어떻게 해야 하는지 물어본다. 매일 나는 수십 종의 역사적 문서와 유물을 훑어보면서 보물이 있는지 찾는다. 몇 개는 가치가 있지만 그렇지 않은 것이 대부분이다. 몇 개는 진품이지만 다른 것들은 가짜다. 전자의 경우 나는 좋은 소식을 전해주는 전령이다. 후자의 경우 나는 꿈을 부숴버리는 사람이다. 아니, 안타깝지만 당신이 인터넷에서 산 링컨 편지는 진짜가 아닙니다. 아니요, 1970년대 초반에 손글씨로 마하트마 간디라고 서명된 그 책도 진본이 아닙니다. 간디는 1948년에 세상을 떠났어요.

그렇게 나는 과거 삶의 붙잡기 힘든 잔재들을, 발견되지 않은 지평선을 영원히 찾아다닌다. 그런 의미에서 나는 인간을 찾는 사람, 역사를 형성한 위대한 인물들을 찾는 사람이다. 그 발견이 실현되는 순간의 숭고함에 비하면 다른 모든 것들은 평범하게 보인다. 영국의 낭만주의 시인 존 키츠는 그런 감정을 소네트 「채프먼이 번역한 호메로스를 처음 읽고서On First Looking into Chapman's Homer」에 담았다. "그때 나는 느꼈네, / 새 혹성이 시야 안으로 헤엄쳐 들어온 것을 본 / 어느 천체의 감시자처럼 / 혹은 부하들이 모두 억측을 하며 혼란스레 / 서로를 바라보고 있는 사이, 독수리 같은 눈으로 / 말없이, 다리엔의 한 봉우리 위에서 / 태평양을 응시하고 있는 당당한 코르테스처럼."

나는 그 느낌을 알게 되었다. 역사 전체가 현재를 향해 앞으로 밀려오는 순간의 느낌 말이다.

매일매일은 새 희망을, 새로운 발견의 전율을 가져다준다. 그것이 우리가 이 사업을 하는 일차적 이유다. 절대 낡아버리지 않는 이유. 발견의 외형은 항상 변하고 있고 발견의 재질 —물건의 희귀성과 중요성, 컬렉션의 규모와 연원 — 도 매일 달라진다. 헨리 데이비드 소로가 작성한 매사추세츠주 콩코드 소재 토지조사대장 원본, 자신은 예수를 믿는다고 말하는 간디의 편지, 포지계곡 겨울캠프에서 조지 워싱턴이 보낸 편지, 히틀러와 맞서는 전쟁에서 영국을 도와준 미국에 감사하며 처칠이 지하 작전실에서 쓴 편지. 고조부는 금 알갱이 하나를 찾기 위해 흙을 체로 치고 치고 또 치는 일을 수도 없이 반복했다. 역사적 보물을 찾으리라는 희망을 품은 우리가 하는 일도 똑같다.

이 사업을 시작한 지 15년, 처음에는 일을 배우는 수습생으로서, 지금은 일상 업무를 맡아 하면서, 나는 많은 것을 발견했다. 또 실망도 겪었다. 위조품, 소유주가 팔 생각이 없는 위대한 컬렉션, 장물. 한번은 제럴드 포드 전 대통령의 조카에게, 그가 가진, 삼촌의 서명이 담긴 사진이 복제품임을 말해줘야 했다. 좀 이상하기는 했다. 포드 대통령과 신기할 정도로 닮은 조카여서 더욱 그랬다.

하지만 진짜 물건을 찾아낼 때, 흥분감은 손에 닿을 듯 생생해진다. 내 선조 휴스턴이 깊은 곳에 묻힌 금맥을 찾아내고 노천광물을 만나기를 꿈꾸었던 것과 마찬가지로 우리도 그렇다. 나는 어떤 역사적 발견, 영겁이 지나도록 그 누구도 보지 못한 어떤 것, 중요한 자료·편지·물건이 포함된 방대한 보고를, 우리의 역사관 자체를 바꿔줄 발견을 꿈꾼다. 어떤 가족이 그런 컬렉션을, 초기 미국에서부터 물려받은 놀라운 유산을 여러 세대가 지나도록 계속 갖고 있었는데, 지하실에 감추어져 있었던 탓에 지금에야 발견했을 수도 있다.

2년 전쯤 어느 날, 일찌감치 사무실을 빠져나가고 싶을 만큼 완벽한 오후였다. 나는 시계를 보며 집에 가서 자전거나 탈까 생각하던 중이었다. 그때 전화벨이 울렸다.

전화한 사람은 부드러운 남부 억양을 가진 온화한 음성의 남자였다. 그를 빌 크로퍼드라 부르기로 하자. 그는 미시시피주에서 내게 전화했다. 빌은 자기 고조부의 고조부인 윌리엄 H. 크로퍼드에게서 물려받은 편지와 다른 물건들을 갖고 있다고 말했다. 그는 일부러 목소리를 낮게 깔거나 하지 않았기 때문에 그의 말에 허세나 과시의 느낌은 전혀 없었다.

크로퍼드라면 미국 역사에서 아는 사람이 매우 드물지만 지명도에 비해 훨씬 중요한 인물이다. 그는 제임스 매디슨 대통령이 나폴레옹과 루이 18세 통치하의 프랑스에 파견한 미국 대사였다. 또한 매디슨 대통령 때 전쟁장관이었고, 먼로 대통령 때는 재무장관이었으며, 제퍼슨 대통령 이후부터 여러 대통령의 친구이자 자문관이었고, 조지아주 출신의 상원의원이었으며, 1824년에는 대통령 후보로 나서기도 했다. 그는 남부 출신으로는 최초로 주요 정치 무대에 오른 사람 가운데 하나였다. 매디슨 대통령은 1812년 전쟁을 끝내기 위한 협상 과정에서 유럽에 파견할 행정부의 사절단을 지휘하는 임무를 크로퍼드에게 맡겼다. 1812년 전쟁은 처음으로 미국의 국제적 입지를 확인시켜준 시험대가 되었던 전 대륙적 분쟁이었다. 크로퍼드의 활동은 뇌졸중 발병으로 인해 짧게 끝났지만, 그 시절을 설명하려면 크로퍼드에 관한 이야기를 빼놓을 수 없다. 그는 중심인물이었다.

자전거 외출에 관한 오후의 상상은 순식간에 증발해버렸다.

이 남자가 하는 말이 진실일까? 우리는 문서에 관해 타당성이 없을 게 뻔한 주장을 많이 듣는다. 다음의 이야기가 좋은 예다. 이제껏 알려지지 않은, 대통령이 직접 쓴 게티즈버그 연설문의 자필 원고를, 사본이 아니라 원본으로 갖고 있다고 주장하는 사람이 얼마나 자주 왔는지, 셀 수도 없다. 세상에 알려진 연설 원고는 다섯 통으로 링컨이 연설 당시에 쓴 두 통, 그 뒤에 여러 목적으로 쓴 세 통이 있다. 누군가가 아직 알려지지 않은 여섯 번째 사본을 들고 나올 가능성이 얼마나 될까? 독립선언문과 미국 헌법도 마찬가지다. 나는 이런 혐의 있는 보물에 관해서는 물건을 보자고 하지도 않는다. 진품이나 중요한 것을 갖고 있다고 가장 격렬하게 주장하는 사람들이 들고 오는 것은 보통 사본이나 위조품 또는 2급 자료다.

"당신이 어디 사는지 알아내어 집에 찾아갈 거요. 된맛을 좀 봐야겠네." 최근에 어떤 남자가 이렇게 위협했다. 자신이 갖고 있는 존 행콕 문서의 가치가 100만 달러가 아니라 4000달러에 불과하다는 사실을 믿을 수 없었던 모양이다.

최고의 역사적 발견들은 대개 조용히 속삭이듯 나타나지 시끄럽게 천사들의 합창을 앞세우지 않는다. 역사적인 물건을 사냥할 때 온갖 요소를 고려해야 하는 것은 그 때문이다. 진품이라는 주장이 더 시끄러울수록, 진품이라는 보증서를 더 많이 가지고 있을수록, 교묘한 손장난이 개입되었을 가능성이 더 크다.

자, 이제 이 미시시피 신사의 경우를 보자. 그의 음성은 전화기 음량을 최대로 높이지 않으면 알아듣기 힘들 정도였고, 자신이 가진 문서가 그처럼 헤아릴 수 없이 귀중한 것이라고 주장하지도 않았지만, 말하는 내용은 정말로 중요했다.

"저는 1812년 전쟁에 관한 제퍼슨의 이 편지를 정말 좋아합니다." 그가 말했다.

그는 편지의 한 대목을 읽어주었다. "실제로 평화조약이 체결되고 비준된 후였으니, 뉴올리언스에 헛된 피가 뿌려졌다고 여겨질 수도 있을 겁니다. 그러나 나는 충분히 가치가 있었다고 생각합니다. (…) 뉴올리언스가 수륙 양면으로 방어 가능하다는 것을 입증했고, 서구 국가들이 우리를 구하기 위해 달려오리라는 걸 알게 되었으며, (…) 훌륭한 지도자만 있다면 우리 민병대도 영웅이 될 수 있음을 증명했습니다."

좋은 편지다.

"다른 것도 있습니다." 그는 이름들을 읊었다. 제퍼슨, 매디슨, 먼로, 라파예트, 클레이, 웰링턴 공작, 존 마셜 등등.

"몇 통 정도 갖고 계십니까?" 내가 물었다.

"아, 대략 200~300통 정도요."

분량이 그 정도로 많고, 한 가문이 계속 보관해왔으며, 게다가 오랜 세월 동안 한 번도 세상에 드러나지 않은 컬렉션이라면, 금광이 될 가능성이 컸다. 19세기에는 가문 내에 그처럼 대규모로 쌓인 컬렉션이 비교적 자주 '발견되었다.' 그러나 20세기 후반, 그리고 지금 21세기에 들어와서는 그런 물건들이 거의 등장하지 않았다. 나는 심히 회의적인 편이었지만, 그의 말이 반쯤만이라도 진실이라면 이 보고寶庫는 적어도 한 세대 동안 빛을 본 미국 역사의 보물 가운데 최고 수준에 속할 것이다. 수백만 달러의 가치가 있을 수도 있었다.

아버지, 나, 아내 카렌이 크로퍼드의 시골집과 제일 가까운 작은 지역 공항에 접근하는 동안 봄날의 폭풍우가 하늘을 뒤흔들었다. 폭풍우는 우리 비행기가 착륙할 수 있을 만큼 멀리 있었지만 아름답게 보일 만큼은 가까웠다. 우리는 지역 은행의 회의실에서 그와 만나기로 약속했었다.

그는 그 컬렉션의 소장 목록과 초보 솜씨로 찍은 문서 사진 몇 장을 보내주었다. 이 업계에서 일하려면 의심하는 태도를 가지는 편이 좋다. 하지만 우리는 그에게 뭔가 특별한 것이 있을 것 같다고 판단했다. 사실 나는 흥분했고, 조바심이 났으며, 초조한 기대감에 가득 차 있었다. 빌이 틀렸을 수도 있고 사진 사본들만 잔뜩 보게 될 수도 있지만, 나는 그가 진지하다고 확신했으므로 우리는 도박을 했고 비행기에 올랐던 것이다.

그다음 날 아침 카키색 바지와 버튼다운 셔츠 차림의 빌이 은행 로비에서 우리를 기다리고 있었다. 우리는 악수를 하고 이런 저런 덕담을 건네면서 속으로 서로를 가늠해보았다. 그는 우리를 위층의 회의실로 안내했다. 그의 아내인 제인이 방 전체의 절반을 차지하는 원형 목제 회의 테이블 앞에 앉아 있었다. 제인이 일어서서 우리와 악수를 했다. 덕담이 또 한 차례 돌았다. 내 느낌상 이 훌륭한 부부는 노먼 록웰•의 그림에서 그대로 빠져나온 것 같았다. 전적으로 좋은 의미로 하는 말이지만.

우리는 각자 커피를 따랐다. 그들은 흰 장갑을 꺼냈다. 윽, 우리 입장에서 이건 좀 금지 사항인데. 그러니까 흰 장갑은 불순한 거래상들의 전략으로, 비전문가인 구매자들이 사소한 문서를 더 비싸게 사게 만들려는 술수다. 역사 유산의 보호자임을 자랑해 마지않는 사람들이 끼는 그런 장갑(당연히 흰색)의 이미지는 집단적 상상 속에 깊이 각인되어 있다. 영화나 책에는 항상 흰 장갑을 낀 전문가가 등장한다. 아주 최근의(적어도 내게는) 예를 들자면 「전당포 사나이들Pawn Stars」••의 어떤 회차에 숙련된 문헌학자가 100년 묵은 역사 자료를 보관된 장소에서 조심스럽게 들어 올려 유명 인사에게 부드럽게 건네주고 검토하게 하는 장면이 나온다. 두 사람 모두 아주 중요한 장비처럼 흰 장갑을 꼈다. 그런데 사실 종이 문서의 경우, 장갑을 끼면 오래된 종이를 다룰 때 필요한 섬세한 동작을 하지 못하게 된다. 어떤 종류든 장갑을 끼면 자료를 찢거나 구길 위험이 더 커진다. 특히 흰 면장갑은 손의 땀과 기름 성분을 흡수하여 자료에 옮길 가능성이 많다. 장갑에서 떨어진 섬유 조각이 종이에 남아 자료와 함께 보존될 수도 있다. 그러니 부탁합니다, 장갑은 끼지 마세요. 역효과가 납니다. 손을 씻어 기름기를 제거하고 드라이어로 말린 다음 만지면 됩니다.

그들은 장갑을 벗었다.

우리 앞에 놓인 것은 미지의 세계였지만 빌이 가진 것이 무슨

• 1894~1978. 미국의 화가, 삽화가. 미국의 일상생활을 생생하게 묘사한 그림으로 유명하다.

•• 미국의 히스토리 채널에서 2009년부터 지금까지 계속 방영 중인 TV 리얼리티 프로그램.

가치가 있는지, 또 있다면 그 금맥이 얼마나 깊이 이어지는지 곧 밝혀질 것이다.

빌은 미리 도착하여 은행의 지하 금고에 보관되어 있던 것들을 모두 꺼내 회의실에 있는 캐비닛으로 옮겨두었다. 그는 은행의 은제 열쇠를 우리 앞에서 꺼내 들고 캐비닛으로 걸어갔다.

이 사람은 대단한 사기꾼이거나, 자기가 가진 것이 위조품인지도 모르는 똑똑하지 않은 사람이거나, 아니면 내 아버지가 태어나기 전부터 시장에 나온 적이 없는 역사적 보고 위에 앉아 있는 사람일 것이다.

이런 기대의 순간은 진정한 발견 혹은 낙담의 전조일 수 있다. 당신은 미지의 절벽 끝에 서서 그 아래에 놓인 것을 내려다본다.

그가 열쇠를 오른쪽으로 반쯤 돌렸다. 자물쇠가 풀렸고, 그는 캐비닛을 활짝 열었다.

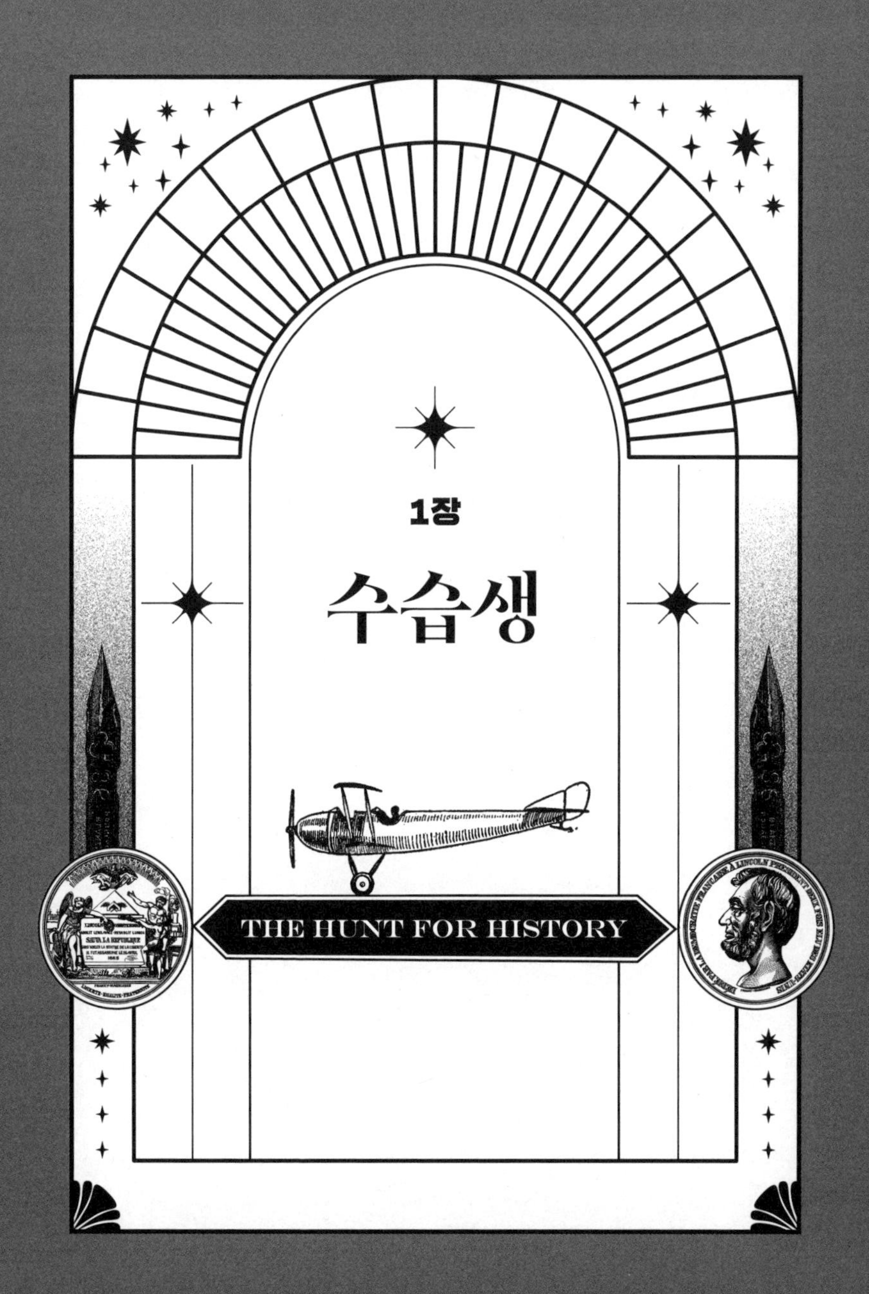

1장

수습생

THE HUNT FOR HISTORY

1

조기교육
: 베이브 루스 서명 사진과 루스벨트의 편지

내 아버지는 타고난 수집가였다. 아버지는 야구카드를 수집했고 오래된 신문을 모았으며 에이브러햄 링컨의 부통령이던 해니벌 햄린이 썼던 여행 가방을 갖고 있었다. 아버지는 그 여행 가방에 대해 내게 즐겨 이야기해주었다. 햄린의 아들과 아는 사이였던 삼촌에게서 어떻게 여행 가방을 받았는지를. 하지만 우리를 묶어준 건 무엇보다 야구였다. 아버지는 야구를 아주 좋아했고 나도 그랬다. 물론 경기 그 자체(필라델피아 필리스 구단의 경기)와 경기를 둘러싼 온갖 소소한 일들도 사랑했다.

아버지는 우리가 살던 지역의 야구카드 상점으로 나를 데려가곤 했다. 지금은 없어진 지 오래인 '마이크의 수집품'이라는 곳이었다. 또 시내에서 수시로 열리는 야구카드 전시회에도 데려갔다. 이런 행사는 주로 지역 호텔의 창문 없는 연회장이나 휑뎅그렁하고 멋진 구석도 없는 행사장에서 열렸다. 수집가와 거래상들이 떠들썩하게 모여 있었고, 야구 선수들이 접이식 탁자 위에 쌓인 기념품에 사인을 해주고 있었다. 화려한 요소는 전혀 없었지만 나는 그 모두가 정말 좋았다. 전시회에 가면 신이 났고, 아버지와 단둘이 갔기 때문에 더욱 특별한 행사가 되었다. 나는 내 영웅들, 우상으로 숭배하던 스포츠계의 명사들을 만났다. 2, 3초 정도에 불과하지만 그래도 그들과 악수하고 내 이름을 말해준다. 그들은 야구공이나 사진, 야구카드, 혹은 내가 가져간 어떤 물건에든 사인을 해준다. 스릴 넘치는 일이었다. 친절하던 피트 로즈가 기억난다. 내가 어마어마한 팬이라고 말해도 전혀 관심이 없던 본 헤이스도 만나보았다. 필라델피아 필리스는 팬이 필요한 구단인데도 그랬다. 그는 그저 무례한 사람이었다. 나는 샌디 쿠팩스도 만났다. 분명히 기억하건대 내가 처음 받은 사인은 마크 맥과이어의 것이었다. 그 야구카드와 사인들을 지금도 갖고 있다.

그리고 그런 행사를 찾은 거래상들은 다른 것들도 팔았다. 루 게릭이나 베이브 루스의 사인이 든 사진 같은 더 오래된 것들 말이다. 어느 테이블 뒤에는 밑단에 서명이 있는 밤비노[베이브 루스]의 사진이 걸려 있었다. 그 거래상은 접이식 탁자만큼 긴 쇼케이스 두 개를 설치했고, 등 뒤의 게시판에 물건을 걸어두었다. 나는 그의 유리 쇼케이스 안에 있는 야구카드를 보러 갔다. 그러다가 몸을 돌려 그 판매상과 아버지가 낮은 목소리로 나누는 대화를 듣게 되었다. 아버지는 어느 사진에 못 박힌 듯 몸을 돌리지 못했다. 아버지는 내가 갖고 싶어 하던 카드를 하나 사주었는데, 어떤 것이었는지 기억나지 않는다. 그리고 아버지는 베이브 루스의 서명이 있는 사진을 샀다.

"이걸 얼마 주고 샀는지 엄마에게는 말하지 마라." 사진을 서류 가방에 넣으면서 아버지가 말했다.

"알았어요." 나는 웃었다.

내가 보는 앞에서 아버지가 구입한 첫 서명 물품이었다. 나는 여덟 살이었고, 가격은 300달러였던 것 같다.

1980년대 후반이었다. 대략만 말하자면 나는 그 취미에 큰 관심이 없었다. 아버지는 서명 거래상이 아니라 변호사였고 나는 학교생활을 해내느라 분투하는 중이었다. 그래도 나는 아버지와 함께 그런 행사에 가고 그런 일을 하는 것이 그저 좋았다.

나는 모르고 있었지만, 아버지가 야구카드 전시회에서 충동구매로 시작한 일이 뿌리를 넓게 뻗어가고 있었다. 아버지의 마음이 법률 업무와 다른 곳을 헤매고 다니는 일이 점점 잦아지기 시작했다. 법률 서류를 읽는 중에도 정신은 거래상의 최신 카탈로그에 가 있었다. 그리고 야구에서 시작된 일이 얼마 안 가서 아버지의 진정한 열정인 역사 전반으로 확장되었다.

학교로 나를 데리러 온 아버지의 손에는 탑스Topps 회사•에서 나온 최신 야구카드 박스가 들려 있었다. 나는 앉아서 카드를 훑어보며 좋아하는 것을 골라냈다. 아버지는 야구카드 가이드북도 사주셨다. 우리는 그 책을 읽어보면서 우리가 가진 카드 중 어떤 것이 가치가 있는지 알아보았다.

돌이켜보면 아버지가 갓 생긴 취미 활동을 발전시킨 것은 야

• 뉴욕에 본점이 있는 미국의 과자 회사. 판매 증진을 위해 과자 포장에 풋볼, 농구, 야구, 하키 등 스포츠 선수들의 카드를 넣어 팔기 시작하여 유명해졌다.

구카드 전시회와 스포츠 수집품의 세계를 통해서였다. 아버지는 역사적 물건이 스포츠 기념품들처럼 매매될 수 있음을 배운 것이다.

내 입장에서 보면 스포츠와 역사라는 두 세계가 한 지점에서 서로 녹아드는 일이 계속 이어졌다. 내가 처음 읽은 책들 중 하나는 로런스 리터가 쓴 『그들 시대의 영광*The Glory of Their Times*』이었다. 이 책은 최초의 직업 야구 선수들의 이야기를 그들 자신의 말을 통해 전한다. 20세기 초반의 야구, 베이브 루스가 나오기 전의 야구가 어떠했는지 말이다. 나는 위대한 투수 놀런 라이언의 전기를 읽었다. 내가 처음 건 내기도 아버지를 상대로 했던 것으로 기억한다. 1986년 월드시리즈에서 메츠가 레드삭스를 물리쳤을 때 나는 6달러를 벌었다. 그해는 빌리 버크너의 해였다. 그 뒤로는 내내 잃기만 했다.

우리는 필라델피아 필리스 구단의 시즌제 회원권을 갖고 있었다. 아버지는 그걸 자랑스러워하셨다. 아버지는 경기장에 자필 원고 카탈로그를 갖고 와서는 경기 중간중간에 읽곤 했다. 그 무렵 아버지는 미국의 정치사와 군대 역사에 관련된 자필 원고와 문서를 수집하고 있었다. 스스로도 아직 깨닫지 못했지만, 필리스의 경기는 아버지의 시험대였고 훈련장이었다. 더그 드라벡이 실 캄푸사노에게 싱글 홈런을 맞는 바람에 공 하나 차이로 노히트노런 게임을 놓쳐버린 경기도 그랬다. 아버지는 그 훈련을 스트레스 많은 법률 업무에서 풀려나와 머리를 식히는 즐거운 취미로 여겼던 것 같다. 그러나 실상 아버지는 자신만의 마이너리그를 치르고 있었다.

아버지는 동부 유럽에서 온 이민자의 손자로, 뉴저지의 애즈베리파크에 가까운 브래들리비치에서 성장했다. 바닷가는 아버지가 뛰어놀던 앞마당이었다. 역사에 대한 관심은 오래전부터 있었다. 할아버지는 그리 자주는 아니었지만 경제 사정이 허락하는 한 골동품 라이플이나 기타 자질구레한 장식품들을 자식에게 사주었다. 아버지도 이 골동품 애호 취미를 자신의 아이들에게 물려줄 기회가 생기자 온 정성을 다해 실행했다. 잠들기 전에 우리가 침대에서 듣는 이야기는 고대 스파르타와 로마의 이야기였다. 핼러윈데이에 아버지는 북군 정복을 차려입었다(다른 날에도 입었다. 우리는 창피해했지만). 옷장 속에는 (또한 자주 아버지의 머리 위에는) 미국 독립전쟁의 상징 같은 삼각 뿔모자가 있었다. 우리는 처칠이 사용한 런던의 지하 전시 작전실에도 가보았다. 그 여행길에서 우리는 넬슨 경의 함선인 HMS빅토리호의 파편을 구해 집에 가져왔다. 7월 4일•에 다른 아이들은 저지의 해변으로 갔지만 우리 가족은 지도와 가이드북을 챙겨 차에 올라 서쪽의 게티즈버그로 갔다. 우리는 그런 여행을 자주 다녔고, 매사추세츠주의 올드스터브리지 마을 같은 역사적 장소에도 가보았다. 거기서 아버지는 로마제국의 1대에서 10대까지 황제의 이름을 외우면 5달러를 주겠다고 약속했는데, 나는 그걸 해냈다. 내가 역사 지식으로 돈을 번 것은 그때가 처음이었을 것이다.

아버지가 바란 것은 우리가 그냥 그 장소에 가는 것만이 아니었다. 우리가 그 속으로 들어가고 그곳을 느끼기를 원했다. 아버

• 미국 독립기념일.

지는 열정이 있었고 그 열정이 계속 전해지기를 원했다.

아버지의 노력이 우리 안의 불꽃을 최고로 생생하게 피워 올린 곳은 아마 게티즈버그였을 것이다. 우리는 차에 비좁게 끼어 앉아 이동했고, 도착하자마자 호텔 방 하나에 몰아넣어졌다. 낮에는 걸어 다니면서 전쟁 장면을 재현해보았다. 아버지는 남부연합의 장군 조지 피킷의 군대가 북군 장군 미드의 부하들을 쳐부수기 위해 진군한(피킷의 진격Pickett's Charge) 들판을 이리저리 거닐곤 했다. 아버지는 우리를 리틀라운드탑 정상에 데려가는 것으로 끝내지 않았다. 우리는 모두 함께 정상 뒤편에 있는 숲으로 들어가 조슈아 로런스 체임벌린과 메인주 제20자원병 연대Twentieth Maine가 남긴 발자국을 따라갔다. 체임벌린이 방어한 곳은 북군의 옆구리였다.• 이런 순간에는 아버지의 눈에 눈물이 고였다. 오래전에 죽은 역사적 인물이 감행한 어떤 용감한 행위를 회상할 때는 특히 그랬다. 역사는 아버지에게 그 정도로 강력한 장악력을 발휘했다. 추상적이거나 순수하게 지성적인 것만이 아니라 깊이

• 남북전쟁의 방향을 결정짓는 분기점이 되었던 게티즈버그 전투는 펜실베이니아주 남쪽에서 1863년 7월 1일에서 3일까지 3일간 지속되었다. 그중 2일에 있었던 리틀라운드탑 전투는 전세를 역전시킨 전투로, 3일에 있었던 피킷 장군의 진격은 가장 치열했던 전투로 알려져 있다. 리틀라운드탑 전투에서는 특히 조슈아 로런스 체임벌린 대령의 활약이 유명한데, 그는 대학 교수 출신으로 자원입대하여 메인주 제20자원병 연대를 지휘했다. 리틀라운드탑 언덕에서 남군의 공세를 방어하던 체임벌린과 그의 연대는 총탄이 모두 떨어지자 총검으로 돌격하여 고지 아래에 있는 남군을 격퇴했고 체임벌린은 무공 훈장을 받았다. 다음 날, 남군의 장군 피킷은 미드 장군이 지휘하는 북군의 진지를 향해 대대적인 공세를 펼쳤으나 6000명 이상의 남군 사상자를 내는 참혹한 결과를 낳으며 대패했고, 피킷의 진격은 남북전쟁에서 남부의 패배를 결정지은 전투로 평가받게 된다.

왼쪽 끝에 있는 아버지가 1983년에 열린 남북전쟁 재현 행사에서 내게 연방 깃발을 보여주고 있다. 아버지는 북군 모자를 쓰고 있고 나는 플라스틱 칼을 들고 있다.

감정적인 영향력을 발휘하는 것이다.

아버지의 부추김에 넘어간 동생 조나스와 나는 전장戰場을 샅샅이 뒤지면서 미국 땅에서 벌어진 가장 잔혹한 전투에서 발사된 실제 총알을 찾아 다녔다. 그리고 정말 발견했다. 일고여덟 살쯤 되었을 때 리틀라운드탑에 갔던 일이 기억난다. 언덕 아래로 이끼와 풀밭이 쭉 이어지는 곳이었는데, 계속 가면 데블스덴이 나온다. 빙하석이 널려 있는 데블스덴은 연방군이 숙영했던 장소다. 아버지는 나와 동생에게 그곳을 파보라고 부추겼다. 그러면 우리는 불평한다. "아무것도 안 보여요!" 아버지가 말한다. "아, 계속 찾아봐. 저쪽도 파보면 좋겠네."

우리는 항상 뭔가를 발견했다. 아버지가 그 지역 골동품 상점에서 개당 50센트 정도에 구입한 옛날 총알을 그곳에 미리 묻어

두어 우리가 찾아낼 수 있게 했다는 것은 한참 뒤에야 알게 되었다. 아버지의 아버지도 똑같이 하셨다고 한다. 우리를 실제적이고 구체적인 방식으로 역사와 연결해주는 아버지들 나름의 방식이었다.

부모님은 내게 유명 인사들에게 편지를 써보라고 권했다. 혹시나 답장이 올지도 모르잖아? 나에 대한 아버지의 교육은 그때 이미 시작되었다. 아버지에 따르면, 상대방에 대해 뭔가 좋은 말을 하고 추어올린 뒤, 흥미 있는 이야깃거리를 질문하고 내가 아이라는 사실을 알려주는 것이 요령이었다. 그래서 내가 리처드 닉슨에게 편지를 썼을 때는 그에게 중국 개방에 관해 물어보았다. 대부분은 내게 형식적인 답장을 보내주었다. 하지만 진짜 편지도 받았다. 나중에 국무장관 자리에까지 오른 콜린 파월은 당시 1차 걸프전의 사령관이었다. 그는 내게 보낸 답장에서 자신에게 가장 큰 영감을 준 인물은 조지 마셜•이라고 설명했다. 그는 열심히 공부하고 임무에 헌신하라고 말해주었다.

나는 프랜시스 크릭과 함께 DNA의 구성 요소를 발견한 제임스 왓슨에게도 편지를 보내어, 이중나선 그림을 그려달라고 부탁했다. 왓슨은 부탁을 들어주었다. 그때 나는 아버지의 격려를 받으며 그 그림을 왓슨과 함께 노벨상을 공동 수상한 프랜시스 크릭에게 보냈다. 크릭도 그 그림에 사인을 해서 보내주었다. 나는 『쥐라기 공원*Jurassic Park*』을 읽고 있었는데, 크릭은 공룡 복제에 대

• 제2차 세계대전 당시 육군 참모총장을 지낸 군인이자 국무장관과 국방장관을 역임한 정치인. 1947년에는 '마셜 플랜'으로 알려진 유럽 부흥 계획을 입안했고 그 공로로 1953년 노벨평화상을 수상했다.

CHAIRMAN OF THE JOINT CHIEFS OF STAFF
WASHINGTON, D. C. 20318-9999

30 September 1993

Mr. Nathan Raab

Dear Mr. Raab,

Thank you for your letter and kind words. Our brave men and women displayed great courage and made tremendous sacrifices to win the Persian Gulf War. We owe them our deep gratitude.

In answer to your questions, General George C. Marshall had a great influence on my career, but my parents deserve most of the credit for my success. They provided a solid foundation on which to build. I would like to be remembered best for always putting the welfare of my troops first.

I appreciate your taking the time to write. Your self-addressed stamped envelope is enclosed.

With best wishes,

Sincerely,

COLIN L. POWELL
Chairman
of the
Joint Chiefs of Staff

내가 콜린 파월에게 받은 편지.
어렸을 때 유명 인사들에게서 받은 여러 통의 답장 가운데 하나다.

한 자신의 의견을 써 보냈다. 지금까지도 끊이지 않고 화제에 오르는 주제다. 맷 그로닝은 심슨 가족 그림을 보내주었다.

내게는 이 일이 모두 재미를 위해서였다. 나는 편지를 보내고 답장이 올 거라는 기대감을 키우면서 우체부를 기다렸다. 그런데 아버지의 경우 이 일은 하나의 사업으로 변신하고 있었다. 수집품을 팔고 더 좋은 것을 구입하고 싶으면 아버지는 지역 언론에 광고를 냈고 그러면 구매자가 왔다. 겉으로는 우연히 이루어진 상황처럼 보였지만 이제 그 일은 일종의 사업체가 되었다. 법률 업무보다도 자필 원고와 문서 연구에 점점 더 많은 시간이 할애되었다. 우리 집 부엌에 비공식적인 사무실이 차려졌는데, 그 사무실은 걸핏하면 거실까지 확장되곤 했다. 저녁 때 파자마 차림으로 앉아서 우체국에 가져갈 수백 권의 카탈로그를 우편물 자루에 쑤셔넣는 날이 많았다. 아버지가 초기에 만든 카탈로그에는 소소하게 30달러짜리 자필 원고의 광고도 실려 있었다. 어머니가 직접 그 카탈로그를 디자인했다. 가족 사업이었다.

집에 도착한 다른 거래상의 카탈로그를 한 장 한 장 넘기는 동안 아버지의 삶은 잠시 정지했다. 당시에는 수많은 거래상들이 있었다. 우편물 배달 속도가 고르지 않아 경쟁자들보다 더 빨리 출발할 수도 있고 아닐 수도 있는 세상에서 속도는 가장 중요한 요소였다. 망설임은 구매할지 놓칠지를 가를 변수였다. 아버지가 앞에 놓인 물건을 살펴보는 동안 그런 순간의 치열함과 집중이 방을 가득 채웠다.

1990년대 중반쯤 부모님은 자필 원고 사업에 전력투구하기로 결정했다. 이 일을 전업으로 하려는 것이었다. 그 분야에 진출하기 위해서는 물품 비축과 마케팅 자금이 중요하기는 했지만 요즘만큼 장벽이 높지는 않았다. '스티븐 S. 라브 자필 원고와 역사적 기념물 회사Steven S. Raab Autographs & Historic Memorabilia'의 초기 설립 자금은 고작 4500달러였다. 부모님은 실패 가능성은 아예 생각지도 않고 전심전력으로 뛰어들었다.

그 무렵 나는 집을 떠나 대학에 다니고 있었기에 사업의 낚시에 걸려들지 않았다. 사업은 계속 성장했고 나의 젊은 시절 일종의 배경음악 같은 것이 되었다. 내가 스무 살쯤 되었을 때 아버지가 새 사업을 위해 구입한 최초의 자필 원고 가운데 하나는 시어도어 루스벨트의 것이었는데, 전통적 방식의 거래상인 로버트 베철더에게서 구입한 것이었다. 나는 베철더를 한 번 만난 적이 있다. 펜실베이니아 앰블러에 있는 오래된 은행 건물에 그의 사무실이 있었다. 그는 20세기의 수많은 위대한 컬렉션 구축에 힘을 보탠 사람이었다. 아버지는 베철더의 인쇄 카탈로그에서 루스벨트가 친구인 뉴욕 주의회 의원 헨리 스프라그에게 보낸 편지 한 통을 찾아냈다. 그 편지에는 '뉴욕주/집행부'라는 레터헤드letterhead•가 타자로 인쇄되어 있고 날짜는 1900년 1월 26일로 표기되어 있었다. 시어도어 루스벨트가 뉴욕주의 지사로 있을 때였다. 편지 본문에서 그는 어떤 정치 분쟁을 지적하면서 다음과 같이 말했다.

> 난 서아프리카에서 전해 내려오는 어떤 속담을 항상 좋아했네. "부드럽게 말하고 큰 몽둥이를 갖고 다녀라. 그러면 너는 멀리 갈 것이다." 내가 큰 몽둥이를 갖고 다니지 않았더라면 조직이 내 뒤에 서지 않았을 것이고, 팽크허스트나 비슷한 부류의 부정직한 미치광이들처럼 소리 지르고 난동을 부렸더라면 나는 열 표도 얻지 못했겠지.••

한 시대를 풍미하는 사람들이 있다. 빅토리아 여왕은 시대에 자기 이름을 붙였고, 알렉산드로스와 나폴레옹은 제국에 자기 이름

• 편지지 위쪽에 발신자의 이름, 주소 등을 함께 인쇄해둔 부분.
•• 루스벨트는 외교에 있어 미국의 전략적 이익 보존이라는 목적을 달성하기 위해서는 강력한 군사력이 필수적이라고 생각했다. 이후 '큰 몽둥이'는 루스벨트의 외교 정책을 상징하는 용어가 되었다.

"난 서아프리카에서 전해 내려오는
어떤 속담을 항상 좋아했네.
'부드럽게 말하고 큰 몽둥이를 갖고 다녀라.
그러면 너는 멀리 갈 것이다.'"

STATE OF NEW YORK
Executive Chamber
ALBANY
Jany. 26th, 1900.

Mr. Henry L. Sprague,
Union League Club,
N.Y. City.

Dear Harry:--

Your letter of the 25th really pleased me. Of course, I shall not feel real easy until the vote has actually been taken, but apparently everything is now all right. I have always been fond of the West African proverb: "Speak softly and carry a big stick; you will go far." If I had not carried the big stick the Organization would not have gotten behind me, and if I had yelled and blustered as Parkhurst and the similar dishonest lunatics desired, I would not have had ten votes. But I was entirely good humored, kept perfectly cool and steadfastly refused to listen to anything save that Payn had to go, and that I would take none but a thoroughly upright and capable man in his place. Unless there is some cataclysm , these tactics will be crowned with success. As for the Eveing Post, Parkhurst and Company, they of course did their feeble best to try to get me to take action which would have ensured Payn's retention and would have resulted therefore in a very imposing triumph for rascality. They have often shown themselves the enemies of good government, but in this case I do not think they are even to be credited with good intentions. They were no more anxious to see dishonesty rebuked than a professional prohibitionist is to see the liquor law decently administered.

With warm regards,

Faithfully yours,

Theodore Roosevelt

시어도어 루스벨트(위)와 그의 유명한 "부드럽게 말하고" 편지(아래).
아버지는 거래상의 카탈로그 속에 묻혀 있던 이 편지를 찾아냈다.

을 붙였다. 그리고 루스벨트는 앞의 말로써 미국 지도력의 시대를 출범시켰다. 그는 사회적·경제적 구조를 갈가리 찢어버린 참혹한 전쟁에서 아직 완전히 회복하지 못한 젊은 나라를 떠맡아, 의지의 힘으로 미국의 세기를 만들어냈다. 다른 어떤 미국인도 루스벨트처럼 전형적인 방식으로 결정적인 발언이나 글을 쓰지 못했다.

편지의 가격은 4500달러로 매겨져 있었다. 당시로서는 아주 높은 가격이었지만 아버지는 정말 특별한 점이 있음을 암시하는 가격은 아니라고 생각했다. 다만 훌륭한 문장을 구사한다는 점과 '큰 몽둥이'에 대한 언급이 아버지의 관심을 끌었다. TR[시어도어 루스벨트]이 이 유명한 구절을 처음 사용한 것이 이 편지에서였을까? 영감이 떠오른 순간일까? '큰 몽둥이'라는 말을 무심코 언급한 것인지, 그 말을 정식으로 처음 사용한 것인지. 만약 후자라면 부모님은 그 편지의 가격을 10만 달러 이상 부를 수 있게 된다. TR이 그 말을 한 번만 하지는 않았겠지만, 최초의 발언은 오직 한 번뿐이다. 아버지는 베철더가 이 편지를 그 각도에서는 연구하지 않았음을 알아차렸다.

아버지는 카탈로그를 전부 다 살펴보지도 않고 거래상의 사무실에 연락하여, 조수에게서 그 편지가 아직 팔리지 않았다는 사실을 알아내고는 구두로 '가계약'을 걸었다. '신사의 합의'에 자부심을 갖는 거래 업계에는 이런 방식이 드물지 않다. 진지한 수집가가 어떤 물건을 살펴보고 연구하는 동안 놓치지 않게 해주는 예의가 여전히 통하는 것이다. 그런 다음 아버지는 필라델피아 센터시티에 있는 사무실을 급히 나서서 근처 서점으로 갔다. 거기서 시어도어 루스벨트의 전기 한 권을 달라고 하여, 에드먼드 모리스가 쓴 『시어도어 루스벨트의 등장*Rise of Theodore Roosevelt*』을 샀다. 색인을 5분 동안 살펴본 뒤 적절한 장을 찾아냈고, 정말로 1900년 1월 26일에 쓰인 편지 한 통에서 지금은 유명해진 그 구절이 처음 사용되었음을 확인했다. 아버지는 차에 뛰어올랐다. 거래상의 사무실에 갔더니 구입 요청이 열 군데도 넘게 들어와 있었지만 아버지의 요청이 1번이었다. 목록을 본 지 한 시간 만에 편지는 아버지의 소유가 되었다. 이것은 초기에 거둔 대성공이었다. 그런데 아버지의 흥분감과 수집가로서의 본능이 빠른 시일 내에 수익을 올리고 싶어 하는 욕망을 압도했다. 그 편지를 금방 되팔지 않기로 결정하고, 자랑스럽게 자신의 개인 컬렉션에 집어넣은 것이다.

이 발견이 부모님에게 미친 영향이 얼마나 큰지는 아무리 강조해도 지나치지 않다. 그 편지는 나중에 20만 달러에 팔린다. 아버지와 함께 사업을 전업으로 운영하게 된 어머니는 그 편지의 발견과 그것이 가진 엄청난 가치가 자신들의 작업과 지식을 정당화해주는 증거임을 확인했다. 어머니는 최고의 물건을 구입하는 데 더욱 열중하게 되었다. 예전에는 20달러에서 5000달러 사이의 물건들이 등록되어 있던 아버지의 카탈로그에는 이제 품목 수는 적어졌지만 가격대는 훨씬 더 높은 물건들의 소개 자료가 실렸다.

나는 가업을 잇는다는 생각을 전혀, 한 번도 한 적이 없었다. 나는 한동안 로마에 살면서 AP에서 일했고, 귀국해서는 코네티컷 하원의원의 홍보 담당 비서관으로 일했다. 그 일을 하면서 정치와 언론을 배웠다. 그다음에는 필라델피아 시장 선거에 입후보한 샘 카츠의 사무실에서 선거운동 공동 본부장으로 일했다. 그 선거는 최근에 현직 시장 집무실을 연방정부가 도청한 사건으로 유명해졌는데, 카츠는 그 선거에서 패했다. 15년이 지난 지금도 나는 여전히 이 난동 같은 경험이 남긴 후유증을 완전히 떨쳐내지 못했다. 카츠가 승리했더라면 어찌 되었을까? 내게는 흥미로운 질문이다. 그의 패배로 인해 내가 인생의 교차로 앞에 서게 되었기 때문이다. 이제 나는 무얼 해야 할까? 나는 홍보 업계에 들어가 전업으로 일했다. 하지만 그 일이 무척 싫었다.

아버지는 나에게 자기 사업에 합류하는 게 어떻겠냐고 말을 건넸다. 이 일이 나에게 기회를 줄 것이며 다른 사람의 지시를 받는 업무가 아니라는 말도 덧붙였다. 처음에는 파트타임으로 일을 해보았다. 몰두하지는 못했다. 나는 수집가가 아니었고, 아버지와는 달리 나는 그 분야에 대해 내면에서 끌리는 느낌이 없었다.

아버지에게는 그 일이 열정의 대상이었다. 하지만 나는 직업을 찾고 있었다.

나는 우리 가족의 오랜 지인인 어떤 사람을 만났다. 아버지가 여섯 살 때부터 알아온 분이었다. 그때 나는 스물네 살이었다. 나는 그분에게 변호사가 되는 게 현명한 변화일지 물어보았다. 그 생각을 머릿속에서 굴려온 지는 여러 해 되었으니까. 필라델피아의 유명 변호사인 지인은 법조계 생활도 분명 선택지가 될 수 있지만 아버지의 사업도 내게 기회가 된다고 설명했다. "자네는 동료로서, 대등한 사람으로서 입장하게 될 걸세. 그리고 어떤 법률회사의 신참 변호사로서 대등한 지위에 있는 사람들을 상대하는 것보다는 매력적인 사람들을 만나고 그들의 존중을 받을 수 있을 거야." 그 조언이 내 마음에 남았다. 나는 2005년에 도약을 감행하여 전업으로 일하기 시작했다. 사냥이 시작되었다.

* * *

유물에 대한 사랑은 우상 숭배가 아니다. 그 안에는 우리의 열망과 동기가 반영되어 있다. 시어도어 루스벨트의 '큰 몽둥이'는 아버지에게 영감을 준 동시에 그 사업을 더 폭넓게 볼 수 있는 문을 열어주었으며 아버지가 구축할 수 있는 어떤 것의 상징이 되었다. 아버지가 처음으로 소유한 진짜 보물은 모든 역사적 자료 중에서도 최고의 것(역사의 참된 도구)에 그의 손이 닿을 수 있다는 증거였다. 이 업계에서 내가 경력을 쌓는 과정에서 그와 같은 순간의 결정체를 이룬 계기를 준 것 역시 시어도어 루스벨트의 또 다른 편지 한 장이었지만, 이유는 달랐다.

그것은 1903년, 시어도어 루스벨트가 대통령으로 있을 때 쓴 편지였다. 그는 두 주일 동안 정치에서 벗어나 몇몇 친지들과 함께 옐로스톤 공원으로 갔다. 그중에는 유명한 자연학자 존 버로스도 있었다. 대통령이 그곳으로 간다고 해서 놀라는 사람은 없었다. 미국의 신임 대통령은 활동가, 자연학자, 대형동물 사냥꾼, 목장주, 군인, 의용기병대원Rough Rider•으로 유명했다. 옐로스톤

• 1898년 미국-스페인 전쟁 당시 시어도어 루스벨트가 조직했다. 산후안 전투에서 스페인에 대승을 거두었고, 전쟁 영웅이 된 루스벨트는 이후 뉴욕 주지사 선거에서 압승하며 정치적 기반을 다졌다.

에 있던 그의 경호원과 지원대 대부분이 근처 호텔의 포근한 안락함을 즐기는 동안 대통령은 군용담요를 둘둘 감고 맨땅에서 잠을 잤다. 가끔 혼자서 황야를 돌아다니기도 했다. 그러나 어머니와 첫 아내를 같은 날에 잃은 경험이 있는(그의 인생을 결정지은 사건이었다) 이 남자는 마음만은 집과 가족으로부터 멀리 있지 않았다. 그는 탐사 도중에 수시로 여정을 멈추고 자녀와 둘째 아내인 이디스에게 다정한 편지를 쓰곤 했다. 이 여행길에 사용했던 편지지의 레터헤드는 "옐로스톤 공원/와이오밍"이라고 양각되어 있었다.

4월 16일 그는 막내아들인 퀜틴Quentin 또는 퀜티-퀴Quenty-Quee에게 편지를 썼다. 다섯 살이던 그 소년은 아버지가 가장 사랑하는 아이였다. 이 대통령 일가에 관한 이야기 가운데는 백악관에서 뛰어다니는 퀜틴의 귀여운 행동이 많이 등장한다. "사랑하는 퀜티-퀴." 아버지의 편지는 이렇게 시작한다. "널 많이 사랑한단다. 여기 다른 것들과 함께 내 옷가방을 지고 다니는 노새를 그려 보낸다." 편지에는 고집불통인 짐승을 그린 간단하지만 요령 있는 대통령의 스케치가 실려 있다. "짐을 싣고 가는 노새가 스무 마리쯤 있어. 노새들은 모두 한 줄로 늘어서서 산길을 오르내리고 개울을 건넌단다." 그리고 "사랑하는 아버지가"라고 서명되어 있다.

어느 날 그 편지의 스캔본이 내 메일함에 들어왔다. 보낸 사람은 미드웨스트에 사는 편지의 소유자였는데, 그는 우리에게 "시어도어 루스벨트가 서명한 작은 스케치"를 원하는지 물었다.

그저 짧은 쪽지로 보였기에, 처음에는 그 편지를 지나쳐 당시

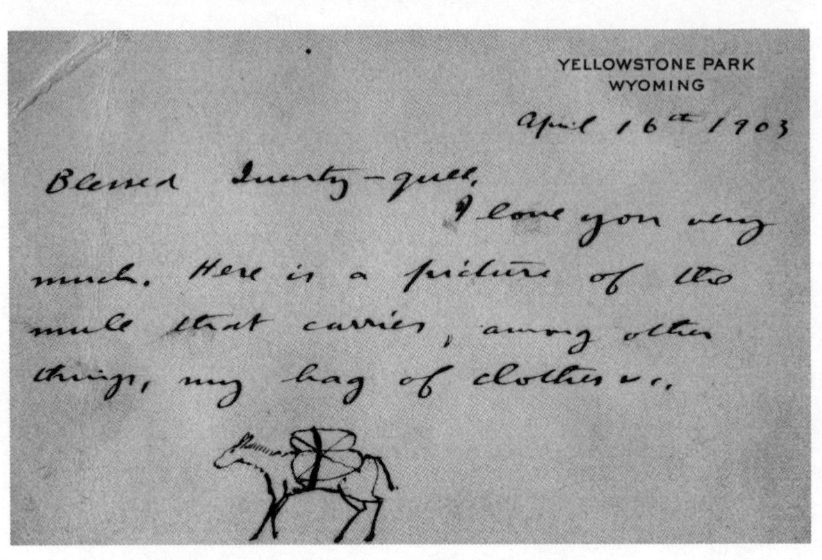

YELLOWSTONE PARK
WYOMING

April 16th 1903

Blessed Quenty-quee,
I love you very much. Here is a picture of the mule that carries, among other things, my bag of clothes etc.

루스벨트가 집에 있는 아들에게 노새의 스케치와 함께 보낸 편지.

고려하던 다음 물건으로 넘어가는 실수를 저질렀다. 하지만 어쩐지 그 이메일로 계속 손이 다시 갔다. TR의 쪽지에는 나를 건드리는 뭔가가 있었다. 나는 1903년에 그 편지를 받은, 역시 동부 해안에 살고 있던 어린아이가 아버지의 노새 스케치를 들여다보는 모습을 그려보았다. 그리고 다정하게 아들을 끌어안는, 나라의 반대쪽 황야에 있던 미합중국 대통령의 모습을 떠올렸다. 시어도어 루스벨트의 꾸미지 않은, 사적인 순간을 포착한 기분이었다. 마치 그가 옐로스톤에서 내게 손을 뻗어 자신이 누구인지 보여주는 것 같았다. 나는 뉴햄프셔의 화이트산과 메인주의 아카디아 국립공원에서 부모님과 함께 하이킹하던 일을 회상했다(아카디아 또한 TR이 좋아하던 곳이다). 전에는 어떤 물건도 그와 비슷한 연상 작용을 일으킨 적이 없었다. 제1차 세계대전에서 조종사로 활약하던 쿠엔틴이 스무 살이 되던 해인 1918년 7월 14일 바스티유의 날, 종전이 이루어지기 고작 넉 달 전에 총에 맞아 세상을 떠났다는 사실을 알고 나니 그 쪽지가 준 절절한 느낌이 더욱 강해졌다. 퀜틴의 사망 소식은 아버지 루스벨트를 무너뜨렸고, 루스벨트는 여섯 달 뒤 예순 살의 나이로 세상을 떠났다.

"이 편지를 갖고 싶어요. 사람들이 좋아할 것 같아요." 나는 말했다. 우리는 7000달러를 지불했는데, 짧은 루스벨트 쪽지의 가격으로는 적은 돈이 아니었고, 지금 수준에서 보아도 루스벨트의 쪽지에 매겨진 것으로는 아주 높은 가격이었다. 여러 종류의 전기에 루스벨트가 자녀들에게 보낸 편지 이야기가 나오는데, 그중에 옐로스톤에서 보낸 쪽지도 몇 건 있지만 이 쪽지는 없었다. 이것은 새로운 발견물이었다.

"이 쪽지 무척 좋네요. 루스벨트의 성품이 어떤지 정말 잘 전해줍니다." 이 발견에 대해 발표하기로 결정한 뒤 처음 연락한 상대인 AP 기자 조앤 로빌리오가 말했다. 조앤과 나는 시장 선거운동 때부터 오랫동안 알고 지낸 사이였다. 조앤의 말에 따르면 이 쪽지는 루스벨트의 "우리가 이제껏 알지 못했던 면모를 보여준다." 그녀의 기사는 전파를 타고 세계적인 뉴스가 되었다.

그런데 이 역사의 한 조각은 어떻게 옐로스톤에서 백악관으로, 또 내 책상에까지 오게 되었을까? 나중에 알게 되었지만 역사적 유물들이 걸어간 길은 괴상하고 구절양장같이 굽이굽이 돌아간다. "남편이 세상을 떠난 뒤 루스벨트 부인은 불운하게도 그의 편지들을 가까운 친지들에게 나눠주는 버릇을 들였다." 한 루스벨트 문헌 연구자가 설명했다. 이 친지의 후손이 그 선물을 우리에게 팔기로 결정한 것이다.

CNN은 나에게 방송에 나와 그 발견물에 대해 이야기해달라고 요청했다. 방송을 끝내고 사무실에 돌아왔을 때 나를 기다리고 있던 첫 번째 전화는 국립공원공단과 연계되어 있는 국립공원재단에서 온 것이었다. 그들은 루스벨트의 쪽지를 사고 싶어 했다. 나는 그들의 전화가 첫 번째 구매 요청 전화지만 아마 마지막 전화는 아닐 거라고 말했고, 그들은 곧 돈을 송금했다.

나는 이 물건에서 무엇을 보았던가? 우리에게 영감을 주는 인물이나 물건의 본성에는 무엇이 있는가? 각 경우마다 대답은 다르다. 하지만 2007년에 이 모든 것은 대답 없는 질문이었다. 나는 스스로에게 그런 질문을 던지지 않았다. 물건을 구매했고, 물건을 판매했다. 다음 물건.

2

무엇이 가치를 부여하는가
: 벤저민 프랭클린의 'free frank'

20대 중반의 나이로 가업에 참여하여 일하게 되었을 때 나는 아는 게 전혀 없었다. 그래, 나는 아버지와 함께 야구카드 전시회에 다니면서 성장했고 가끔씩 경매에도 함께 다녔다. 역사와 관련된 사업은 언제나 내 삶의 배경이었다. 하지만 그 정도였다. 배경 말이다. 전화는 항상 울리고 있었고, 카탈로그 파일과 주소 라벨이 부엌 식탁에 널려 있었으며, 무얼 팔고 무얼 팔지 않을지에 대한 논의가 분분했다. 나는 구매하거나 판매하는 자필 원고에 대한 아버지의 일상 대화, 이런저런 고객들에 대한 언급을 대충 흘려들었다. 그런 것은 내게 별로 큰 흥밋거리가 아니었고, 아버지는 성장기의 내게 그런 것을 배우라고 강요하지 않았다. 게다가 나는 나이가 들었고, 나 자신의 삶이 있었으니까. 어머니의 설득으로 아버지는 변호사 업무를 접었고, 그 일은 아버지에게 취미가 아니라 사업이 되었다.

하지만 상황이 변했다. 이제는 내게도 생업이 되었다. 누가 우리 고객인지, 누가 경쟁자인지 등 사업 전반에 대해 배워야 했다. 또한 역사적 물건들의 진위를 판정하는 법도 배워야 했는데, 이는 시간이 걸리는 일이었고 세부 사항을 거듭 되풀이하여 세심히 살펴야 했다. 처음에는 이 부분을 전적으로 아버지에게 의존할 수밖에 없었지만 나도 꽤 신경을 썼다. 이런 것을 가르쳐주는 학교는 없다. 독일 작가 괴테가 말했듯이, 우리는 "산을 오르는 여행자처럼 견뎌야만 한다. 산이 거기 없다면 길은 훨씬 짧고 편하겠지만 어쨌든 산이 있으니 넘어야 할 밖에." 시간 그리고 반복이라는 수고로움을 대신해주는 것은 없다. 산을 넘는 다른 길은 없다.

진위 판정 문제는 아버지가 전담했으므로, 초반에 내게 가장 어려웠던 문제는 일단 어떤 물건을 보고 그 안에 담긴 가치를 알아보는 것이었다. 나는 가치의 문제를 일반적인 의미로 이해했다. '이것은 링컨의 서재에 있던 책이다', '이것은 조지 워싱턴이 쓴 편지다'라는 식으로. 하지만 다른 사람들이 보지 못한 가치와 중요성을 알아보는 일, 워싱턴 장군이 쓴 수많은 편지를 뒤져 최고의 것을 골라내는 일은 생각만큼 뻔하지가 않다. 그런 일에는 내가 당시에 가졌던 것보다 훨씬 더 정련된 눈이 필요했다.

진위성과 가치의 문제에 관해 나를 가르칠 수 있는 사람은 한 명뿐이었다. 아버지.

이 시절에는 거래상의 카탈로그와 경매 카탈로그 그리고 [디지털이 아닌] 종이 카탈로그가 우리가 다니는 시장이었다. 인터넷이 있기는 했지만, 자기 물건과 가격을 전부 웹사이트에 올리는 거래상은 거의 없었다. 그보다는 카탈로그가 우편으로 배달되면 아버지는 나를 불러 살펴보게 했다. 예를 들면, 우리 업계에서 잘 알려진 이름인 조 루빈파인은 역사적 문서를 취급하는 거래상이다. 그의 부모는 뉴저지에서 양계장을 했다. 조는 일찌감치 역사 열병에 걸려, 나의 아버지가 어렸을 때부터 역사 문서를 취급해 왔다. 조의 카탈로그는 평범했다. 그림도 별로 없었고 단순한 책자 형태였지만 우리 집에서는 대단한 관심을 끌어 모았다. 나는 조의 스타일을 좋아했다. 그는 산꼭대기에 올라가 소리를 지르며 관심을 모을 필요가 없었다. 그의 자료가 가진 품질을 보면 존경하지 않을 수 없으니까.

아버지가 나를 부른다. "루빈파인의 카탈로그가 왔어." 아버지는 가끔 내게 몇 가지를 지적해주곤 했다. 월터 롤리가 서명한 문서를 구입했을 때 아버지가 "네이트, 이건 정말 흔치 않은 물건이야"라고 말하던 것을 기억한다. 내가 배운 바로는, 월터 롤리는 엘리자베스 시대의 영국에서 굉장히 의미 있는 인물이었다. 그는 아메리카를 탐험한 위대한 탐험가이자 스페인의 적이었고, 영국의 영웅이었다가 악당이 되었으며, 런던 탑에 갇힌 죄수였고, 역사적으로 가장 중요한 영국인 중 한 명이다. 그의 자필 원고는 대형 매물로 높은 가격이 매겨지며, 수준 높은 구매자들이 구입한다. 당시 나는 그 사실을 전혀 몰랐다. 가끔 아버지는 내게 카탈로그에 있는 물건(가령 잉카제국을 점령한 스페인 정복자 프란시스코 피사로의 자필 원고 같은 것)을 보여주고는 이렇게 말한다. "우리가 이걸 사야 할 것 같지는 않구나. 하지만 자주 보기 힘든 물건이라는 건 알아둬야 한다." 아니면 워싱턴이 헌법에 대해 쓴 편지를 보여준다. 나는 "저기에 왜 동그라미를 치셨어요? 그건 30만 달러짜리예요. 진심으로 그렇게 큰돈을 쓰려는 건 아니지요?"라고 물어본다. 그러면 아버지는 이렇게 말한다. "아냐, 그건 우리 몫이 아니지. 그래도 네가 보기는 해야 한다고 생각해." 자, 워싱턴은 영국과 싸워 혁명에서 승리한 것과는 별개로 1787년 제헌의회의 의장이었고, 그 의회에서 우리의 헌법이 제정되었다. 그가 쓴 헌법 사본은 세월이 흐른 뒤에 경매가의 신기록을 갱신하면서 1000만 달러에 마운트버넌•에 판매되었다.

나는 아버지가 거래상의 카탈로그에서 흥미 있는 물건에 동그라미 치는 것을 지켜보면서 자랐다. 아버지는 우리 집 현관 가까이에 있는 책상에 앉아 안경을 쓰고 펜을 손에 쥐고서 카탈로그 더미 위로 몸을 숙였다. 동그라미를 치고, 선을 그어 지우고, 여백에 질문을 써넣곤 했다. 의자 등받이가 뒤로 밀려났다가 뭔가 가치 있는 것이 눈에 띌 때면 앞으로 기울어졌다. 저녁이면 아버지는 몇 시간씩 거래상의 웹사이트를 조사하며 좋아하는 물건을 찾아다녔다. 아버지는 끊임없이 사냥에 나섰다.

이제 내가 카탈로그를 뒤지기 시작했다. 우리는 게임을 했다. 둘이 동시에 카탈로그를 살펴보면서 흥미로운 것, 논의할 가치가 있는 것에 동그라미를 친다. 카탈로그는 어지간한 책만큼 묵직했고, 흑백 인쇄에, 성姓을 기준으로 정리되어 있었다. 외양은 조야했지만 그 안에는 팔려고 내놓은, 믿을 수 없이 중요한 역사의 조각들이 있었다. 그것은 궁극의 테스트, 가치를 발견하기 위한 테스트였다. 카탈로그를 다루고 개인 판매자가 내놓은 물건을 다루

• 미국 버지니아주 페어팩스 포토맥 강변에 있는 사적지, 워싱턴의 고향집.

는 이 재능으로 아버지는 성공을 거두었다.

물건과 문서의 진위를 어떻게 판별하는가를 배울 때, 나는 이런 게임을 통해 이 사업의 가장 도전적인 요소, 즉 무엇이 가치를 부여하는지의 문제에 접근하는 법을 익혔다. 내가 이 기술에 숙달되기까지는 10년이 걸렸다. 아버지는 읽고 그 내용을 흡수하며 몇십 년을 보냈고, 나는 이제 2년째였다. 나에게는 꼭 필요한 단계였다. 카탈로그에 있는 항목에 동그라미를 치고, 아버지가 표시한 것과 비교해본다. 내가 보건대, 조지 워싱턴 편지의 진위를 확실하게 판정할 수 있는 사람은 거의 없다. 역사적 가치를 매기거나 가격을 정할 수 있는 사람은 더 적다. 그런 일을 하려면 페이지에 적힌 날짜나 아래에 적힌 서명에 대한 이해가 아니라 상징과 의미에 대한 더 깊고 심오한 이해가 필요하다. 그 이해가 있는지 여부가 성공과 실패를 가르는 차이라고 나는 확신한다. 그래서 나는 공부해야 했다. 또한 인내라는 비용을 치러야 했다.

대개는 내가 먼저, 판매자가 제공한 제목에 초점을 맞추어, 얼핏 보아도 흥미로울 것 같은 것을 고른다. 첫 두어 해 동안은 제대로 맞힌 적이 별로 없었던 것 같다. 내가 동그라미 친 것들은 예외 없이 어떤 식으로든 결함이 있었다. 진품이 아니거나 아버지의 경험으로 보아 쉽게 팔리기 힘든 물건이었다. 아니면 생각했던 것보다 훨씬 더 흔한 물건이기도 했다.

잘 알려지지 않은 역사적 인물과 관련한 사례 하나가 기억난다. 포트 섬터의 영웅인 로버트 앤더슨이다.

앤더슨은 남북전쟁의 첫 번째 전투에 북군 요새의 지휘관으로 참여했다. 남부연합군의 공격을 받은 그는 항복하지 않을 수 없었고 주목할 만한 업적도 없었다. 그에 대한 관심은 주로 사우스 캐롤라이나주에 있는 포트 섬터에 대한 그 운명적인 공격을 중심으로 형성되었다. 나는 그가 누구인지도 몰랐다. 그랬으니 앤더슨이 쓴 편지에 내가 동그라미 칠 일은 결코 없었을 것이다.

“네이트, 저것 읽어보았니? 이게 뭔지 봤어?” 아버지가 예나 지금이나 우리 대화에서 일상적으로 사용하는 구절을 다시 반복했다.

그것은 앤더슨이 포트 섬터에 대한 공격을 논의하는 편지였다. 그런데 진실을 말하자면, 그 누구도 로버트 앤더슨에게 관심이 없었다. 다만 포트 섬터와 관련된 맥락에서는 그렇지 않다. 이 사실은 내게 중요한 수업이었다. 가치를 평가하는 문제에 있어 한 인물이 관련된 요점을 파악하고 거기서부터 내용을 평가하라. 예컨대 에이브러햄 링컨이 자필로 서명을 했지만 역사적 중요성은 별로 없는 편지 한 통은 기본 가격밖에 받지 못할 수도 있다. 하지만 노예제, 그의 유산의 중심이 된 노예제 폐지에 관한 내용을 담고 있는 편지라면, 수백만까지는 아니더라도 수십만 달러의 가치를 가질 확률이 높다. 시어도어 루스벨트가 사용한 펜은 분명 가치가 있다. 하지만 그가 젊은 대령으로 미국-스페인 전쟁에서 의용기병대를 지휘한 영웅이던 시절 썼던 모자를 갖고 있다고 생각해보라. 루스벨트는 안락한 직위를 떠나 전쟁에 자원하여 전국적 명성을 얻었고 덕분에 부통령, 더 나아가 대통령이 되었다.

앤더슨의 사례가 내게 준 교훈은 이것이다. 역사적 맥락이 중요하다는 것. 앤더슨의 이름은 오직 포트 섬터를 논할 때만 언급된다는 사실. 그는 우리 국가의 유일한, 그리고 바라건대 마지막

이 될 내전의 첫 악장이 시작되는 현장에 있었다. 그리고 사람들은 그것을 수집한다. "포트 섬터 공격을 논의하는 로버트 앤더슨의 편지에 500달러를 달라고 하는군." 아버지가 말했다. "이 사람들은 자기들이 뭘 가졌는지 모르는 게 분명해."

역사에 대한 아버지의 깊이 있는 지식이 우리 논의의 배경이 되어주었다.

내가 처음 보러 간 컬렉션은 뉴저지에서 열렸다. 나는 아버지와 함께 운전하여 그곳에 갔다. 우리는 수표를 챙기고 차에 올라 고속도로 통행용 이지패스E-Z pass를 대시보드에 설치한 다음 턴파이크로 향했다. 가는 길은 지긋지긋하게 지루했다. 우리가 만나러 가는 사람은 개인 컬렉션을 물려받은 부부였는데, 조지 워싱턴이 1789년 7월에 쓴, 대통령으로서 서명한 편지가 그 컬렉션에 포함되어 있었다. 우리는 그것을 직접 보고, 판매자를 평가하고 싶었으므로 만나러 갔다. 그 편지는 짧았고, 수신자에게 동봉된 의회법 초안에 주목하라는 내용을 담고 있으며, 그의 전형적인 방식으로 "G:Washington"이라고 서명되어 있었다(워싱턴은 G와 W 사이에 콜론을 썼다). 수집가는 2만 5000달러를 원했다. 나는 분개했다. 지나치게 비싸. 워싱턴은 버지니아 주지사에게 의회법안을 통보했다. 법안 하나가 상정될 때마다 당시 주의 숫자대로 모두 열세 번 이렇게 했다. 건국 초기에 의회가 법안을 통과시키고, 대통령이 서명하고, 연방정부는 그 법안 사본을 각 주지사에게 보냈다. 그렇게 하지 않으면 그들이 법안을 어떻게 따를 수 있겠는가? 처음에 잠시 동안은 워싱턴이 대통령으로서 그 일을 했고 얼마 지나지 않아 국무장관인 토머스 제퍼슨이 그 일을 떠맡았다. 하지만 우리가 오늘 검토할 이 편지에는 워싱턴의 서명이 들어 있다.

"그래요, 워싱턴이 보낸 괜찮은 편지인 건 맞고, 우리가 워싱턴의 편지를 더 거래할 수도 있어요. 하지만 법안이 통과될 때마다 매번 열세 통씩이나 쓰지 않았겠어요?" 내가 물었다. "그리고 우리가 되팔 때 지금 가격보다 얼마나 더 많이 받을 수 있겠어요? 그만한 돈을 쓸 가치는 없어요."

아버지는 나를 그 부부의 거실 밖으로, 현관을 지나 작은 복도로 끌어냈다. "넌 이게 뭔지 봤어? 날짜를 봤느냐고?" 아버지가 말했다. 아버지의 추측에 따르면, 그 편지의 날짜는 7월 초순인데, 제1대 의회가 통과시킨 첫 법안들이 그해 7월에 서명되었으므로 편지가 언급하는 것은 최초 법안 중 하나일 것이다.•

실제로 이것이 첫 번째인지 두 번째인지는 몰라도 의회가 통과시킨 최초의 법안 두 개 중 하나임이 조사에서 밝혀졌다. 미국의 세관이 수입을 통해 얻는 소득을 차지할 권리를 허용하는 법안이었다. 독립전쟁 때문에 국가 채무가 생겼는데, 정부가 돈을 벌 유일한 방도가 관세였다. 그 방법을 써서 국가는 빚을 갚고 국가 운영 비용을 마련할 수 있었다. 이 법안은 초대 재무장관인 알렉산더 해밀턴이 세운 계획의 중심이었다. 우리는 고객이 요구한 대로 2만 5000달러를 주고 그 문서를 샀다.

아버지는 그 물건의 진정한 가치를 알아본 것이다.

• 1789년은 조지 워싱턴 대통령이 취임하고 상원과 하원으로 구성된 미국의 제1대 의회가 열린 해다. 의회의 첫 회기가 3월에서 9월까지 열렸다. 그해 6월과 7월에 미국 의회는 최초 법안들을 통과시켰다.

그와 반대로 나는 집에 돌아가 저녁 식사를 하면서 인터넷에서 찾아낸 전직 대통령 존 퀸시 애덤스가 쓴 편지 한 통을 구입하자고 주장하고 있었다. 애덤스의 아버지는 독립선언문에 서명을 했으며, 그 역시 대통령으로 재직했다. 편지에는 7월 4일이 언급되어 있었고, 가격은 2000달러였다.

"아마 그걸로 8000달러는 받을 수 있을 거예요." 내가 말했다. "애덤스가 7월 4일에 대해 이야기하는 내용이라고요."

하지만 아니었다. "애덤스는 그런 편지를 5년 동안 적어도 매년 두 번씩 썼어." 아버지가 말했다. 애덤스는 직접적이지는 않아도 1776년과 관련 있는 저명 인사였다. 그래서 매년 7월 4일이면 매사추세츠주의 타운들을 비롯한 전국 각지에서 자신들의 독립기념 행사에 참석해 연설해달라는 요청이 그 노인에게 폭격처럼 쏟아졌다. 그는 거의 한 번도 응하지 않았다. "그 편지는 그들이 부른 값만큼의 가치가 없어. 흔해 빠진 물건이야."

아버지는 링컨이 한 병사를 사면하는 내용의 편지에 동그라미를 쳤다. 널리 존경받는 동료 거래상이며 지금은 은퇴한 캐서린 반스가 내놓은 물건이었다. 반스의 사무실은 아버지가 일하시던 리튼하우스 스퀘어 법률사무소에서 멀지 않은 곳에 있었다.

"글쎄요. 여기는 별 내용이 없네요." 내가 말했다. "그저 '이 병사를 사면하라'는 말뿐인데요."

그러자 아버지가 말했다. "그렇기는 해. 하지만 사람들은 링컨의 자비심에 관심이 있거든. 그리고 이 편지는 그 자비심이 표출된 대표적 사례야. 링컨은 이런 편지를 자주 쓰지 않았어."

링컨의 성품은 그가 물려준 유산의 핵심이다. 처참한 전쟁이 벌어지는 와중에 그는 모든 미국 시민들, 새 국가를 창건하겠다고 나선 사람들이 이끌어야 할 시민들, 즉 남부연합까지도 옹호하는 것이 자신의 역할임을 알고 있었다. 또 그는 그 시절이 평범한 일상이 아님을 알고 있었다. 동정심이 필요한 상황에서 그가 발휘한 중재는 전설로 남을 만하다. 링컨은 넓은 마음씨의 소유자였지만, 그 마음은 지치고 낡아 있었다. 게다가 이음매가 터져 나가는 국가의 공직자이자 네 아이 중 셋을 어린 나이에 잃은 아버지였으니 그 마음은 산산이 부서져 있었다. 그럼에도 그의 자비는 전설적인 수준이다. 나는 그것이 그립다.

게임은 계속되었다.

나는 벤저민 프랭클린이 쓴 조금은 호색적인 편지에 동그라미를 쳤다. 그 편지에서 프랭클린은 전날 아편을 너무 먹어서 회의에 좀 늦어진다고 불평했다. 그것은 특이하고 재미있는 편지로서 앞서 말한 거래상 조 루빈파인은 가격을 2만 5000달러로 매겼다. 프랭클린은 넓은 범위의 수많은 사람들과 편지를 나눈 것으로 유명하지만, 편지의 수는 많지 않다. 기본적인 편지도 1만 5000달러는 넘는다. 그래서 나는 우리가 이익을 남길 여지가 있다고 생각했다. 아버지는 동의하지 않았다. "[되팔더라도] 그 이상은 받지 못할걸." 돌이켜보면 아버지가 옳았다. 프랭클린의 유산에서 그가 아편을 좋아한 사실은 중심이 아니다. 그것은 주변적인 일화에 불과했다. 아버지가 내린 가치 평가, 엄밀한 계산이 옳았다.

이런 1차 수업은 사람들이 무엇으로 가장 잘 알려지고 존경을 받는지, 그 인물의 성품에 대해 뭔가 의미 있는 것을 배울 수 있는 영역이 어디인지를 찾아보는 수업이었다. 일단 그것을 찾으면 우리는 가치를 숫자로 환산할 수 있게 된다. 속담이 말하듯 강을 거슬러 올라가는 것이다.

사람들의 감정을 유발하는 물건, 사람들에게 영감을 주는 물건을 수집한다는, 또 다른 수업에 이르기까지는 오랜 시간이 필요했다. 그제야 어렸을 때 아버지가 찾아다니던 것과 이 수업을 연결할 수 있었다. 이 단계에 이르는 통찰은 내게 간접적으로 다가왔다.

초기의 내 노력이 전혀 소득이 없지는 않았다. 카탈로그에 있었지만 아버지가 놓친 어떤 것을 사라고 처음으로 아버지를 설득했던 때가 선명하게 기억난다.

런던에 있는 매그스 브라더스Maggs Bros.는 역사가 있는 회사였다. 당시 매그스는 자필 원고 분야에서 대형 회사였다. 그들은 왕족이나 사업가들과 직접 거래해왔다. 우리는 필라델피아에서 그 회사의 카탈로그를 우편으로 받아보았다. 카탈로그에서 나폴레옹이 쓴 편지 한 통이 내 관심을 끌었다. 대중주의적 유럽의 예언자, 구시대 왕족들의 숙청자인 나폴레옹은 이렇게 말한 적이 있다. "나는 언제나 대중의 의견과 함께 그리고 사건과 함께 진군했다." 나폴레옹은 단순한 정치적·군사적 인물이라는 위치를 뛰어넘는 어떤 이념, 어떤 운동의 화신이었다.

우리가 지금 카탈로그를 받았으니 유럽에서는 검토를 시작한 지 이미 일주일은 넘었을 것으로 짐작된다. 이 편지는 1808년에 나폴레옹이 전쟁장관에게 보낸 것으로 가격은 5000파운드•로 매겨져 있었다. 나폴레옹의 편지로는 상당히 높은 액수였다. 황제의 편지라면 하나같이 귀중할 것이라고 생각할지 모른다. 누구든 그것을 갖고 싶어 한다. 하지만 그렇다고 해서 그런 소유욕이 가치와 동일한 것은 아니다. 나폴레옹의 자필 원고를 원하는 수요는 많지만 공급도 그만큼 많다. 나폴레옹은 수많은 편지와 자료에 서명했다. 어떤 때는 하루에 열다섯 통에서 스무 통까지 편지에 서명하곤 했다. 그는 한 번에 똑같은 편지를 여러 통 구술했다고 알려져 있다. 그런 편지가 모두 다 전해지지는 않지만 그가 잉크를 많이 소비한 것만은 분명하다.

이 편지의 경우, 나는 내가 배운 기준을 적용했다. 편지의 수신자는 누구인가, 날짜는 언제인가, 어떤 내용인가? 내가 프랑스어를 알고 있어서 도움이 되었다.

> 바욘에 있는 쥐노 장군에게 전령을 보내어 (…) 이 편지를 받고 스물네 시간 안에 군대와 함께 그곳을 떠나 스페인으로 가도록 지시하라. 그곳에서 포르투갈 국경으로 향하도록 하라. 그의 부대에게 보급을 제공하라고 스페인에게 명령하라. 쥐노 장군에게 내 대사가 리스본을 떠났다고 알려주도록. 그러니 일순간도 놓치지 말고 영국군을 막아야 할 것이다.

이베리아 반도 침공을 지시하는 나폴레옹의 편지로 널리 인용되는 유명한 부분이다. 그의 군대 거의 전부를 빼앗기게 될 러시아 원정과 함께 이 침공 작전도 결국 그를 수렁에 빠뜨리게 된다.

- 환율에 따라 다르지만 대략 8000~9000달러.

결과적으로 스페인 국민은 그의 점령을 인정하지 않았다. 그리고 영국군이 포르투갈을 통과하여 그곳의 전투에 합류했다. 그 부대의 지휘관은 나중에 워털루에서 나폴레옹을 패주시키게 될 웰링턴 공작이었다. 그러니 이 작전, 스페인 침공은 나폴레옹의 몰락에 일조한 것이다. 나는 그 편지를 갖고 싶었고 아버지를 설득했다. 편지의 가격은 그것의 진정한 가치에 걸맞지 않았다. 왜? 어떤 자료의 가격을 매기는 것은 과학이 아니라 예술이다. 매그스는 숙련된 거래상이지만 똑똑한 사람도 실수를 범한다. 아니면 그들은 나폴레옹의 편지같이 흔한 자필 원고로는 더 높은 값을 받을 수 없다고 생각했을지도 모른다. 그러나 우리는 그 편지를 2만 5000달러에 되팔았다.

초반에 나는 다른 어디도 아닌 이베이에서 구한 물건으로 또 한 번의 성공을 거두었다. 내가 거기서 뭐든 산 것은 그때가 처음이자 마지막이었다. 평소에 나는 그 사이트에 전혀 가지 않으니까. 어느 날 별일 없이 소파에 앉아 뭐든 시간을 보낼 만한 일을 찾느라 이베이를 뒤적거렸다. 한 판매자가 코네티컷의 윌리엄 윌리엄스라는 사람의 편지를 목록에 올렸다. 판매자는 편지 전체의 사진은 올려두지 않았는데, 편지에는 군데군데 공백이 있었다. 또 내용이 무엇인지에 대한 설명도 없었다. 그런데 윌리엄 윌리엄스가 누구인가? 나는 그 질문의 대답을 알고 있었다. 그는 독립선언문에 서명한 사람 중 하나였다. 즉 영국 군주국에 도전하기 위해 모든 것을 걸었던 일군의 남자들 가운데 한 명이라는 말이다.

나는 판매자에게 사진을 보여달라고 요청했지만 거절당했다.

이상하다는 생각이 들었다. "팔 생각이 별로 없나 보네." 이런 물건을 상품으로만 다루거나 그 내용에 별 관심이 없는 것처럼 보이는 사람들을 상대할 경우, 심히 불만족스러운 점이 있다. 마치 한 시간 동안 대화를 나누었는데 갑자기 상대방이 내가 누구인지도 모른다는 것을 깨달을 때와 비슷한 기분이다. 엉뚱한 집에 가서 문을 두드리고 있었구나 하는 느낌이 확연해진다. 이때가 그랬다.

아버지와 나는 더 깊이 파고든 다음, 질문을 던져야 한다고 여러 차례 이야기한 바 있었다. 이 자료에 적힌 날짜는 1775년이었는데, 바로 미국 식민주들이 영국에 반란을 일으킨 때였다. 이 편지가 그 시기에 관련된 것일 수 있을까? 사람들은 독립선언문 서명자들의 물건을 수집하며, 애국적인 내용을 담은 것이면 가격은 더 올라간다. 나는 그 편지에서 읽을 수 있는 부분을 읽었고, 다음의 두어 줄을 찾아냈다. "우리가 자유를 확립하는 결과를 가져온다면 1만 명의 목숨이 위기에 처한다 해도 두려워하지 않을 것이다." 와우.

나는 다시 한 번 사진을 보내달라고 요청했다. 내가 진지하게 관심을 갖고 있다고도 설명했다. 완전한 침묵.

나는 육감에 따라 행동하여 그 자료를 입찰했고 손에 넣었다. 내용을 보니 1775년의 그 윌리엄스가 어느 영국 왕당파 인물에게 쓴 편지로, 애국적인 대의명분을 위한 탄원서였다. 편지는 길었는데, 일부를 발췌하면 다음과 같다.

독재 정부가 아메리카에 관해 세운 계획이 여러 해 동안 준비되고 있었음은 의심의 여지없이 확실한 사실입니다. 그리고 이제 그들은 그 계획을 준엄하게 집행하기 위해 밀어붙이고 있지요. 오직 식민주들의 확고부동한 연합과 고결한 결단이 있어야만 그 계획이 달성되지 못하게 막을 수 있습니다. 나는 확신합니다. 당신은 잃어버려도 상관없을 정도로, 또 그 이상으로 많은 재산을 갖고 있다고. 또 당신은 누구의 지배를 받는 것을 좋아한 적이 없었지요. 그런데도 틀림없이 파국을 맞을 원칙들에 찬성하다니, 믿기지 않는 일이네요.

내 육감은 성공했고 그 편지는 3만 6000달러를 우리에게 가져다주었다.

초반기는 수습 기간이었고, 경험을 쌓는 것은 고된 과정이었다. 하지만 배울 것은 많았다. 처음에 아버지는 나를 데리고 컬렉션을 보러 다녔다. 가치와 역사적 중요성에 대한 논의는 여전히 진행 중이었지만 진위를 알아보는 내 눈은 차츰 개발되었다. 그래서 나는 혼자 사냥에 나섰다.

식탁 맞은편에 두 여성이, 모녀가 앉아 있었다. 그들은 메인라인에 있는 내 집 가까이에 살았는데 나를 만나러 왔다. 메인라인은 필라델피아 근교 지역으로, 케리 그랜트와 캐서린 햅번 그리고 제임스 스튜어트가 출연한 고전 영화 「필라델피아 스토리」의 무대로 유명해진 곳이었다. 부모님은 메인주의 바하버에 살고 계셨다. 아내인 카렌은 아직 내 사업에 동참하지 않고 예전 직장인 드렉설 대학에서 변호사로 근무하고 있을 때였다. 딸은 아직 태어나지 않았다.

그 여성들이 가져온 가죽 서류 가방은 오래된 서류들로 가득했다. 그들은 종이를 식탁에 펼쳐놓았고 나는 두 시간 동안 묶음별로, 한 장씩 검토해나갔다. 물려받은 것이 많았고, 그들의 선조 역시 오랫동안 문서를 수집해왔으므로, 문건은 수백 개에 달했다. 특별히 획기적이라 할 것은 없었다. 대부분은 건국 초기에 펜실베이니아 유명 인사들이 서명한 상업용 서류들이었다.

벤저민 프랭클린의 편지가 한 통 있었다. 괜찮은 물건이기는 했지만 처음 보기에 특기할 만한 점은 없었다.

"던컨 대위를 통해 당신이 쓴 회계보고서 사본을 보냅니다. 안전하게 도착하기를 바랍니다. 당신의 충실한 하인, B. 프랭클린."

프랭클린은 1768년에 포트 스탠윅스 조약 협상에 필요한 자료를 보냈다. 그것은 중서부에 있는 미국 원주민의 땅을 영국에 양도하는 조약이었다. 프랭클린은 당시 스스로 살 곳으로 선택한 펜실베이니아 식민주의 대리인 자격으로 런던에 파견되어 있었다. 편지의 수신인은 윌리엄 트렌트였는데, 그는 상인들의 입장을 대변하며 조약의 원인이 된 분쟁에서 피해를 입은 자들의 요구에 반대하던 인물이었다.•

프랭클린에 관련된 그 편지의 본문이 그간 공개된 문서 중에 있

• 윌리엄 트렌트는 이로쿼이 원주민들과의 모피 교역으로 큰돈을 벌었으며 다른 모피 상인들과 함께 이로쿼이 원주민의 땅에 모피 교역소를 세웠다. 모피 상인들은 모피 거래를 했을 뿐 아니라 원주민의 땅을 사들였고, 토착 원주민과 그 지역을 차지하려 했던 프랑스인들에 맞서서 자신들의 이익을 지키기 위해 영국에 도움을 호소했다.

는지 인터넷으로 찾아보았지만 보이지 않았다. 이 문서는 여러 세대 동안 계속 이 가족이 보관해왔다. 아무도 문서의 존재를 몰랐다. 나는 편지를 손에 들고 도로에 면한 큰 창문으로 들어오는 빛에 비춰보았다. 레이드지laid paper•, 워터마크watermark••도 훌륭했다. 당시에는 종이를 만들 때 헌 직물을 분쇄하여 만든 축축한 펄프를 채반에 널어 말렸다. 건조되고 나면 채반에 눌려 생긴 줄무늬는 자세히 살펴보지 않으면 안 보인다. 그의 서명은 완벽해 보였고, 편지는 온전히 프랭클린의 손글씨로 되어 있었다.

나는 편지를 뒤집어 쇼스루show-through•••를 평가해보았다. 쇼스루란 글씨가 쓰인 종이에 스며든 잉크를 묘사하는 용어다. 필사본이나 복사본이라면 쇼스루가 없다. 진품인 문서에서 잉크는 이면에, 뒷면에 스며든다. 특히 액상 철분이 많고 종이에 스며드는 성질이 더 강한 오래된 잉크라면 더 그렇다.

그런데 종이를 뒤집었을 때 내가 본 것은 예상과 달랐다. 뉴욕에 있는 윌리엄 트렌트의 주소가 사각형 수신인란에 적혀 있었다. 그리고 오른쪽 하단에 서명이 하나 더 있었다. 그런데 이것은 다른 서명과 달랐다.

거기에는 "B Free Franklin"이라고 적혀 있었다. 과거에 공무원들은 공공 임무를 수행할 때 이름을 쓰고 'free'라고 덧붙이면 우

• 제지 과정에서 롤러 자국이 남긴 평행선이나 교차선이 비치게 만들어진 종이. 12세기 이후 19세기 무렵까지 유럽에서 많이 사용되었으며, 지금도 목탄화 등의 그림을 그릴 때 사용된다.
•• 종이를 만들 때 종이가 젖어 있는 동안 제지용 섬유의 두께를 변화시켜 만드는 무늬. 이 무늬는 종이를 광원에 비추면 명확히 볼 수 있다.
••• 인쇄 비쳐보기.

편요금을 내지 않고 공짜로 보낼 수 있었다. 지금도 그렇기는 한데, 요즘은 인쇄된 서명을 쓴다(지역구 하원의원이 보내는 편지에서 그런 것을 볼 수 있다). 이것을 프리 프랭크free frank라고 부르는데, 이 편지에 있는 것이 프랭클린의 프리 프랭크 서명이었다. 이 방식으로 하면 우표를 붙이지 않고 우편물을 보낼 수 있었다.•

쇼스루를 보려다가 나는 믿기 힘들 정도로 희귀하고 역사적인 자필 원고를 찾아냈다. 프랭클린은 B와 Franklin 사이에 free를 써넣어 위조를 방지했다. 이런 것은 드물고 가치 있는 것임을 나는 알았다.

나는 식탁에서 일어나 아버지에게 전화를 걸어 이 물건이 진품이라고 생각한다고 설명했다. 그리고 사진을 문자로 보냈더니 아버지도 동의했다. 편지의 뒷면도 사진으로 찍어 문자로 보냈다. "그게 B Free Franklin의 서명인가?" 아버지가 물었다. "맞아요." 내가 대답했다. 아버지는 이런 서명을 직접 본 적은 한 번도 없다고 말했다. 이 서명은 미국 우편국의 상징으로 사용되었고, 바로 그 서명이 담긴 우표도 많이 발행되었다. 프랭클린 본인은 한동안 식민주의 우체국 국장으로 근무하기도 했다.

서명이 적힌 무료 송달 딱지와 편지는 흔히 따로 떼어져 처리

• 벤저민 프랭클린은 식민지 시대에 필라델피아의 우체국장을 지내며 우표 없이 우편물을 발송하는 '프리 프랭크'의 특권을 얻었다. 프랭클린은 이 특권을 자신이 간행한 신문을 무료로 배포하는 데에 사용했으며 B Free Franklin이라는 서명을 우체국 소인처럼 사용하여 자기 홍보에 활용했다. 또한 '프리'라는 단어를 통해 영국 통치에 저항하는 정치적 메시지도 담았다. 독립 후에 프랭클린은 미국 우정청(USPS)의 초대 청장을 역임하며 미국 우편체제의 기틀을 마련했다.

"난 어제 온종일
베르사유에 있었소."

Sir

Passy, Wednesday morning
Sept. 13. 1780

I received the Letters and Parquets you were so good as to send me by Mr Dana on Monday, and I thank you for your Care of them. I sent my Grandson the same Afternoon to congratulate you on your Arrival, and to request the Honour of your Company at Dinner this Day. But he did not meet with you. I was out all Day yesterday at Versailles, and so the Repeating of the Message happen'd to be omitted. If you are not otherwise engaged I shall be glad to see you. My Grandson will conduct you. With great Regard, I have the honour to be,

Sir,

Your most obedient
and most humble Servant

B Franklin

Honble Mr Searle

1767년에 런던에 간 벤저민 프랭클린(위). 그곳에서 그는 우리가 갖고 있는 이 편지 뒷면에 "B Free Franklin"이라고 썼다.

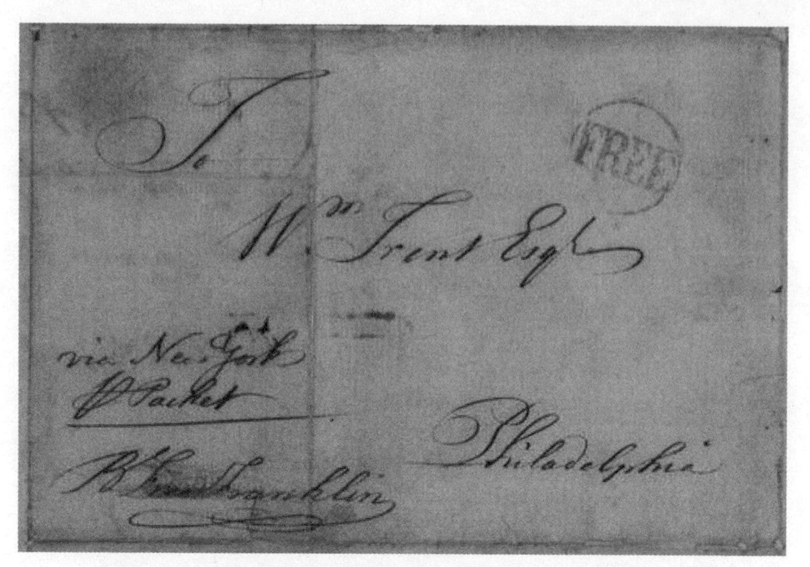

편지 뒷면에서 발견된 벤저민 프랭클린의 희귀한 "B Free Franklin" 서명.

된다. 그런데 이 프랭클린 편지와 무료 송달 딱지는 그렇게 되지 않았다. 18세기에는 편지지를 봉투에 담아 발송하지 않았다. 대신 쓰고자 하는 편지지 두 배 정도 크기의 긴 종이를 아래위 반으로 접는다. 한쪽 절반의 한 면에 글을 쓰고 종이를 접으면 글은 안쪽으로 들어가게 된다. 겉에는 주소를 쓴다. 종이 한 장에 그렇게 한다. 그리고 세월이 흐르면서 많은 경우 무료 송달 딱지를 편지에서 떼어낸다. 한편 수집가들이 종이를 반으로 잘라 두 개의 물건으로 만드는 경우도 있었다. 그렇게 하면 프랭클린이 쓴 편지와 프랭클린이 서명한 문서인 무료 송달 딱지, 별도의 물건 두 개가 생기는 것이다.

나는 런던에 대리인으로 파견되어, 아메리카 원주민들에게서 땅을 빼앗아 더 많은 땅을 군주 몫으로 돌리는 일을 처리하고 뒷면에 "B Free Franklin"이라고 서명한, 발표되지 않고 알려지지 않은 벤저민 프랭클린의 편지를 손에 들고 있었다. 나는 판매자들에게 내가 찾아낸 사실을 알려주고 편지의 대가로 1만 달러 단위의 수표를 써주었다. 내가 혼자서 처리한 것으로는 최초였다. 그리고 조사를 시작했다. 이것은 그런 서명으로 수십 년 동안 시장에 나온 몇 안 되는 사례 중의 하나였고, 발송된 편지에 여전히 붙어 있는 것으로는 유일했다. 우리는 그것을 5만 달러에 되팔았지만 사실은 돌려받았으면 싶다.

내 훈련은 결실을 맺고 있었다. 이제 나는 우리가 구입하는 모든 것을 뒤집어보면서 그 뒷면에서 뭔가 흥미로운 것을 찾아내길 고대한다.

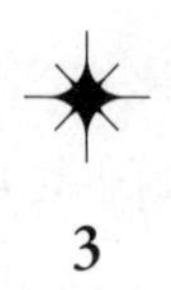

3

신선한 눈으로 시작하라
: 자필 서명, 비서 서명, 오토펜 서명

2005년, 내가 가업에 합류한 지 1년이 되기 전에 맬컴 글래드웰은 『블링크*Blink*』라는 책을 출간했다. 그 책에서 말하려는 핵심은 전문가는 예술 등의 분야에서 어떤 물건의 진위를 한눈에 보고 판별할 수 있어야 한다는 것이다. 시간이 흐르면서 더 많은 정보가 들어오겠지만, 진짜 전문가의 경우 그런 정보는 눈 깜빡하는 순간에 전해지는 의미를 확인해주는 용도로 쓰이는 편이다.

그는 이렇게 썼다.

> 우리는 어떤 결정의 질이 그 결정을 내리기까지 투입된 시간과 노력에 직결된다고 추정하는 세계에 살고 있다. (…) 우리는 최대한 많은 정보를 모으고 최대한 많은 시간을 숙고에 쏟는 것이 좋다고 믿는다. 우리는 사실 의식적인 결정만 신뢰한다. 하지만 빠르게 행동해도 일을 그르치지 않는 순간, 한순간에 내려진 판단과 첫인상이 세상을 이해하는 데 훨씬 더 나은 수단이 되어주는 순간이

> 있다. 특히 스트레스가 심할 때 그렇다. 『블링크』의 첫 과제는 당신에게 하나의 단순한 사실을 납득시키는 것이다. 아주 신속하게 내려진 결정도 신중하고 조심스럽게 내려진 결정과 똑같이 좋은 결정일 수 있다. (…) 눈 한 번 깜빡하는 순간도 몇 달씩 이성적 분석을 시행한 것에 못지않게 많은 가치를 담을 수 있다.

이 무렵 아버지와 나는 뉴욕시에서 열린 어느 희귀 도서 박람회에 가 오랜 친구들, 진지한 수집가들, 다양한 거래상들 사이에서 이것저것 물건을 구경하고 있었다. 당신이 뭔가 흥미 있는 걸 본다면 십중팔구 다른 사람들 역시 보았을 것이다.

우리는 집중과 산만함이 공존하는 상태로, 주의해서 보기도 하고 대충 보기도 하고, 보호용 비닐 케이스에 들어 있는 문서 페이지를 넘겨보았다가 또 다음 물건으로 넘어가면서 이 부스 저 부스를 돌아다녔다. 아마 1500건 정도는 보았을 것이다. 우리는 쇼핑을 하고 있었지만 특별히 무얼 산다고 정해둔 것도 아니었고, 그게 무엇일지 우리도 모르는 어떤 것을 찾고 있었다. 자신이 무엇을 찾고 있는지 모르다가 홀연 그것을 발견할 때 놀라움은 더 커진다.

그때 아버지가 말했다. "이것 좀 보자."

찰스 다윈이 1873년에 토머스 웬트워스 히긴슨이라는 미국 노예폐지론자에게 보낸 편지가 1만 5000달러의 가격에 나와 있었다. 다윈의 편지 중에는 대략 평균 수준이거나 그보다 살짝 웃도는 가격이었다.

나는 잠시 살펴보고 말했다. "다윈 편지에 1만 5000달러를 쓸 마음은 안 생기네요." 그것을 되팔 때 얼마를 더 받을 수 있을까?

"이건 달라." 아버지가 말했다. "편지를 읽어봐."

읽었다.

다운하우스, 켄트, 2월 27일.

친애하는 토머스,

아내는 방금 당신이 쓴 '검은 연대에서의 생활Life with a Black Regiment'을 다 읽었습니다. 당신이 여러모로 우리에게 베풀어준 큰 즐거움에 정말 진심으로 감사드리고 싶습니다. 나는 흑인을 별로 보지 못했지만 언제나 그들을 좋게 평가해왔습니다. 그리고 내가 불분명하게 갖고 있던 인상이 분명해지고, 그들의 성품과 정신력이 그처럼 훌륭하게 논의된 것을 보고 기뻤습니다. 당신이 우리와 함께 있을 때는 당신의 그 고결한 입지에 대해 제가 아는 바가 없었습니다. 예전에 검은 연대에 대해 읽은 적은 있지만 당신 이름을 그 훌륭한 업적과 연결하지 못했던 거지요. 당신이 다운을 방문해주셔서 우리는 아주 즐거운 시간을 보냈지만, 아내와 저는 검은 연대에 대해 미리 알지 못했던 일을 거듭 후회하고 있습니다. 남부 이야기를 조금이라도 당신에게서 직접 들어보았더라면 정말 좋았을 텐데요.

당신이 쓴 글은 브라질에서 40년 전에 발생한 일을 생생하게 떠올리게 합니다. 우리는 당신의 에세이 선집을 갖고 있는데, 콘웨이 씨가 친절하게도 보내주셨지요. 하지만 아직 읽지는 못했습니다. 저는 당신의 소소한 소식을 가끔씩 '인덱스Index'에서 찾아보곤

합니다. 그리고 바로 조금 전까지 자유사상의 발전에 관한 당신의 흥미 있는 기사를 읽고 있었어요.

친애하는 분께, 충심을 다하여 감탄을 보냅니다.

당신의 충실한 찰스 다윈Ch. Darwin으로부터.

다윈은 기념비적인 인물이고 그의 유산은 오늘날에도 영향을 미친다. 그는 "천재란 (…) 자신의 지도를 그리는 자연학자나 지리학자다. 그리고 우리에게 새로운 행동 분야를 익히게 해주고 오래된 것에 대한 우리의 열광을 식혀주는 사람이다"라는 에머슨의 관찰을 진실한 것으로 만들어주었다. 다윈의 업적은 19세기에 인간종이 관련된 모든 영역에 걸쳐 있었다. 그리고 여기, 이 편지에서 그는 미국의 남북전쟁에 대해 이야기하면서 해방된 흑인 노예들이 결성한 최초의 연대인 '사우스캐롤라이나 제1의용대the First South Carolina Volunteers'에 대한 경탄을 표현하고 있다. 히긴슨은 그 연대의 지휘관이었다. 구식이기는 하지만 멸시의 의미는 없는 호칭을 사용하여 '저는 항상 흑인negro을 높이 평가해왔다'고 한 다윈의 말은 바로 얼마 전까지도 노예제가 시행되던 당시로서는 인종 문제에 관한 매우 긍정적인 발언이었다. 그리고 그는 자신이 40년 전에 갔던 브라질 여행에 이 모든 문제를 결부시킨다. 비글호에 탑승했던 그의 유명한 항해 말이다. 그 여행에서 다윈은 1859년에 나온 저서 『종의 기원*On the Origin of Species*』에서 개진되는 세기적인 진화론으로 이어질 관찰과 표본을 수집했다.

이것이 단순한 다윈의 편지 이상의 것임은 금방 명백해졌다(적어도 시간을 들여 신중하게 읽어본 지금은 그렇다). 그것은 위대한 편

"아내는 방금 당신이 쓴
'검은 연대에서의 생활'을
다 읽었습니다. (…)
당신이 우리와 함께 있을 때는
당신의 그 고결한 입지에 대해
제가 아는 바가 없었습니다.
예전에 검은 연대에 대해
읽은 적은 있지만 당신 이름을
그 훌륭한 업적과 연결하지
못했던 거지요."

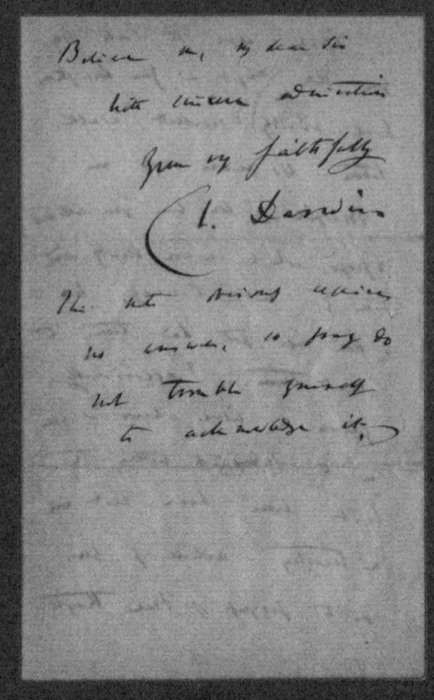
Believe me, my dear Sir
with sincere admiration
Yours very faithfully
Ch. Darwin
The [illegible] [illegible] [illegible]
no answer, so pray do
not trouble yourself
to acknowledge it.

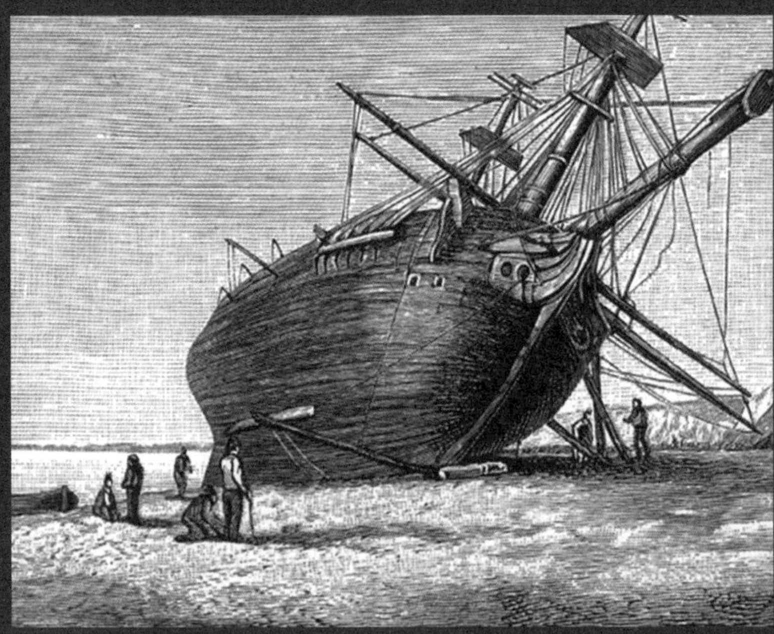

도서전에서 소홀히 취급되다가 우리에게 발견된 중요한 편지에서 찰스 다윈은 지금은 유명해진 비글호의 남쪽 원정을 회상했다.

지였다.

수많은 편지와 책 무더기 속에서, 여러 동네가 들어갈 만큼 넓은 회의장에 널려 있는 자료 하나하나를 마치 신문 읽듯 꼼꼼하게 읽으면서 아버지는 과거로부터 온 도발적이고 강력한 목소리, 방에 숨어 있는 보석을 만났다. 도서전의 세 번째 날이었다. 수천 명이 이 물건을, 훤하게 보이도록 유리 상자에 전시된 이 편지를 그냥 지나쳐갔다.

우리는 진위성을 검토했는데, 첫눈에도 진품으로 보였다. 진위 검토 작업은 우리가 구매하는 모든 자료가 거치는 필수 과정이었다. "신선한 눈으로 시작해라." 아버지의 말씀이었다. 이는 문서를 보관용 커버sleeve에서 꺼내, 레터헤드를 손으로 쓸어보고, 도드라진 부분이 있는지 확인해보라는 뜻이다. 오래된 편지의 레터헤드는 거의 대부분 도드라져 있는데, 그렇지 않다면 그것은 복사기를 통과한 적이 있다는 의미일 수 있다. 펜글씨의 흐름은 어떤 식인가? 지면에 잉크가 흘러내린 것이 보이는가? 억지로 힘이 가해진 것으로 보이는가? 선이 곧은가? 위조자들이 흔히 저지르는 오류 한 가지는 선을 곧게 유지하지 못한다는 점이다. 교차선, 즉 t 자에 가로로 그어진 짧은 선이 있는가? 첫 페이지의 마지막 줄까지 본 뒤 편지를 뒤집었다. 잉크가 모두 같은 정도로 흘러나왔는가? 잉크 흐름이 일정하다면 복사본일 가능성이 크다. 진본이라면 부분 부분 잉크가 약해졌다가 강해지는 차이가 없을 수 없다. 쇼스루를 찾아보라. 서명을 검토한다. 서명이 제대로 되어 있는가? 편지에는 Ch. Darwin으로 서명되어 있었다. 좋은 일이다. Charles Darwin이라는 서명은 없는 편이 좋다. 다윈은 편지에 그런 식으로 서명하지 않았으니까.

우리는 그것이 진품이라고 확신했다.

우리는 그 문서를 잠시 그 상태로 보관해두고 거래상에게 30분 이내에 돌아오겠다고 말했다. 그리고 이것을 창구 삼아 조사를 시작했다. 거래상의 말에 따르면 그 편지는 수신자의 직계 후손이 위임한 것이며 미공개본이라고 했다.

편지를 받은 토머스 히긴슨은 노예폐지론자인 성직자였고, 그런 입장에서 랠프 월도 에머슨, 헨리 워드 비처, 헨리 데이비드 소로와 알게 되었다. 남북전쟁 동안 히긴슨은 북군에서 대령으로 복무했으며, 해방 노예들로 구성된 최초의 연대를 지휘했다. 그의 저서 『검은 연대에서의 군대 생활*Army Life in a Black Regiment*』은 그 경험을 서술한 책이었다. 그는 나중에 런던에 살던 시절에 다윈을 만났고, 편지를 주고받는 사이가 되었다.

비글호에서 겪은 경험을 감안한다면, 편지에 표현되어 있는 인종에 관한 다윈의 견해가 의외는 아니다. 항해 초반인 1832년 2월 28일에 비글호는 브라질의 바이아에 닿았다. 다윈은 그곳에 머무는 동안 열대우림을 2, 3일 탐험했다. 흑인 노예들이 처한 상황도 보게 된 그는 분노와 역겨움을 느꼈다. 그래서 인간을 재산으로 취급하는 윤리를 놓고 비글호의 선장 로버트 피츠로이와 의견이 갈라진 것이다. 다윈이 나중에 쓴 자서전에 이런 내용이 나온다.

> 항해 초반 브라질의 바이아에서 그는 내가 혐오하던 노예제를 옹호하고 찬양했으며, 대노예주를 방문하고 온 뒤에는 노예들을 불

러다놓고 행복한지, 해방되고 싶은지 물어보았다고 했다. 그러니까 노예들이 모두 "아니요"라고 대답하더라는 것이다. 그래서 나는 그에게 물었다. 아마 조롱하는 어조였겠지. 주인 앞에서 노예들이 한 대답이 무슨 의미가 있다고 생각하느냐고. 이 말에 그는 무척 화를 냈다.

피츠로이는 이후 자기 만찬 식탁에 다윈을 앉히지 않았지만, 곧 사과하고 다시 화해했다. 다윈은 브라질에서 본 노예들의 모습을 절대 잊지 않았고, 언제나 노예제를 반대했다.

히긴슨에게 보낸 그 편지는 인종 문제에 관한 다윈의 견해를 직설적으로 보여주는 극소수의 편지 가운데 하나다.

30분도 필요 없었다. 사람들은 다윈을 사랑하는데, 여기 그 찬양자들의 확신을 열 배는 더 강화해줄 다윈의 편지가 있다. 이런 물건의 가치는 주관적인 평가에 따라 매겨지지만 나는 그 거래상이 편지를 과소평가했다고 생각한다. 우리는 그 편지를 거의 순식간에 이익을 두둑이 남기고 되팔았다. 그 물건이 가진, 보통 이상으로 특별하고 흥분되며 또 의미 있는 부분에 고객들의 관심을 집중시켰기 때문이다. 그렇게 하려면 역사적 지식과 문제의 인물이 남긴 유산에 대한 이해가 합쳐져야 한다. 그 인물은 무엇으로 유명해졌는가? 그 혹은 그녀를 우리가 왜 좋아하는가? 어떤 유물과 그 역사적 맥락에 대한 예리하고 공감 가는 서술은 물건의 가치를 대폭 높일 수 있다.

아버지가 자주 하시는 말씀인데, 좋은 '취향'을 가진 사람들이 있다. 그 말은 그들이 돈을 잘 쓸 뿐 아니라, 그들의 성품이 반영된 무대라 할 컬렉션에 지혜와 열정이 드러나 있음을 의미한다. 그런 컬렉션을 구축하려면 종이의 배후, 잉크의 배후에 있는 물건의 가치를 꿰뚫어보는 능력이 있어야 한다. 그 방법을 모르는 사람들이 있다. 또는 알기 위해 시간을 쓰지 않는 사람들이 있다. 그 때문에 많은 사람들이 어떤 물건을 몰라보고 지나치지만 또 어떤 사람은 물건 바로 앞에 멈춰 서게 되는 것이며, 1000달러 가격의 물건이 10만 달러의 가치를 지닌 물건이 될 수 있는 것이다.

이 사업에서 성공하기 위한 궁극의 열쇠는 가치를 판단하고 역사적 중요성을 알아보는 능력이지만, 필수 조건은 진위를 판별하는 능력이다. 영리한 수집가와 거래상들은 상대의 경험 부족을 감지할 수 있다. 진위 판별을 배우려면 특별한 종류의 기술들을 수십 년씩 갈고닦아야 한다. 그것이 첫 번째 필수 단계이며, 수습 기간 동안 온갖 괴상한 특징들에 흠뻑 몰입해야 한다.

예를 들면 어떤 역사적 인물이 주문 제작한 스탬프를 써서 편지에 서명했다고 하자. 알베르트 아인슈타인도 그런 사람이다. 그는 반핵운동 단체를 위해 모금을 청하는 편지를 여러 곳에 발송하는데, 자신의 트레이드마크라 할 파란색 서명용 스탬프를 그런 편지에 찍었다. 그렇다. 미국의 핵기술 개발에 기여한 사람이 그 위험을 깨닫고 핵개발을 제한하기 위해 부지런히 노력했다. 스탬프는 어떻게 식별되는가? "잉크 거품이 있는지, 스탬프의 사각형 윤곽선이 있는지, 또 t 자의 가로선과 세로선이 겹쳐져 있는지 찾아보렴." 아버지가 설명했다. "잉크에는 질감이 있어서 종이 위에 두드러지게 나타나거든. 스탬프로 찍은 서명은 물에 씻긴 것같이 균일하고 평평해."

어떤 이들은 기계에 서명을 맡긴다. 토머스 제퍼슨은 당시에 폴리그래프 머신polygraph machine이라 불리던 기계를 갖고 있었는데, 그가 종이에 글을 쓰면 기계가 그의 펜 움직임을 추적해 다른 종이에 똑같은 글을 쓴다. 유럽에서 발명된 이 기계는 제퍼슨이 쓴 편지와 완전히 똑같은 사본을 만들어냈다. 제대로 알려져 있지 않지만, 오늘날 팔리는 제퍼슨 편지 가운데 많은 수가 실제로는 폴리그래프가 만든 사본이다. 나는 원본과 사본 사이에 어떤 차이가 있는지 배워야 했다.

제퍼슨식 서명 기계의 현대판인 오토펜autopen은 1940년대 후반에 발명되어 아이젠하워 행정부 때 백악관에서 사용되었다. 오토펜은 제퍼슨의 기계와 별로 다르지 않았다. 다만 예전에 만들어진 서명의 주형을 추적하여 똑같이 복제할 뿐이었다. 비슷한 게 아니다. 똑같다. "서명을 같은 방식으로 두 번 해보거라." 아버지가 말했다. "비슷한 서명이 아니라 똑같이 해봐." 나는 그렇게 하지 못했다. 오토펜 서명은 똑같았다. 서명 하나가 다른 것과 완전히 똑같다면 그건 오토펜이 한 서명이다.

또 위조품과 비서들이 대신한 서명을 탐지하는 방법도 배워야 했다. 후자는 이 업계에서 비서 서명secretarials이라 불린다. "존 F. 케네디가 1958년에서 1960년 사이에 쓴 편지의 서명은 거의 전부가 비서들의 솜씨였고, 간혹 오토펜이 한 것도 있지." 아버지가 설명했다. 나도 아버지의 말이 사실임을 확인했다.

"내 고객은 역사적 문서 컬렉션을 갖고 있어요. 미국 최대의 컬

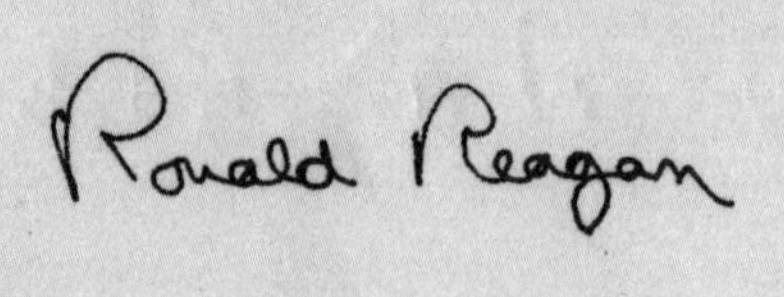

기계 혹은 오토펜으로 한 로널드 레이건의 서명. 흔들리는 부분이 눈에 보인다.

yours sincerely,
A. Einstein.
Albert Einstein.

Sincerely yours,
A. Einstein
Albert Einstein

아인슈타인의 서명 원본(왼쪽)과 그의 비서가 한 서명(오른쪽).

렉션 중 하나지요." 몇 년 전에 전화로 누군가가 이렇게 말했다. "보시면 사고 싶어질 겁니다." 지금 그 말을 듣는다면 나는 수상하게 생각할 것이다. 그때는 그 컬렉션이 가치 있다고 추측했기 때문에 아버지와 함께 그를 만나러 갔다. 우리는 우선 방문 전에 조사를 해보았다. 이 사업가는 수십 년 동안 한두 거래상으로부터 물건을 구입해왔고, 알려진 바로는 그의 수집품 규모가 방대했다. 거대한 컬렉션이라는 것이다. 특히 미국 대통령 서명의 컬렉션으로는 비할 수 없이 크고 중요하다고 했다. 그 외에 다른 것도 있었다. 그는 컬렉션 전체를 팔고 싶어 했다.

컬렉션을 보러 가니 예상을 벗어나지 않는 풍경이 우리를 기다리고 있었다. 마호가니 의자, 흰 벽에 걸린 묵직한 액자, 암갈색 목제 책상 뒤에 서 있는 비서. 그녀는 우리가 도착했음을 알렸고, 수집가의 대리인이 우리를 맞으러 나왔다. 양복을 입은 중년 남자였다. 수집가는 하루 종일 회의에 들어가야 하지만, 컬렉션 구입에 대한 긍정적인 의견을 듣기 기대한다고 했다.

대리인은 우리를 데리고 하얗고 좁은 복도를 따라 목제 문 앞에 도착하더니 천천히 조심스럽게 문을 열었다. 거의 존경의 대상을 대하는 것 같았다.

곧 알게 되었지만, 그 방은 일종의 박물관 같은 장소였다. 벽에는 정교한 액자에 든 문서 수백 점이 걸려 있었고, 각 물건에는 작은 동판 명세서가 붙어 있었다. 한쪽 벽을 차지하고 있는 거대한 액자에는 모든 대통령의 '서명'이 들어 있었다.

우리는 주위를 돌아보았고, 내가 처음 보인 반응은 "우와, 자료가 많네"였다. 그 전시는 사람을 압도시키기 위한 것이었다. 하나에 평균 1000달러는 나갈 만한 고급 액자에 담긴 전시물들에 감탄하는 동안 우리 앞에는 컬렉션을 찬양하고 설명하는 공식 방명록이 놓여졌다. 그 컬렉션은 온라인으로도 볼 수 있다고 했다. 자필 원고, 사진, 자료들 중 대다수에는 커다란 기념 동판이 딸려 있었는데, 기념 동판을 만드는 데만도 거액이 들었을 것이다. 이 엄청난 컬렉션의 자필 원고 수는 150점에서 250점 혹은 이상이었다. 모든 대통령의 서명이 여러 개씩 있었다.

아버지는 대리인이 방을 나가기를 기다린 뒤 말했다. "이것들은 쓰레기야. 진품보다 위조가 더 많아. 그리고 위조되지 않은 것들도 오토펜이 쓴 거야."

예를 하나 들어보자. 내 기억이 맞다면 존 F. 케네디와 매릴린 먼로가 함께 서명한 칵테일 냅킨이 있었다. "아마 이 사람은 케네디와 리 하비 오즈월드•가 함께 서명한 냅킨도 갖고 있을 것 같은데." 아버지가 농담을 했다. 우리 둘 다 그것이 명백한 위조품이라 보았다. 그 옆에는 린든 존슨의 자필 원고가 있었는데, 우리는 린든의 보좌관이 대신 서명한 것이라 결론지었다. 모두 경악할 만했고, 그처럼 호화롭고 사치스럽게 전시되어 있으니 더욱 경악스러웠다. 방 안을 둘러보았고 복도도 구경했다. 거기에도 기념 동판이 딸린 장식적인 방식으로 전시된 많은 물건들이 있었다. 이 남자는 그 컬렉션에 수십만 달러 이상을 썼고, 액자와 전시 비용으로도 수십만 달러를 썼다.

그는 확실히 자기 컬렉션이 수백만 달러의 가치가 있다고 생각했던 모양이다. 하지만 우리가 보기에는 그럴 것 같지 않았다.

진품인 물건마저도 보존 상태가 엉망이었다. 서명이 잘려나갔거나 그와 비슷한 몰골이었다. 전체를 다 보아도 재미있거나 특별한 것은 하나도 없었다. 누군가가 이 수집가를 낚아서 물건들을 팔아넘기고는 한몫 단단히 잡은 모양이었다. 그러다가 수집가가 구입을 멈추고 전부 팔기로 결정했다.

나는 오랫동안 이 사람의 사연에 대해 생각해왔다. 표면적으로는 돈을 들인다고 해서 품질까지 확보되지는 않는다는 교훈을 얻게 된다. 이 남자는 다른 사람들보다 돈은 많았지만 그의 컬렉션 품질은 훨씬 더 적은 돈을 들인 사람들보다 훨씬 열등했다. 나는 사람들이 제한된 액수로 의미 있는 컬렉션을 만들어나가도록 돕는다. 아버지의 초기 고객 가운데 돈을 따로 조금씩 모았다가 어쩌다가 한 번씩 유물을 사들여 훌륭한 컬렉션을 만든 트럭 운전기사가 있었다.

• 케네디 대통령 암살범.

앞서의 경우 나는 사람들이 수집가에게 거짓말을 해왔다고 확신했다. 그의 컬렉션에 포함된 많은 것들의 기원과 진위성(그 칵테일 냅킨!)에 대한 거짓말, 그리고 더 광범위하게는 자신의 구매품의 가치에 대한 거짓말을 들은 것이다.

아버지와 나는 그중 진품 두어 개에 대해 소액이지만 공정한 제안을 한 다음 인근 쇼핑센터에 있는 레스토랑에 식사하러 갔다. 세 시간 뒤, 우리는 맥주를 한두 잔 하고 나서 대리인에게 전화했다. "아, 소유주는 당신들 제안에 화가 나서 즉각 거절했어요. 전화드린다는 걸 잊어버렸네요." 대리인이 말했다.

여러 달 뒤 우리는 로스앤젤레스로 가는 비행기에 타고 있었다. 로스앤젤레스 약간 북쪽에 사는 아버지의 최초 고객을 방문하러 가는 길이었다. 이 사람은 내가 중학교에 다닐 무렵인 1989년에 아버지가 첫 번째 카탈로그를 발행한 때부터 아버지에게서 물건을 구입해왔다. 그는 변호사였다가 사업을 시작한 사람이었는데, 큰 부자는 아니었지만 안락한 생활을 누리는 것은 분명했고, 자신의 일차 관심사인 미국 역사 분야의 물건을 수집하기 시작했다.

"아주 신중한 구매자야." 아버지가 설명했다. "어떤 사람은 소개 글의 첫 줄과 가격만 읽고는 전화로 물건을 사들이지. 이 사람은 가격이 얼마든 간에 한두 주일씩 시간을 들인 다음 방아쇠를 당겨. 취향이 아주 훌륭해. 돈으로 취향이나 감별 능력을 살 순 없는 법이지."

이제 그는 자신이 수집한 많은 것들을 팔기로 결정했다.

우리는 로스앤젤레스 공항에서 차를 렌트하여 샌타모니카로 이동한 뒤 해변에서 한 블록 떨어진 작은 스페인 식당에서 늦은 점심식사를 하고 레드와인을 마셨다. 따뜻한 날이었다. 길거리에서는 소규모 거리 축제가 열리고 있었고, 식사 후에 아버지는 '세계 최고의 피스타치오'를 파는 곳을 찾아냈다. 여러 해 뒤에도 아버지는 인터넷으로 그곳의 피스타치오를 대량 주문했다.

우리는 다음 날 오전에 그의 집으로 걸어갔다. 고속도로 가까운 곳에 있는 원형의 진입로로 올라가니 소박한 그의 집이 나왔다. 안쪽은 흑갈색 마루와 거기에 어울리는 가구들이 있어서 어두웠다. 그 남자는 입구에 작은 테이블을 갖다놓았다. 대리인도 중개인도 없이 오로지 본인만 있었다. 그의 아내는 아이들을 데리러 가고 없었다.

아버지와 그 사람은 잠시 내가 전혀 알지 못하는 옛날 일들에 대해 잡담을 나누었다. 그런 뒤 그가 사라졌다가 두터운 판지로 만든 커다란 폴더를 갖고 돌아왔다. 비닐 파일집 속에 문서가 보관되어 있었다. 그는 문서를 꺼내 하나씩 보여주었다.

✦ 대륙군•이 영국군과 싸울 때 가장 큰 위기를 맞았던 밸리 포지 겨울 숙영지에서 조지 워싱턴 장군이 쓴 중요한 편지.

✦ 사우스캐롤라이나주가 다른 남부 주들에게 연방에서 분리해 나와 남부연합을 결성하자고 설득하는 연방탈퇴협의회the Secession

• 영국에 맞서기 위해 독립전쟁 발발 직후 13개의 식민지 군대가 참여하여 결성한 식민지 시대의 미국 군대.

Convention의 개최를 요청하는 편지.

+ 라파예트 후작이 그의 '아버지' 조지 워싱턴의 영웅적 업적을 찬양하며, 독립전쟁에서 입은 부상에서 회복하여 아메리카의 형제들 곁으로 돌아가 함께 싸우기를 갈망하는 공문서.
+ 제2차 세계대전 중에 "히틀러와 그가 대변하는 모든 것을 타도할 것"을 호소하는 윈스턴 처칠의 편지.
+ 찰스 섬너가 병상에서 보낸 편지. 남북전쟁으로 치달아가던 그 시기에 사우스캐롤라이나 하원의원이자 노예제 지지자인 프레스턴 브룩스가 상원에서 자신을 어떻게 폭행했는지를 담은 내용이었다. 섬너는 역사의 거대 구도 속에서 상대적으로 주변적인 인물이지만 상원에서 그가 당한 잔혹한 구타는 북부와 남부 사이의 적대감을 상징하게 되었다. 그리고 문서와 유물에 관해 말하자면, 역사적 인물과 그들의 최대 업적 혹은 최강의 유산을 연결하면 항상 중요한 가치가 더해진다는 점을 기억하라. 이는 곧 섬너의 이 편지가 1000달러가 아니라 8000달러의 가치를 가진다는 뜻이다.

어떤 상황인지 여러분도 아실 것이다. 역사적인 보석들이 계속 나왔다. 모두가 진품이며, 하나하나가 관련 주제에 매혹되어 있는 데다가 충분히 이해하는 수집가가 심사숙고 끝에 손에 넣은 것들이었다.

그는 자신의 문서들을 정교한 액자에 넣어 사무실에 걸어두지 않았고, 자기 대신에 일을 처리할 중개인도 두지 않았다. 아버지와 그가 의논하고 협상하는 과정은 오랜 친구이자 수집가인 두 사람이 각 자료의 고유한 역사적 장점에 대해 이야기하는 모습을 보는 것 같았다. "워싱턴이 밸리 포지에서 쓴 편지는 별로 많지 않아요. 이것만큼 긴급한 내용은 당연히 드물지요." 아버지가 지적했다.

수집가가 팔기를 원치 않은 것이 몇 개 있었다. 그중 하나는 토머스 제퍼슨이 라마단 기간에 무슬림 친구를 초청한 편지다.• 그 밖에 그가 가장 관심이 있었던 19세기의 다른 몇 가지 물건들이 있었다.

하지만 내 기억에 그는 앞서의 물건들과 다른 몇 가지에 대해 12만 달러 정도를 받고 싶어 했고, 우리는 동의했다. 그는 이것들을 수집한 뒤 세월이 흐르는 동안 아마 이익을 좀 얻었을 것이고, 우리는 그것들을 다시 팔 테니까 우리 역시 이익을 얻을 수 있다.

* * *

서로 간에 시차가 별로 없이 각각 뉴욕, 워싱턴 D.C. 근교, 로스앤젤레스에서 이루어진 이 세 건의 거래는 곧 나의 수업이었다. 그것들은 내게 문서의 역사적 중요성을 평가하고 이런 물건들의 진정한 의미를 이해할 능력에 대해 알려주었다. 로스앤젤레스의 구매자는 역사에 깊이 빠져 있었고, 자신의 물건에 대해 나보다 더 잘 알고 있었다. 그는 구매할 때 지나친 충동에 휘둘리

• 토머스 제퍼슨은 1805년 라마단 기간에 처음으로 튀니지 대사를 백악관으로 초청해 만찬을 함께했다. 빌 클린턴 대통령 시절에 라마단 만찬이 다시 시작되었고, 조지 W. 부시 대통령이 이를 연례화해 매년 행사를 가졌다.

지 않았고 신중하고 사려 깊었다. 거래 상대자로서 좋은 사람이었다. 그의 사냥은 역사를 탐구하고 자신에게 흥미를 불러일으킨 위대한 인물과 사건에 접근하려는 시도였다. 그의 물건들은 유난스럽게 전시되어 있지 않았다. 자기와 가까운 친구들이 옮길 수 있고, 들고 나올 수 있고, 즐겨 찾아볼 수 있는 폴더에 보관되어 있었다.

워싱턴 D.C. 구매자의 경우, 일차적인 수집 동기는 보여주기 위한 것, 에고를 위한 것이었다. 그는 물건이 진품인지에 대해 별로 상관하지 않는 것 같았고, 그런 물건들이 보관된 액자의 광택 이상을 보지 않았다. 특별히 중요한 것이 없었다. 물건의 가치는 그가 구매한 날 매겨진 가치보다 높아진 적이 없었다. 괴테의 말을 다시 인용하자면, "반짝이는 금속은 찰나에 그친다. 참된 것은 영원히 변하지 않는다." 그리고 그 남자는 바보 같아 보였다.

일을 시작한 초반에 나는 빠르고 정확한 판단의 가치가 어떤 것인지 보았고, 맬컴 글래드웰이 말한 '블링크'를 체험했다. 그리고 극단적으로 상반된 잠재적 고객들의 양상을 보았다. 내가 어느 쪽을 더 좋아하는지 알았다. 그리고 또 다른 교훈도 얻었다. 고객의 식별 능력이 더 뛰어날 때 그들이 손에 넣은 물건이 진품일 가능성이 더, 훨씬 더 높아진다. 돈은 취향을 사주지 않지만, 진품은 취향을 따라온다.

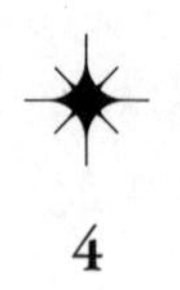

4

이 물건은 어떤 경로를 거쳤나 : 의회 금메달과 출처 증명

"친구들이여, 최대한 조용히 해달라고 부탁해야겠군요." 시어도어 루스벨트가 말했다. "내가 방금 총격 당했다는 사실을 여러분이 제대로 이해했는지 모르겠어요."

1912년, (성공하지는 못했지만) 대통령 3선 연임을 위한 선거운동을 하던 중에 루스벨트는 암살 시도의 제물이 되었다. 선거 연설을 하기 직전에 총격을 당한 것이다. FDR[프랭클린 루스벨트]이 네 번 연임하기 전인 당시에는 연임 횟수에 제한이 없었다.

"불무스bull moose•를 죽이려면 그 정도로는 안 되지." 캐나다에서 사냥하던 시절을 언급하면서 루스벨트가 계속 말했다. "다행히 내가 연설 원고를 갖고 있었으니 긴 연설을 할 계획이었던 건 알 수 있겠지요. 그리고 총알이 여기 있어요. 총알이 관통한 자리

• 큰뿔사슴 혹은 시어도어 루스벨트가 1912년에 조직한 진보당의 당원 또는 지지자.

입니다. 아마 이 원고 덕분에 총알이 심장에 박히지 않은 것 같아요. 총알이 지금 내 몸속에 있으니 길게는 연설을 할 수 없어요. 하지만 최선을 다해보지요."

그 종이 쉰 장이 루스벨트의 목숨을 구했다. 거의 100년이 지난 지금, 나는 주화, 깃발, 자질구레한 장신구, 종이 몇 장 등 잡다한 기념품을 파는 골동품 상점에 들어가서 둘러보고 있었다. 어둡고 먼지 앉고 조용하고 약간 지저분한 곳이었다. 아버지와 나는 뉴욕 근교에서 별로 관련 없는 자료 컬렉션을 살펴보면서 돌아다니다가 호텔 근처의 거리에 면한 이 상점으로 들어왔다. 골동품 상점의 주인 이름을 예전에 들어보기는 했지만 한 번도 거래한 적은 없었다. 그의 상점에는 반려동물과 함께 찍은 사진들이 온 사방에 걸려 있었고, 곰팡이가 피어 있을 것 같은 희극적인 분위기였다.

"구멍 난 종이에 불과해요." 내가 말했다.

"뒷면을 봐." 아버지가 말했다.

종이를 뒤집었더니 루스벨트의 아내가 쓴 글자가 있었다. 루스벨트가 몸을 회복하는 동안 침대 곁에서 기운을 북돋워주던 그녀는 그 연설 원고를 한 지지자에게 선물로 주었다. 총알구멍으로 인해 찢어진 모습이 선명했다.

상점 주인은 5000달러를 불렀다. 다른 유명 인사의 서명은 없었지만 맥락과 출처로 보아 그 원고가 진품이라는 데 한 표를 던질 수 있었다. 우리는 그 자리에서 원고를 구입했다. 그리고 일주일 뒤 4만 달러에 되팔았다.

물건objects과 유물artifacts은 자필 원고나 문서와는 달리 사람들에게 특유의 매력을 발휘한다. 어니스트 헤밍웨이의 타자기, 에이브러햄 링컨의 스토브파이프 해트, 프랭클린 루스벨트의 손수건(자신의 이름을 따서 이름 지은 아이들에게 손수건을 보내주곤 했다), 저명 인사들의 서재에 있던 책 등. 역사적 인물이 그 사물을 소유하고, 그 또는 그녀의 손으로 들고 있는 모습을 상상할 수 있다. 친밀한 관계처럼 느껴진다. 감정과 중요성이 가득 담겨 있는 유물relic이다.

사물을 판단함에 있어 어려운 점은 그것들이 진짜인지 확인하는 일이다. 자필 원고에 그치지 않고 하나의 유물이 된 루스벨트의 연설 원고처럼, 맥락이 중요하다.

내가 만년필 하나를 당신에게 주면서 시어도어 루스벨트의 것이었다고 말한다면, 실제로 그런지 당신은 어떻게 알겠는가? 시어도어 루스벨트가 그 펜으로 글을 쓰는 사진을 보여준다면 어떨까? 그래도 문제는 여전히 남는다. 그 펜이 원래 것의 복제품인지, 아니면 같은 회사에서 만든 또 다른 펜인지 어찌 아는가? 어떤 사물의 출처를 확인하는 것은 아주, 아주 어렵다.

그 만년필의 출처를 어떻게 추적하겠는가? 그런 물건이 얼마나 많은 사람의 손을 거치는지 생각해보라. 있을 수 있는 시나리오 중의 하나는 펜의 소유자가 그 펜을 자세히 묘사하는 내용이 담긴 편지가 있는 경우다.

우리는 모두 믿고 싶어 한다. 그 펜이 진짜라고 믿고 싶다. 이런 맥락이 역사를 좇는 우리의 사냥 속에 흐르고 있다. 우리는 모두 부모나 조부모들이 우리에게 준 귀중한 물건들을 갖고 있다. 이런 친밀한 물건들은 깊은 의미를 가진다. 그러므로 가족을 넘어 역사를 바라보아야 의미가 성립한다. 비판적 판단을 유보하고 우리 앞에 있는 것을 있는 그대로 받아들이고 싶어 하는 욕망에는 거의 아이같이 순진한 어떤 요인이 있다.

하지만 내 경험에 비추어보건대, 사연이 거창할수록 진실일 확률은 낮아진다. 예를 하나 들어보면, 내 친척 한 명은 프랭크 시내트라가 뉴저지에서 활동을 시작하도록 도와준 인연으로 서명된 사진을 받았다고 주장했다. 그 사연은 명백히 과장되어 있었다. 그 말대로라면 내 친척은 어떤 주요 인물과 가까운 사이가 되는데, 그건 사실이 아니었다. 사진을 보내준 것은 프랭크 시내트라의 스튜디오이고, 서명은 비서의 솜씨였다. 한 세대에서 다음 세대로 물건들이 대물림되는 과정에서 사연은 더 커지는 경향이 있다. 줄어들지 않는다.

얼마 전에 한 수집가가 군사 서신 컬렉션과 윈필드 스콧의 휴대용 책상을 가지고 우리에게 접근했다. 19세기 군인들은 펜과 잉크와 종이가 들어 있고, 열어서 펼치면 글 쓸 때 받침대 역할을 하는 휴대용 책상을 갖고 다녔다. 윈필드 스콧은 (국가 영토를 확장하고 장래 남부연합의 장군이 될 로버트 리의 군사 경력을 구축한 계기가 된) 멕시코-아메리카 전쟁에서 활약한 위대한 장군이다. 스콧의 경력은 한 시대 전체에 걸쳐 있다. 그는 1812년 전쟁과 블랙호크 전쟁에서 부대를 지휘했고, 멕시코-아메리카 전쟁에서도 활약했으며, 남북전쟁이 발발할 무렵에는 최고 원로 장군이었다. 놀랍다. 우리는 그 편지를 갖고 싶었으므로 컬렉션 전체를 구입했고, 스콧의 휴대용 책상일 수 있는 것도 함께 구입했다.

그런데 그것을 구입하고 나서야 우리는 스스로에게 일련의 질문을 던졌다.

"그래, 분명히 그 시대의 물건이고 윈필드 스콧이라고 쓰여 있어." 아버지가 지적했다. 윈필드 스콧이라는 글자는 휴대용 책상 위쪽의 은판에 각인되어 있었다. 그럴 만한 장소였다. "하지만 똑같이 윈필드 스콧이라는 이름을 가진 동명이인의 것이었을 수도 있잖아?"

우리가 어찌 알겠는가?

우리는 군사 서신 컬렉션을 되팔지 않기로 결정했고 휴대용 책상 역시 지금까지 갖고 있다. 진품일 가능성이 크지만 의심의 여지가 없지 않았으므로 다시 조사했다. 현재는 그저 비매품이자 아름다운 물건으로서 우리 사무실에 놓여 있다.

스콧의 휴대용 책상은 그런 물건이 야기한 난문제의 한 예다. 다르게 판단할 여지가 없어야 한다. 또 어떤 질문을 던질지 알아야 한다.

루스벨트의 찢어진 연설문과 스콧의 휴대용 책상을 통해 나는 그런 사물의 진위를 판단하는 일의 복잡함을 배우고 있었다. 신중함은 반드시 필요하며 종종 보상이 있다는 것도 배웠다.

1812년 전쟁이 끝난 지 3년째 되던 해인 1818년 미의회 하원에서 하원의원이자 나중에 네 번이나 대통령 후보가 되는 헨리 클레이가 전직 장군이자 현직 하원의원인 윌리엄 헨리 해리슨의 연설을 들었다. 해리슨은 며칠 전에 자신에게 수여된 엄숙한 명예를 받아들이기 위해 자리에서 일어섰다. 그해 4월에 발표된 것처럼 "그는 북서부 군대 신사들의 용감한 복무에 대해 증언하기를 원했다. 최근에 그는 의회가 수여한 특별한 영광의 의미를 간략하게 표현할 기회를 얻었다. 그가 받을 수 있는 다른 어떤 것보다 더 귀중한 보상이다. 하지만 그는 이 보상을 자신의 실력보다는 본인이 지휘할 영광을 가졌던 용감한 군대의 덕이라고 여긴다."

해리슨 장군은 1811년에 티피카누 전투에서 인디언들을 패주시켰고, 1812년 9월에 북서군의 지휘관으로 임명되었다. 그의 임명은 대영제국 및 수많은 인디언 부족들을 포함하는 영국의 동맹에 대항한 1812년 전쟁에서 전환점이 된 순간이었다. 그다음 해인 1813년에 해리슨은 부하들을 이끌고 온타리오의 템스 전투에 참전하여 경이로운 승리를 거두었다. 그 승리로 인해 쇼니Shawnee 인디언 족장인 티컴세가 목숨을 잃었고, 미국은 북서부를 차지하게 되었다.

해리슨의 이런 활동에 클레이가 펼친 로비의 도움이 더해져 해리슨은 의회 금메달Congressional Gold Medal을 수여받았다. 백악관에서 대통령 제임스 먼로의 주재하에 열린 수여식에서 해리슨이 메달을 목에 걸었다.

그로부터 거의 200년 뒤, 1600마일•가량 떨어진 곳에서 나는 작은 상자 하나를 집어 들었다. 상자는 내 예상보다 훨씬 더 무겁게 느껴졌다. 크기는 가로세로 4인치••였고 무게는 얼추 1파운드••• 정도였다. 안쪽은 뭔지 모를 판자로 되어 있었다. 나는 숨

• 약 2500킬로미터.
•• 약 10센티미터.
••• 약 450그램.

을 죽이고 천천히 상자를 열었다. 우리가 콜로라도로 서둘러 찾아온 것은 그 안의 내용물 때문이었다. 그 안에, 바닥과 상자 위쪽이 모두 밤색 천으로 꾸며진 그 안에 금화 하나가 놓여 있었다. 직경은 2.5인치•가 넘었다. 메달에는 정면을 바라보고 정복을 입은 윌리엄 헨리 해리슨 장군의 흉상이 새겨져 있었다. 뒷면에는 그리스식 튜닉을 입고 오른손을 방패 위에 내려놓은 처녀로 형상화된 아메리카가 있었다. 방패에는 해리슨을 기리는 주요 전투인 포트 메이그스Fort Meigs와 템스 전투Battle of Thames라는 글자가 새겨져 있었다. 위쪽에는 의회의 결정, 1818년, 4월 4일, 그리고 아래쪽에는 템스 전투라고 새겨졌다. 적, 영국, 아메리카 원주민을 굴복시키고 전투에서 뛰어난 활약을 한 이 사람은 대통령으로 취임한 지 두어 주 만에 걸린 폐렴으로 사망하여 재임 최단 기간—31일 재임—으로 유명하기도 했다. 이것은 그의 군사적 용맹을 기려 수여된 바로 그 금메달일 가능성이 있었다. 작은 발견이 아니었다. 미국이 간직할 보물의 발굴, 누구도 예상하지 못했던 발견이 될 것이다.

아버지와 나는 윌리엄 헨리 해리슨의 직계 후손이자 [그의 손자인] 제23대 대통령(재임 1889~1893)인 벤저민 해리슨의 직계 후손이기도 한 인물이 소유한 대규모 컬렉션을 보러 날아왔다. 이 가족은 헌법이 반포되기 전부터 정치와 군대에 개입하고 있었으며, 지금은 별로 잘 알려지지 않았지만 미국 최대의 정치적 왕조 가문 중 하나라고 주장할 수 있었다.

• 약 6센티미터.

1대 벤저민 해리슨은 1630년경 아메리카에 당도했다. 그때 당시 식민지라고 알려진 곳에는 광대한 숲과 원주민밖에 없었다. 그는 버지니아에 버클리 농장을 건설했다. 5대 벤저민 해리슨은 독립선언문에 서명했으며, 버지니아 주지사가 되었다. 그의 아들 윌리엄 헨리는 인디애나 영토로 가서 그곳 주지사가 되었다가 나중에는 군대에서 활약하고 잠시[31일간] 대통령으로 재임했다. 그의 손자는 대통령의 손자로서 대통령이 된 첫 번째 인물이었다. 존과 존 퀸시 애덤스도 그처럼 가업 계승의 길을 걸었다. 이후에 그런 왕조를 이룬 인물로는 사촌인 프랭클린과 시어도어 루스벨트 그리고 부자 관계인 부시 부자가 있다.

그 사람은 여러 가지 물건과 문서 외에 1818년에 윌리엄 헨리 해리슨에게 수여된 의회 금메달을 갖고 있다고 말했다. 우리가 알기로 그런 메달 가운데 현재 남아 있는 것은 몇 개 없었다. 요즘은 의회 명예 훈장이 수여되는 기준이 더 느슨하다. 하지만 건국 초기의 메달은 묻혀 있던 보물, 숨겨진 황금의 메달이다. 해리슨 메달이 어디 있는지는 아무도 몰랐다. 지난 세기에 앤드루 잭슨의 메달을 포함한 메달 몇 개가 어쩌다가 한번씩 출현했고, 순식간에 이런저런 재단이 채어갔다. 이것이 진짜 해리슨 메달일 수 있을까?

이제 우리는 교외의 평범한 복층 주택에서 그것을 보고 있다. 집의 벽에는 역사적으로 주목할 만한 것이 전혀 걸려 있지 않았고, 이곳이 해리슨 후손의 집임을 알려주는 표시는 하나도 없었다. 이 사람은 상당히 엄격한 표정이었다. 직설적이었고, 적대적이지는 않지만 친근하게 굴지도 않았다.

그는 자료를 한꺼번에 갖고 나오지 않고, 조금씩 차례차례 보여주었다. 폴더, 액자에 넣은 자료, 모두 지하실에 있던 것들이었다. 첫 번째 물건은 윌리엄 헨리 해리슨의 것이었다가 나중에는 벤저민 해리슨 대통령의 소유로 넘어간 오래된 책이었다. 거기에는 윌리엄 해리슨의 서명과 그를 찬양한 종교 지도자의 제사題辭가 있었다. 두 대통령의 서재에 있던 것으로, 『플레처 작품집 1권 *Fletcher's Works, Volume 1*』이라는 제목의 책은 종교적 내용을 담고 있었다. 플레처John William Fletcher[또는 Jean Guillaume de la Fléchère]는 존 웨슬리(감리교의 창립자)와 동시대인으로, 18세기에 살았던 웨슬리 신학의 핵심적 해석자였고, 감리교 초기의 대신학자 중 한 명이었다.

그다음은 좀 큰 액자에 든 문서를 가져왔는데, 거기에는 그의 선조를 네브래스카 영토의 주지사로 임명하는 에이브러햄 링컨의 서명이 있었다. 벤저민 해리슨 대통령의 취임사도 있었다. 책으로 제본된 형태였고 끝에 서명이 있었다. 나중에 서명한 것이 아니라 그가 연설한 원고, 연설할 때 손에 들고 있던 바로 그것이었다. 컬렉션에 포함된 물건들 중에는 벤저민 해리슨이 쓰던 단장短杖과, (독립선언문 서명자였던) 또 다른 벤저민 해리슨의 서재에 있던 책이 있었다. 가문 내에서는 에이브러햄 링컨의 백악관에서 가져온 것이라고 전해지는 식기 세트가 있었다. 우리는 접시 뒷면에 쓰인 제조자의 이름을 보고 복제품이라고 판단했다. 이 유명한 식기 세트는 나중에, 벤저민 해리슨 대통령 시절에 암살된 대통령[링컨 대통령]을 기념하기 위해 만들어진 것이다. 드문 일은 결코 아니었다. 가문에 전해지는 이야기는 사람들이 듣고 싶어 하는 이야기이기 쉽다. 또 해리슨과 윌리엄 하워드 태프트와 시어도어 루스벨트 사이에서 오간 서신을 모아둔 파일이 있었다.

마지막으로 밤색 상자에 든 금메달이 있었다. 메달은 반짝였고, 묵직한 무게가 그 중요성을 말해주는 것 같았다. 적어도 나는 그렇게 희망했다. 이 아름답고 신비스러운 물건은 표면상으로는 잃어버린 보물에 대해 알려진 설명과 일치했다.

그 메달로 인해 우리는 딜레마에 빠졌다. 주화 거래상은 물건의 물리적 품질에 집중한다. 메달이 주조되었을 때의 상태를 유지하고 있는가? 또한 우리에게는 같은 방식으로 적용되지 않는 수많은 기술적 측면에 대해 신경을 쓴다. 그들은 자잘한 결함을 검토한다. 주화가 처음 만들어진 상태에 가까울수록 더 좋다. 바늘 끝만 한 흠집에도 이마를 찌푸릴 수 있다. 내 눈에 메달의 상태는 훌륭했다. 하지만 우리가 무엇보다도 집중한 것은 그 메달이 윌리엄 헨리 해리슨의 소유물이었느냐 하는 점이었다. 이 물건의 역사적 중요성은 무엇인가? 미국 역사 초기에 그런 메달이 장래의 대통령에게 수여된 경우는 이것을 제외하면 꼭 두 번뿐이다. 앤드루 잭슨과 재커리 테일러의 메달이었다. 그리고 여기, 우리가 바로 그 물건이기를 희망하는 것이 있다. 하지만 만찬용 접시가 상기시켜주었듯, 또 기억하기 쉬운 로널드 레이건의 말처럼, 믿기는 하되 증명해야 한다.

우리는 크기를 비교해보고, 원래 메달의 알려진 크기와 이 메달의 규격이 동일하다고 결론지었다. 모든 표기가 제대로 되어 있었고, 각인자의 서명도 있어야 할 곳에 있었으며, 사람도 옳은 사람이었다. 또한 그때까지도 상속자가 보관해왔다. 모든 것이 좋은 신호였다.

우리는 모든 시나리오를 고려해야 했다. 복제품, 기념용 복제품일 수도 있고, 그 수여식에서 가문의 전원이 하나씩 받았는지도 모른다. 만약 그렇다면 메달은 금이 아닐 것이다. 아니면 나중에 기념주화로 만들어졌는지도 모른다. 하지만 그랬더라면 크기가 달랐을 것이다. 재생산될 때는 대개 크기가 달라지기 때문이다. 우리는 그 자리에서 메달의 진위를 확인할 수 없었다. 금속 성분을 알아야 했고, 메달에 대한 당대의 묘사를 더 많이 비교해봐야 했다. 또 동료들에게 자문도 구해야 했다. 주화를 다루어본 그들의 경험을 끌어올 필요가 있을 것이다.

그 남자는 메달만으로도 수만 달러를 받고 싶어 했다. 우리는 비싸다고 생각했지만 전혀 터무니없는 가격은 아니었다. 다만 그 메달이 워낙 희귀했으므로 비교할 수 있는 전례가 없었다. 우리는 그 가족에게, 메달이 진품임이 확인된다면 그 가격에 사겠다고 말했다. 이는 역사적 자료와 사물들 컬렉션 전체에 대해 15만 달러 이상을 쓰게 된다는 의미였다.

"생각해봐야겠습니다." 그 남자는 딱딱하게 말하며 눈을 돌렸다. 그가 메달의 진위 판정을 허용하는 문제는 물론이거니와, 그것을 팔고 싶은지조차도 불분명했다. 그래서 우리는 아무 소득 없이 떠났다.

발견물을 바로 눈앞에서 보고 등을 돌려야 할 때 극도로 좌절감을 느끼게 된다. 우리는 조언을 해주었고 귀중한 시간을 썼으며 희망도 품었다. 물건을 구입할 때는 대체로 흥분감을 느낀다.

근사한 것을 발견하고 구입했다는 흥분감 말이다. 하지만 그 남자는 우리에게 무엇이든 팔아야 할 의무가 없었고, 우리는 예의를 지키며 떠났다. 우리가 떠날 때도 그의 얼굴은 처음 만났을 때와 똑같이 엄격한 표정을 하고 있었다. 그의 아내는 정반대였다. 미소를 지었고 가는 동안 먹을 것도 챙겨주었다. 상황이 전체적으로 이상했다. 우리는 집으로 돌아가서 그 문제를 잊어버리려고 노력했다. 메달은 원래 있었던 지하실로 돌아갔다.

진정한 역사적 보물이 갖는 부정할 수 없는 본성은 한번 그것을 보고 나면 잊어버릴 수 없다는 점이다. 아니면 소로가 『월든 *Walden*』에서 남긴 유명한 말처럼, "꿈을 꾸듯 그것을 찾아 헤매게 되고, 보고 나면 곧 그것에 사로잡힌다."

다행히 일주일이 지나기 전에 예상치 못하게 해리슨 상속자가 우리에게 편지를 보냈다. 거래가 성사되었지만 한 가지 조건이 있었다. 그는 우리가 돈을 보내기 전에 해야 할 일이 있다는 것은 이해했지만 그 시한을 일주일만 주었다. 그의 결정과 시한에 관해 연락을 받았을 때 나는 카렌과 함께 워싱턴 D.C.의 국립초상화갤러리에 있었다. 다른 일 때문에 그곳에 갔다가, 회의 사이의 비는 시간에 미술관을 구경하던 중이었다. 우리는 카페 옆 보기 좋은 안마당—대개는 와인을 한 잔 마시면서 간단하게 식사도 하는 조용한 공간—에 자리 잡고 앉아 있었다. 그런데 갑자기 미친 듯이 암트랙[미국 국립철도여객공사] 좌석표를 뒤지면서 필라델피아에서 콜로라도로 떠날 마지막 비행기표를 예약해야 했다. 집으로 달려간 우리는 세 시간도 지나기 전에 필라델피아 공항으로 가는 택시에 타고 있었다.

나는 며칠 전과 동일한 과정을 거쳐, 렌트카를 구하고 같은 호텔로 차를 몰았다. 해리슨 후손의 집에 도착했을 때 그는 또다시 일주일 전과 똑같이 무표정한 얼굴을 하고 있었다. 그때 생각했던 것처럼 나 때문에 그런 표정을 지은 것이 아니라 천성이 그랬던 모양이었다. 엄밀히 말해 적대적이지는 않았지만 따뜻한 태도도 아니었다. 그는 아무 말 없이 우리를 거실 쪽으로 안내했다.

그 이후 나는 거래 전반에서 보인 그의 태도에 대해 생각해보았다. 돌이켜보면서 궁금했다. 가문의 유품을 팔겠다는 결정에 대해 그가 아련한 감정을 갖지 않았는지 말이다. 이 물건들은 여러 세대를 거치면서 계속 상속되어 그에게 왔지만 이후 세대에 관리할 사람이 아무도 없어 팔겠다고 요청한 것이었다. 아마 그저 유품들이 자기 손을 떠나는 것을 보기가 슬펐는지도 모르고, 자신이 적절한 결정을 내렸음을 알지만 그래도 씁쓸한 감정을 떨치지 못했을지도 모른다.

수집가들은 수집품을 팔 때 힘들어한다. 부분적으로는 그것들을 구입할 때 감정적 에너지가 들어갔고, 함께 살았고, 그 존재에서 영감을 얻었기 때문이다. 하지만 그 영감이 가족적인 연원에서 나온 것이기도 하다고 상상해보라. 단순히 물건에 반영된 위대함을 보는 것이 아니라 당신의 혈통이 그것에 관련되어 있다고. 팔겠다는 결정을 내릴 때의 힘든 마음에 나는 공감한다.

나는 목록을 작성하고 메달과 책, 다른 물건들, 벤저민 해리슨 대통령의 펜을 내 가방에 넣었다.

우리가 합의한 내용은 내가 이제 그가 정한 시한 내에 메달이 진품임을 확인하고, 만약 그렇다면 돈을 지불한다는 것이었다. 진품이 아니라면 메달을 반환한다. "일주일입니다." 그가 말했다. 그는 돈이든 메달이든 원했다. 그가 전부를, 즉 모든 자료와 책, 다른 물건들까지 의미했는지, 아니면 메달만 말하는지 분명치 않았다. 나는 비관적인 생각을 던져버리고 좋은 쪽으로 생각하기로 했다.

나는 그의 제안에 동의했고, 메달을 스미스소니언 박물관에 가져갈 계획이라고 말해주었다.

물건들이 담긴 가방을 들고 공항 보안대를 지나가면서 나는 대통령의 단장을 사용했다. 단장으로 바닥을 툭툭 치면서 걸었다. 그 장정의 1단계가 경쾌하게 끝났다.

카렌과 나는 스미스소니언 국립미국사박물관의 데이비드 밀러를 만났다. 박물관의 무기 전문가이자 큐레이터인 그는 호감가는 인물인 데다 배우 제프 브리지스와 놀라울 정도로 닮았다.

밀러는 우리를 데리고 박물관 뒤쪽에 있는 어마어마하게 큰 연구 및 보관 구역으로 갔다. 고등학교 건물을 상기시키는 긴 복도가 나왔다. 배지를 단 사람들이 사무실을 들락거리면서 입구 쪽 전시공간에 전시 준비를 하고 있었다. 우리는 출입구 하나를 지나 좌회전해 수천 개의 검, 칼, 도끼, 골동품 라이플, 머스킷, 피스톨, 또 전투와 전쟁의 역사가 남긴 다양한 유물들을 지나갔다. 연구실은 작은 축구장만 했다. 영화 「레이더스」의 마지막 장면에서 군대가 서약의 궤를 보관하던 정부 창고를 연상시켰다.

나의 서류 가방에는 꼼꼼히 포장한 해리슨 메달이 있었다. 스미스소니언의 컬렉션에도 같은 시기에 만들어진 금메달이 하나 있다. 그 메달이 해리슨 메달의 진위를 판정하는 데 특히 도움이 될 것 같았다. 그것은 트룩스턴Truxtun 메달로, 1800년에 해군 영웅 토머스 트룩스턴에게 수여되었다. 트룩스턴은 조지 워싱턴 대통령이 신설된 미국 해군의 초대 지휘관으로 임명한 사람들 중 한 명이었다. 두 메달을, 특히 메달의 구성 금속 성분을 비교해보면 답이 나오지 않을까 싶었다.

골동품 칼 무더기 뒤로 방의 모퉁이를 돌아가서 복사기의 먼 친척쯤으로 보이는 기계를 굽어보고 있는 30대 중반의 한 여성을 만났다. 그 여성, 박물관의 유물 보존처리관인 돈 월리스는 이 기계가 엑스레이 형광스펙트럼 분석기라고 설명했다. 이 기계로 두 메달의 외면을 감싼 금속의 정확한 구성 성분을 비교할 수 있다. 스펙트럼 분석기는 각 원소에 고유한 궤도 위치에서 전자를 이탈시킨다. 안전하고 비침투적인 분석법이었다.

그 시점에 우리가 알고 있던 것은 다음과 같다.

1. 메달은 원래 메달과 정확하게 똑같은 크기다. 복제품은 흔히 크기가 달라지고 다른 표시가 있어서 복제품임이 드러난다.
2. 이 메달의 복제품이 만들어진 적은 있지만 금속이 달랐다. 청동제 메달이었다. 내 기억으로는 은으로 만들어진 것도 두어 개 있었다. 하지만 당시에는 금이 지금보다 더 귀했고 더 비쌌다. 복제품은 대개 금으로 만들어지지 않았다. 그 분야의 전문가들이 이 모든 점들을 확인했다. 정확한 규격의 금제 메달이라면 진품일 것이다. 아니면, 밀러가 농담처럼 말했듯이, "의회는 싸구려지만

어딘가에 자기들 이름 스탬프를 찍을 때는 싸구려는 안 쓴다."

3. 이 메달을 해리슨에게 수여한 기록이 있고, 메달에는 그것을 걸고 다녔음을 말해주는 구멍 두 개가 있다. 그것을 걸었던 끈이나 목걸이 줄은 진작 사라졌다.
4. 현재까지 이 메달의 다른 복제품은 나타난 적이 없다.

말해둘 만한 또 다른 사실이 있다. 해리슨 메달을 조사하면서 나는 펜실베이니아 대학 도서관에서 잘 알려지지 않은 출판물 하나를 발견했다. '미국 혁명의 딸들Daughters of the American Revolution'이라는 단체가 발행한 인쇄물이었다. 벤저민 해리슨 대통령•의 아내인 캐럴라인 해리슨은 그 모임의 멤버였다. 소책자에는 해리슨 메달의 세세한 특징이 적혀 있으며, 이 메달을 '미국 혁명의 딸들' 단체가 주최한 어느 전시회에 전시하도록 허락해준 데 대해 캐럴라인에게 감사하다는 구절이 담긴 글이 한 편 실려 있었다. 현재 메달의 판매자는 캐럴라인 해리슨의 상속자였다.

거의 결정적이라 할 수 있는 강력한 증거들이었다. 하지만 그 이전에 1800년대 초반의 20년 동안 만들어진 금속의 구성 성분임이 확인되어야 한다.

윌리스는 라텍스 실험 장갑을 끼고 트룩스턴 메달을 기계의 샘플 플랫폼에 올려 각인된 표면의 가장 평평한 부분에 스캐닝 조사선이 내리쬐도록 했다. 그래야 가장 정확한 분석이 이루어

• 미국의 제9대 대통령인 윌리엄 헨리 해리슨의 손자인 제23대 대통령, 독립선언서 서명자인 5대 벤저민 해리슨의 증손자.

지기 때문이다. 몇 초 안에 결과가 컴퓨터 화면에 나타났다. 트룩스턴 메달은 거의 순금이었지만 100퍼센트는 아니었다. 금속 융합 기술의 불완전성이 당시 주조된 주화의 특징이었다. 불완전성을 기록한 그래프가 찍혔다. 이 시기의 금은 요즘같이 순금이 아니었다고 월리스가 설명했다. 스펙트럼 분석기의 숫자는 그런 의미였다.

이제 그녀는 해리슨 메달을 기계에 올려놓았고 나는 숨을 참았다. 우리 모두 그랬다. 그런 순간이 가져다주는 예상 기대치는 발견물의 잠재성에 비례하여 정해진다. 그리고 예상되는 기대치는 높았다. 메달의 진위성과 아무 관련이 없고 그저 조사에 손을 보탤 뿐인 큐레이터들조차 기대감을 느꼈다. 우리는 메달이 만들어진 지 여러 세대가 지난 뒤에 어떤 사연을 재구성하고 있었다. 이 메달이 진짜라면 트룩스턴 메달보다 고작 두어 해 뒤에 만들어졌으니 트룩스턴 메달과 비슷한 일련의 숫자를 뱉어내야 한다. 한참 뒤에 만들어진 복제품이라면 다른 화학 성분을 가질 것이었다. 월리스는 스위치를 켰고, 기계는 컴퓨터 화면에 일련의 숫자를 또 한 번 기록했다. 그녀는 앉아 있었고 우리는 그 뒤에 서 있었기 때문에 결과를 읽을 수 있는 것은 그녀뿐이었다. 월리스가 회전의자를 빙 돌리더니 우리를 보았다. "똑같아요." 그녀는 미소를 지었다. 두 메달은 사실상 동일했다. 두 메달의 구성 성분이 일치했다. 두 메달의 금은 똑같은 19세기 초반의 처리 과정을 통해 만들어진 것이었다. 월리스가 두 그래프를 겹치자 샘플이 두 개 있는지 알아보기도 힘들 정도였다. 우리 메달은 진품이었다.

한 달 뒤 나는 전국 TV 방송에 나가 그것을 공개했다.

그리고 지금도 그 스펙트럼 분석 결과를 갖고 있다.

* * *

과학과는 별개로 해리슨 메달의 출처 증명provenance•은 아주 훌륭했다. 출처 증명은 물건의 진위성 문제에서 특히 중요하다. 그러나 문서의 경우는 그렇지 않다. 우리는 늘 출처 증명이 불완전한 문서를 사들인다. 보통은 그럴 수밖에 없다. 문서의 상태가 좋지 않거나 부적절한 방식으로 시장에 나왔다고 믿을 이유가 있다면 출처 증명으로서는 나쁘지 않은 편에 속한다. 하지만 당신이 아는 것이라고는 오로지 당신 고조부가 19세기의 유명한 뉴욕 거래상인 월터 벤저민으로부터 자필 원고를 하나 샀다는 사실뿐이라면 출처 증명으로 삼기에는 불완전하다. 월터 벤저민이 그 원고를 어디서 구했는지 당신이 어찌 알겠는가? 어떤 문서에 누군가가 서명한 순간부터 당신 손에 들어올 때까지의 과정을 걸음걸음 추적할 수 있는 경우는 흔치 않다. 그렇기에 문서의 진위성을 판단할 때 진품을 증명하는 철갑처럼 든든한 출처 증명이 필요한 것은 아니다. 문서들은 서명, 종이, 종이가 접힌 자국, 잉크, 역사적 내용, 이미 알려져 있는 비교 가능한 사례 등의 기술적 요소만으로도 진품 증명이 가능하다. 업계의 용어를 쓰자면, 자체 증명

• 미술에서 하나의 작품을 처음에 누가 소장했고, 어떤 경로를 통해 여기까지 왔는가를 알려주는 일종의 '족보'로 작품의 가치를 정하는 데 있어 중요한 요소 중 하나다. 프로브넌스, 소장 기록, 소장 경로, 출처 정보 등으로 불리는데, 여기서는 의미를 살려 '출처 증명'으로 번역했다.

한다(혹은 증명하지 못한다). 출처 증명은 문서의 진품성을 지지하는 긍정적인 2차 견해이며, 그 문서의 사연에, 종이 한 조각이나 양피지가 걸어온 여정에 빛을 비춰줄 수 있지만, 그것이 의무 사항은 아니다.

그러나 물건의 경우 출처 증명은 거의 모든 경우에 꼭 거쳐야 한다. 영화 「내셔널 트레져」에서 니컬러스 케이지가 벌이는 탐정 행각을 생각해보라. 그는 벤저민 프랭클린의 안경이라는 것을 발견한다. 그것이 무엇인지 그는 어떻게 아는가? '전문가'가 그것이 그런 물건이라고 말하면 우리는 그 말을 믿고 싶어 하며, 다음 단계로 넘어간다. 이번 경우, 해리슨 메달의 출처 증명은 더 면밀한 조사를 하도록 이끈 요소였다. 만약 해리슨의 후손이 아닌 누군가가 그걸 가져와서 자기 가문에서 대대로 보관해온 메달이라고 주장했다면 우리는 훨씬 더 신중하게 접근했을 것이다. 해리슨 일가의 직계라는 친족관계 덕분에 그들의 주장을 진지하게 받아들일 수 있었다. 우리는 더 면밀한 조사를 통해 진위성을 검토했다. 복제품일 수도 있고, 해리슨 가문이 여러 개를 갖고 있을 수 있다는 추측도 검토해보았지만, 확실하게 기각되었다.

아버지가 설명해주신 바에 따르면, U. S. 그랜트 장군이 썼다고들 말하는 모자에 대해 수많은 설이 돌아다니지만 모두 확고부동한 출처 증명이 부재한 탓에 근거를 잃었다. 혹은 에이브러햄 링컨이 노예해방선언문에 서명할 때 쓴 펜이라는 주장들(최소한 세 번 있었다) 역시 마찬가지였다. 링컨이 암살 당일 입었던 피 묻은 양복이라는 주장도 세 건 이상 제기되었다. 하지만 이들 중 어느 것이 진짜인지 우리가 어떻게 알 수 있을까? 불가능할 때가 많다.

그래서 종이 문서와 서명은 그보다 유리하다. 그것들 역시 위조될 수 있지만 기술적 요인과 감식안을 통해 진품 여부를 확정할 수 있기 때문이다. 장군의 모자, 만년필, 피에 젖은 양복 같은 것들은 확신을 줄 수 있는 요인이 많지 않다. 그런 물건들은 확실한 출처 증명을 필요로 한다. 윌리엄 헨리 해리슨의 금메달에는 모든 것이 있었다. 과학, 조사, 거기에 출처 증명까지.

최근에 많은 논란의 주제였던 링컨의 스토브파이프 해트의 경우를 예로 들어보자. 그 모자는 스프링필드에 있는 에이브러햄 링컨 대통령 도서관·박물관에 소장되어 있으며, 그 기관이 벌이는 홍보와 기금 모금, 전시 활동의 중심이다. 2018년에 링컨 박물관이 (링컨 자필 원고와 물건의 유명한 수집가인) 루이즈 테이퍼로부터 구입한 이 모자가 진품이 아닐 가능성이 있다는 보고서가 등장했다. 모자를 구입하느라 박물관이 무려 600만 달러를 썼는데 말이다. 링컨은 그 모자를 대통령으로 선출되기 2년 전인 1858년에 초기 지지자인 윌리엄 월러라는 농부에게 준 것으로 알려져 있다. 월러는 모자를 자녀들에게 물려주었다. 여러 세대 동안 모자는 월러의 가족 내에 남아 있었으며, 모자에 얽힌 사연도 같이 전해졌다. 테이퍼가 모자를 구입했을 무렵 모자에 얽힌 이야기는 발전하여, 원래보다 2, 3년 뒤인 남북전쟁 기간에 월러에게 준 것으로 변했다. 아주 드문 일이지만, FBI가 모자에서 DNA를 추출하여 검사하기도 했다. 결과는 확정 불가였다. DNA가 그런 문제를 입증하는 데 사용된 적은 거의 없었다. 이 상황에서 그 모자가 화제가 되었다는 사실은 좋은 소식이 아니다. 링컨 모자는 일리노이주 스프링필드에서 제작되었다는 점에서 장소는 적절했지만 합당한 출처 증명은 없었다.

그러니 스스로에게 물어보라. 이것이 링컨의 모자인가? 만족스럽지 않겠지만 내 대답은 다음과 같다. 아마 그럴 것이다. 옳은 스타일, 옳은 제작자, 여러 세대를 거슬러 올라가는 사연들. 하지만 그 기원에 관한 이야기가 이렇게 자꾸 바뀐다면, 그것이 링컨만을 위한 단 하나의 고유한 스타일이 아닌, 스프링필드에서 모자 제작자가 만든 여러 개 중 하나일 수도 있지 않을까?

그런 사연을 만들어내고 그것을 믿는 감정적 에너지는 중요하다. 그 사연을 믿고 싶어 하는 마음의 끌림에서 달아나기가 쉽지 않다는 것 또한 분명하다. 최근에 그 모자가 또 시장에 나올 것 같다는 소식이 들린다. 600만 달러의 여유 자금이 있다면 여전히 관심 가질 사람이 있을지도 모르겠다.

여러 해 전에 나는 로마에 살았는데, 티베르강 건너편 판테온에서 멀지 않은 아름다운 동네에 집이 있었다. 그 동네의 중심 광장은 트라스테베레의 피아차 디 산타마리아였다. 나는 이탈리아어를 배우려고 열심히 공부했고 어지간한 말은 할 수 있었다. 피아차에서 모퉁이를 돌아가면 극장이 하나 있는데 그곳이 내게 약간의 고향 냄새를 느끼게 해주었다. 그 극장에서 영어 영화를 상영했기 때문이다. 도심에서 돌아오는 길에 그곳을 지나치다 보면 대개는 뉴욕에서 개봉한 지 6개월에서 8개월 뒤에 이탈리아까지 진출한 최신 영화를 보여주는 포스터가 걸려 있었다. 내가 그곳에서 본 유일한 영화는 케빈 코스트너가 존 F. 케네디 대통령의 보좌관 케니 오도널 역을 맡았던 「D-13」이었다. 오도널은 좋은 사람이었고, 케네디 일가가 백악관에 갈 때 함께 간 고향 친구였다. 그는 믿을 수 있는 정치 보좌관이었고 존과 로버트 케네디 두 사람과 가까운 친구였다. 즉 아이리시 마피아Irish Mafia라 불리는 이너서클의 멤버였다.

내가 코스트너 주연의 영화를 보고 약 15년이 지난 뒤, 오도널의 가족이 내 사무실로 연락하여 만나고 싶다고 했다. 오도널은 비교적 젊은 나이에 세상을 떠났다.

오도널의 며느리가 낡은 푸른색 미니밴을 운전하여 뉴욕에서 펜실베이니아의 우리 사무실까지 왔다. 그녀는 케니 오도널을 대통령 특별 보좌관으로 임명하는 문서를 갖고 있었다. 그 문서는 케네디가 백악관으로 들어간 날짜인 1961년 1월 20일에 서명된 것이었다. 아마 케네디가 대통령으로서 서명한 첫 번째 문서였을 것이다. 우리가 관심을 가진 것은 그 점 때문이었다. 그 문서는 새 시대, 희망에 찬 시대의 새벽을 상징했다. 그녀의 말로는 다른 것들도 있다고 했다.

그녀는 따뜻하고 쾌활한 성품이었다. 우리는 그녀가 가져와서 내 사무실의 탁자에 펼쳐놓은 자료를 살펴보았다. 내가 제일 먼저 보고 싶었던 것은 1961년 문서로, 그것이 진품인지 확인하고 싶었다. 아주 훌륭했다. 낡은 액자에 들어 있었고 유리도 좀 더러웠지만 문서 자체는 명백히 진짜였다. 서명도 훌륭했다. 비서의 솜씨가 아닌 게 분명했고 오토펜의 패턴과도 달랐다. 그것은 같은 액자에 계속 들어 있었다. 지난 50년 동안 아무도 유리를 닦거나 액자에 윤을 내지 않았다. 짐작건대, 오도널이 대통령에게서 받은 그대로의 상태일 것이다.

우리는 그녀가 가져온 다른 문서를 보았다. 오도널이 JFK에게 보낸 메모로, 1960년대의 인종 문제에 관련된 내용이 담겨 있고, 로버트 케네디[RFK]의 서명도 있었다. 이 문서는 에드거 후버가 서명한 후에 법무장관 로버트 케네디의 책상에 전달되었다. 그 다음에는 대통령에게 갔다. 즉 후버, 로버트 케네디, 그리고 존 F. 케네디의 손을 거친 것이었다. 놀랍다.

슬프게도 자료 중 하나는 복제품이었다. 린든 존슨이 서명한 의회 법안의 사본으로, 그가 서명에 썼던 펜과 함께 액자에 들어 있었다. 법안 원본은 국립기록보관소에 있었지만, 펜은 진품이었다. 존슨은 이 문서의 사본을 만들어 법안 통과에 나름대로 기여한 지지자들에게 나눠주었다. 액자는 진품이었고, 내가 본 다른 것들과 동일했다.

감정이 끝난 다음 그녀가 말했다. "제 차에 당신이 보면 좋을 만한 것들이 몇 개 있어요."

그녀의 차로 갔다. 차의 상태는 혼돈이라 해도 좋을 만큼 어질러져 있었다. 그녀는 우리가 문서 외에 다른 것들도 취급하는지 물어보았다. "예, 취급합니다. 역사적 중요성을 가진 것이라면 뭐든지요." 내가 대답했다.

그녀는 차의 뒷문을 열고 커다란 그림들을 꺼냈다. 그림마다 담요로 싸여 있었다. 케네디 행정부 시기에 백악관에 걸려 있던 미술품들이라고 그녀는 설명했다. 나는 당연히 "이것도 가격을 제안할게요"라고 대답했다.

그런 다음 그녀는 은제 마티니 셰이커를 꺼냈다. "이건 어때요?" 그녀가 좀 회의적으로 물었다. 결과적으로 그 마티니 셰이커는 내가 오도널을 더 잘 이해하게 해줄 도구였다. 사무실로 돌아가서 우리는 그녀와 함께 1960년대에 그들이 누린 즐겁던 시절을 웃으면서 회고했다. 부통령 린든 존슨이 시끌벅적한 파티 도중에 누군가의 집 잔디밭에 소변을 본 이야기, 다들 그를 버려두고 비틀거리며 파티에서 도망갔던 이야기. 미치광이 시절의 워싱턴 이야기였다. 케네디 암살 이전 즐거움, 재미, 순수함이 있던 시절이었다.

오도널은 JFK와 RFK의 암살 현장에 모두 있었던 유일한 인물이었다. 그는 친구 두 명이 죽는 광경을 모두 보았다. 술에 의존하게 되었고, 그것이 그의 죽음에 영향을 미쳤다.

하지만 우리는 부정적인 측면이 아니라 좋은 측면에 집중했다. 그들은 훌륭한 업적을 이루었다. 그녀의 설명에 따르면 마티니 셰이커는 로버트 케네디가 1950년에 에설 스카켈과 결혼할 때 신랑 측 들러리 전원에게 준 선물이었다. 거기에는 1950년 6월 17일이라는 날짜와 함께 그 아래 둘째 줄에 RFK To PKO'D[Kenneth Patrick O'Donnell]라는 글씨가 은에 에칭으로 새겨져 있었다. 그것은 오도널과 케네디 가문의 황금시대를 연결하는 둘도 없는 물건이었다.

나는 그 마티니 셰이커를 지금도 사무실에 보관하고 있다. 미국 정치가 아직 낭만적이던 시절, 정치적 충성심이 가져다주던 영광과 비극의 상징물로서, 현재까지도 계속 과거를 소환하는 상징물로서 말이다.

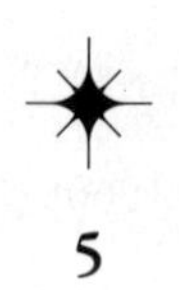

5

가격이 곧 가치는 아니다 : 경매 게임과 로제타석

“경매장에서 조지 워싱턴의 편지가 10만 달러에 거래된다고 생각해봐.” 아버지가 말했다. “한 달 뒤에 경매가 다시 열린다면 그때도 그 액수로 팔릴 것 같으냐?” 교묘한 질문이었다. 그렇게 되지 않을 가능성이 높다.

1860년 선거운동에 쓰인 에이브러햄 링컨의 편지가 거래된 적이 있다. 평가액은 1만 5000달러에서 2만 달러였는데, 링컨 편지 가운데 상급품으로는 합리적인 가격이었다. 그런데 ‘유찰되었다.’ 즉 판매자가 설정한 최소 기준, 그 아래 가격으로는 팔지 않는다는 기준을 충족시키지 못한 것이다. 여섯 달 뒤 그 편지는 같은 경매장에 1만 달러에서 1만 5000달러의 가격표를 달고 다시 등장했고 이번에는 3만 5000달러에 팔렸다.

경매란 그런 것이다. 경매 가격은 한 사람이 그날 그 방에서 어떤 물건에 대해 기꺼이 지불하고자 하는 금액이다. 그것은 그 물건에 관한 마케팅의 결과로서, 가끔은 구매자의 스케줄, 기분, 경제 상태, 또는 전날 다른 경매에서 무엇이 팔렸는지 등이 복합적으로 작용한 결과다.

"어떤 문서가 고가로 팔린다고 해서 그 정도의 가치가 있다는 뜻은 아니야. 저가로 팔리는 물건이 훨씬 더 큰 가치를 가진 것일 수 있어. 추측하지 말고 새로운 눈으로 검토해봐." 예전에 아버지가 지적했었다.

아버지가 든 예시는 재클린 케네디의 유품을 선보인 1996년 경매였다. 『로스앤젤레스 타임스』가 보도했듯이, "미친 듯이 캐멀롯 기념물•을 쫓아다니는 사냥꾼들로 인해 나흘 동안 소더비가 진행한 재클린 케네디 오나시스의 유품 경매는 3445만 7470달러의 판매고를 기록하고 금요일에 끝났다. 원래 추정 금액인 460만 달러의 일곱 배가 넘는 액수였다. (…) 소더비의 영리한 마케팅은 향수에 짙게 밴 분위기를 이용하여 존 F. 케네디 주니어와 캐럴라인 케네디 슐로스버그에게 큰 수익을 안겨주었다."

아널드 슈워제네거는 고인이 된 대통령의 골프클럽 한 세트에 77만 2500달러를 썼다. 소더비 평가액의 858배였다.

이후 한참 동안 우리는 그 경매에서 팔린 물건들을 경매 가격으로 사라는 제안을 받곤 했는데, 우리가 생각한 수준과는 전혀 동떨어진 가격이었다.

• 캐멀롯 기념물이란 1960년대 케네디 대통령 및 그 가문의 활약과 관련된 물건을 가리킨다. 케네디 가문의 사람들이 미국 정계에서 적극적으로 활동한 1960년대를 캐멀롯 시대Camelot Era라 일컫기도 한다. 암살 후에 재클린 케네디가 잡지 『라이프』와의 인터뷰에서 고인이 좋아했던 브로드웨이 뮤지컬 「캐멀롯Camelot」의 노래 가사를 언급한 데서 시작된 표현이다.

"그렇다면 그 물건의 가치는 얼마일까?" 아버지가 물었다. "경매 업체가 정한 평가액만큼의 가치인가? 아니면 구매자가 지불한 가격인가? 아니면 우리가 낼 만한 더 적은 액수인가? 아니면 판매자가 최종적으로 받게 될 액수인가?"

내가 이 업계에 발을 들여놓은 지 1년가량 지났을 때 처음 참가한 뉴욕 경매에서 이런 온갖 역학이 작동하는 것을 보았다.

맬컴 포브스는 잡지 『포브스』의 발행인이었다. 그는 평생 스스로를 환상적이고 유별나고 지나치게 사치스러운 부의 화신으로 꾸미며 살았다. 그는 자신의 전용 제트기에 자본주의의 도구Capitalist Tool라는 이름을 붙였고 요트는 하이랜더Highlander라 불렀다. 레지던스 예닐곱 채를 소유했으며 수백만 달러씩 들여 호화 생일파티를 열었다. 또한 예술품과 골동품, 세계적인 금세공가 파베르제가 만든 부활절 장식 달걀, 모터사이클, 열기구, 장난감, 장난감 병정, 희귀 도서, 자필 원고, 문서 등을 탐욕스럽게 수집하기도 했다.

포브스는 20세기 역사적 문서로 최고의 컬렉션을 만들었다. 그는 그냥 최고의 물건을 구입하는 사람인데, 그중에는 우리에게서 사들인 것도 몇 개 있었다. 그가 지닌 무한한 자금과 예리한 눈이 막강한 위력을 발휘했다. 그러다가 그가 1990년에 세상을 떠나자 흔히 그렇듯이 그의 상속자들은 그 컬렉션을 팔기로 했다. 포브스의 귀중한 유품을 목록에 올린 수많은 경매가 여러 해에 걸쳐 열렸다. 크리스티는 다들 탐내던 자필 원고와 역사적 문서의 경매를 담당했는데, 물건이 워낙 많아 컬렉션을 나누어 2002년에서 2007년 사이에 잇달아 여섯 차례의 경매를 열었다. 경매 물품은 믿을 수 없을 만큼 훌륭했다. 다들 포브스 컬렉션의 물건을 하나라도 갖고 싶어 했다. 과도한 광고 열기는 재키 케네디 경매에 비해 겨우 한 눈금 정도 낮은 수준이었다. 첫 번째 경매만으로도 판매액은 거의 2000만 달러에 가까웠다. 에이브러햄 링컨 대통령의 마지막 연설 자필 원고는 300만 달러에 팔렸다. 아인슈타인이 프랭클린 루스벨트 대통령에게 핵무기의 참혹하고 강력한 잠재력을 경고한 편지는 100만 달러 가까운 금액에 팔렸다. 크리스티 경매회사는 버튼 기넷의 서명을 약 30만 달러에 팔았다. 버튼 기넷이 누구인가? 그는 미국 독립선언문에 서명한 사람으로서 서명 직후에 결투를 하다가 죽었다. 독립선언문 서명자의 완전한 서명 컬렉션을 만들려면 그의 것이 있어야 하는데, 그의 글씨는 아주 드물다.

나는 아버지와 함께 방대한 카탈로그를 훑으면서 마음에 드는 것들에 동그라미를 치고는 아버지도 그렇게 하기를 기다렸다. 나는 높은 평가액, 카탈로그의 주요 항목들에 주로 동그라미를 쳤다. 하지만 아버지가 표시한 것은 내게는 좀 당혹스럽게 보였다.

"왜 이걸 고르셨어요?" 나는 윌리엄 매킨리 대통령이 1898년에 서명한 자료 하나를 가리켰다. 아버지는 거기에 동그라미를 쳤을 뿐만 아니라 목록에서도 그 항목 옆에 별표까지 그렸다.

"저게 카탈로그에서 제일 중요한 문헌일 것 같다." 아버지가 말했다. "뭔지 봤어? 그건 남들이 못 알아보는 횡재야. 메인Maine호 기억하니?"

아버지는 1898년에 쿠바 아바나항에서 있었던 USS 메인호의 폭발과 침몰 사건을 언급한 것이었다. 스페인과의 전쟁을 선동하는 구호인 “메인호를 기억하라”가 이 사건에서 유래했다. 당시 쿠바는 스페인 식민지였기 때문이다. 그렇게 하여 미국-스페인 전쟁이 발발하면서 스페인의 영향력은 대폭 줄어들고 미국의 영향력이 확대되었다. 의용기병대를 지휘하여 전설적인 명성을 남긴 시어도어 루스벨트의 경력이 그 전쟁에서 시작되었다. 미국 의회는 투표를 통해 1812년 전쟁에서 영국에, 1840년대 멕시코-아메리카 전쟁에서 멕시코에, 1898년 미국-스페인 전쟁에서 스페인에, 제1, 2차 세계대전에서 독일에, 제1차 세계대전에서 오스트리아-헝가리에, 제2차 세계대전에서 일본, 불가리아, 루마니아, 이탈리아에 선전포고를 하기로 결의했다(제2차 세계대전의 경우 추축국에 대한 선전포고에 지지표를 던지도록 자극한 것은 일본이었다). 그것이 전부다. 다른 전쟁들은 선전포고 없이 벌어졌다.

아버지의 관심을 끈 것은 그중 세 번째 전쟁을 끝맺는 문서, 즉 미국-스페인 전쟁을 종식시키는 평화협정을 인준한다는 매킨리의 명령서였다. 여러 면에서 미국-스페인 전쟁은 미국을 국제무대에 등장시킨 전쟁이었고 시어도어 루스벨트로 상징되는, 점점 더 과감해지는 행동의 시대의 시작점이 되었다.

“이런 경매는 홍보가 잘되어 있어. 그래서 흥분감이 고조되기 때문에 홍보가 없을 때에 비해 다들 상당히 높은 가격으로 팔릴 것 같구나.” 아버지가 말했다. “그래도 난 저걸 갖고 싶다.”

크리스티 경매장은 미드타운 맨해튼의 록펠러센터에 있다. 그곳은 상징적인 곳이다. 박물관 같은 분위기가 느껴지도록 디자인되었고, 갤러리에는 미술품과 기념품들, 또 곧 경매될 물건들이 전시되어 있다. 긴 복도의 끝에는 반 층 위로 이어지는 계단 한 쌍이 있다. 여기가 경매가 열릴 장소다. 그 넓은 홀은 앞쪽에 높은 연단이 있고, 옆으로 커다란 스크린이 있어서 현재 입찰가를 여러 나라 통화로 보여준다. 미국이나 영국이 주류를 차지하는 책과 자필 원고 분야에서는 그리 적절한 장비가 아니지만 원래 미술품 세계는 국제적이니까. 또 다른 스크린에는 현재 경매 중인 물건의 사진과 경매 번호가 나온다. 미술품 경매에서는 가끔 미술품 자체가 전시되기도 하지만 문서와 자필 원고 경매에서는 그런 일이 거의 없다.

크리스티의 경매인은 맞춤 양복을 입은 상냥한 영국인이다. 적어도 성별이나 국적과는 상관없이 일반적인 분위기가 그렇다. 그들은 겸손하면서도 짓궂다. 게다가 각 분야의 전문가이기 때문에 경매장에서 눈에 띈다. 그들의 말투는 명료하고 느리고 사근사근하다.

나는 그 방에 서서 편지들이 우리 예산의 열 배나 되는 고액으로 경매되는 것을 지켜보았다. 워싱턴의 편지는 몇십만 달러 수준으로 치솟았으며, 링컨의 문서들은 평가액의 열 배로 올랐다. 그런 다음 매킨리 문서가 올라왔다.

우리는 4000달러를, 다음에는 6000달러를 불렀다. 다른 사람이 7000달러를 불렀다. 우리는 8000달러를 불렀고, 다른 사람이 9000달러를 불렀다. 그런 다음 조용했다. 우리는 1만 달러를 불렀다. 또다시 조용했다. 우리는 기다렸다. 15초, 20초, 30초가 지나간다. 초침이 째깍거리는 동안 우리 심장이 조금 더 빨리 뛰었다. 물건이 손에 들어올 것 같았다. 그러다가 다른 사람이 1만 1000달러를 불렀다. 여기에는 심리적 요소가 포함된다. 경매 초기에는 잠자코 있다가 나중에 끼어드는 사람은 게임을 하는 것일 수 있다. 나중에 끼어듦으로써 자신들이 훨씬 높은 금액을 부를 거라는 인상을 심어주려는 것이다. 당신이 항복하고 물러나게 만드는 것이 목표다. 하지만 그런 수는 통하지 않을 수도 있다. 우리 역시 다시 1만 2000달러를 불렀고, 그들은 1만 3000달러를 불렀다. 입찰은 계속되었다.

열기가 고조되다 보면 희망 금액보다, 아니면 적정 금액보다 훨씬 더 많이 부를 수 있다. 입찰에 가속도가 붙으면서 게임이자 도박이 된다. 누군가가 당신을 찾아와서 문서를 보여주고 얼마의 가격을 제시하면, 그 행동과 별개로 당신이 결정을 내릴 수 있는 경우와는 다르다. 경매는 찬물에 들어간 개구리가 물이 차츰 뜨거워지는 것을 감지하지 못하다가 결국 파국을 맞는 것에 비유할 수 있다. 입찰이 끝난 뒤에 수집가는 이렇게 생각할지도 모른다. 내가 너무 많이 썼나?

가격이 얼마가 되었든 구입하고 싶은 물건이 가끔 있다. 흠, 문자 그대로 얼마가 되었든은 아니다. 하지만 다른 사람이 지불할 것으로 예상되는 액수를 상당히 많이 초과할 수는 있다. 그 물건에 어떤 가치가 있다고 생각하거나, 그것 자체로 굉장히 훌륭하여 갖고 싶기 때문이다.

어쨌든 아는 것이 힘이다. 경매는 완벽한 시장이 아니며, 다분히 '구매자가 조심해야 하는' 환경이다. 정보가 없는 사람이 뛰어들 만한 곳이 아니다.

마지막으로 망치를 내리치는 순간 승자는 우리였다. 우리는 2만 달러를 썼다. 사적으로 우리에게 왔더라면 지불했을 액수보다,

또 우리가 생각한 적정 가치보다 훨씬 적은 액수였다. 나중에 우리는 그 문서를 6만 달러에 되팔았다.

이것이 아버지가 초창기부터 쌓아올린 작업 방식이다. 아버지는 문서의 모든 페이지를 하나하나 꼼꼼히 조사하여 맨눈으로는 보이지 않는 어떤 것을 발견했다.

내가 일을 배우던 기간에 가장 힘들었던 부분은 문서와 유물의 진위 판별법을 배우는 것이 아니었다. 그것은 2, 3년 고생하면 습득할 수 있다. 힘들었던 부분은 가치를 평가하는 법, 평범한 것들의 바다에서 보석을 찾아내는 법, 눈 깜빡하는 순간에 그것을 알아보고 행동에 나서 그 결과에 따라 돈을 투자하는 법을 배우는 것이었다. 그것을 익히는 데는 오랜 시간이 걸린다. 10년 이상일 수도 있다.

우리가 포브스 카탈로그를 보며 했던 일은 일상적인 과제였다. 문서 열 건을 보여주고 최고의 것을 고르라고 하면 난 할 수 있을까? 아버지와 나는 구입할 것들을 찾아보는 중이었지만, 우리에게 그것은 두뇌 게임이기도 했다. 또한 내가 희귀 문서 거래를 배우는 성장 과정이기도 했다.

스탬프[우체국 직인], 책, 자필 원고 분야는 서로 얽혀 있다. 발신된 편지에는 각각 스탬프가 찍힌다. 어느 날 우리는 뉴욕 스탬프 경매 관련 카탈로그를 보고 있었다. 거기에는 벤저민 프랭클린과 월터 롤리 경이 보낸 것들을 비롯한 편지가 많이 올라와 있었다. 광택 있는 종이에, 적잖은 사진이 실려 있으며, 완벽하게 제본된 카탈로그는 50페이지에 달했고, 품목은 약 200개였다.

긴 설명문, 사진, 굵은 제목과 함께 집중 조명된 것이 여러 건이었다.

아버지는 내게 카탈로그를 건네며 과제를 내주었다. "카탈로그에서 어떤 게 최고인지 찾을 수 있겠니?"

나는 카탈로그를 한 장 한 장 살펴보고 말했다. "월터 롤리 문서입니까?"

"아니. 월터 롤리 문서도 흔치 않은 좋은 물건이지만 내가 찾는 건 아니야. 네가 찾아야 할 건 이 카탈로그에서는 대단치 않게 다뤄지고 있어. 거기서 2, 3인치• 올라가 봐. 굉장히 중요한 거야."

나는 막막해졌다. 중요한 문서는 사진이 함께 실려 있지만 중요도가 낮은 문서는 편지의 일부 내용과 세부 설명이 작은 글자로 적혀 있을 뿐이었다. 나는 카탈로그를 다시 살펴보았다. 아버지가 무슨 말을 하는 거지? 통 모르겠다. 그러자 아버지는 펜을 꺼내고 카탈로그를 넘기더니 어떤 편지의 설명에 동그라미를 쳤다. 아버지의 말대로 그 품목은 눈에 띄지 않을 만큼 작은 부분을 차지하고 있었다.

나는 설명을 읽어보고는 어안이 벙벙해졌다.

"이게 뭡니까, 아버지?" 그 편지는 허친슨이라는 사람이 서명한 것이었다. 도대체 누구지? 아버지는 그저 이렇게만 말했다. "편지를 읽어봐."

1801년 9월 13일자로 이집트의 '본부'에서 발송된 것이었다.

• 약 5~6.5센티미터.

그 돌에 새겨진 명문을 베껴 써주신다면 정말 감사하겠습니다. 정확하지 않다고 말씀하신 예전 사본을 보냅니다. 터너 대령에게 그 돌만이 아니라 프랑스인에게서 구한 모든 것을 안전한 곳에 보관해달라고 말해주십시오. 프랑스 학자들의 위협은 신경 쓸 것 없습니다. 그래도 그들은 믿지 않는 게 낫습니다. 콥트어나 아랍어 원고에 대해서는 더 들은 게 없습니까?

편지의 수신자는 에드워드 클라크이고, 서명자는 존 헬리-허친슨이었다. 그 이름들은 내게 아무 의미도 갖지 못했다. 아마 경매 담당자에게도 그랬던 모양이었다. 그래서 그걸 카탈로그의 한 귀퉁이에 집어넣었겠지만.

"1801년 9월 이집트라는 글자를 봐. 이건 분명히 로제타석이야. 내가 장담하건대 이건 로제타석을 확보하라는 지시야." 아버지가 말했다. 그리고 그가 옳았다.

나폴레옹은 1798년에 이집트를 점령했고, 그다음 해에 프랑스군 공병대원이 큰 돌을 발견했다. 돌에는 세 가지 언어, 그러니까 신성문자, 그리스어, 이집트 상형문자로 동일한 내용이 새겨져 있었다. 사람들은 고대 그리스어를 토대로 텍스트를 비교하면 상형문자를 마침내 판독할 수 있으리라는 희망을 품었다. 실제로 이때의 번역 덕분에 인류는 이집트 문명을 좀더 이해할 수 있게 되었다. 공병대원이 발견한 돌은 로제타석이라 이름 지어졌고, 몇 년 뒤 영국군이 프랑스 치하의 이집트에 들어갔을 때 알렉산드리아에 비밀리에 보관되어 있었다. 카이로를 점령한 허친슨 장군은 민간인 학자인 클라크를 파견하여 나폴레옹이 수집한 이집트 유물들을 확보하게 했다.

클라크는 로제타석을 발견하고 허친슨에게 보고했으며, 장군은 이 편지에서 그 돌을 프랑스인들로부터 빼앗으라고 지시했다. 얼마 뒤 돌은 대영박물관으로 옮겨졌고, 현재도 그곳에 있다. 대영박물관의 가장 귀중한 소장품 가운데 하나다.

그 편지는 평범하게 전시되어 있었다. 벤저민 프랭클린이 파리에서 미국 독립전쟁 자금을 모으는 동안 썼던 편지 한 통에 2만 5000달러를 낸 바로 그날 우리는 월터 롤리의 편지도 구입했다. 하지만 로제타석 관련 편지를 사는 데는 몇백 달러밖에 들지 않았다. 나는 프랭클린의 편지가 무슨 내용인지는 기억하지 못하지만 로제타석 관련 편지에 대해서는 내내 생각한다.

이런 세렌디피티serendipity 현상•은 꽤 중요하다. 역사 속에서 사라지는 것과 발견되는 것은 종이 한 장 차이이다. 그것은 어떤 자료가 특별하다는 직관, 또는 가족 누군가가 물려받은 유물이 사실은 보물임을 깨닫는 것처럼 미묘한 차이를 알아내느냐에 달려 있다. 이 경우 아버지가 보지 못했더라면 로제타석 편지는 경매에서 아예 팔리지 않고 원래 자리로 돌려보내졌을 가능성이 크다. 그러나 이제 편지는 영국 국립도서관에 있다. 우리가 그곳에 팔았다. 그렇다면 두 가능성을 갈라놓는 경계선은 손을 들고 그 물건을 입찰한 우리의 행동이다. 로제타석 편지에 다른 입찰자는 없었다.

• 어떤 것을 의도하지 않았지만 운 좋게 만나거나 발견하게 되는 경우를 말한다. 뜻밖의 행운 또는 운명적인 우연이라고도 해석된다.

아버지는 역사를 알았기 때문에 그 편지를 쓴 사람이 아프리카에 있었다는 사실을 알았고, '돌'이라는 언급을 알아보았다(아버지는 언제나 로제타석에 매혹되었다. 오래전부터 우리 가족이 런던에 갈 때면 아버지는 매번 로제타석을 보러 가곤 했다). 시야를 넓혀보면, 아버지에게는 통찰력이 있었고, 편지 내용을 읽어볼 생각을 했다는 것이 중요하다. 그냥 허친슨이라는 이름을 보고 "한 번도 들어본 적이 없는 이름이네. 별로 사고 싶지 않아"라고 넘기지 않았던 것이다. 시간을 들여 실제로 그 내용을 읽었다. 어떤 것도 당연시하고 넘어가지 않았다. 경매회사가 눈여겨보지 않았으니 대수롭지 않은 물건일 거라고 생각하지 않았다.

우리는 이런 물건을, 이런 자료를 찾으려고 세상을 조사한다. 우리가 그것을 눈앞에 두고도 알아보지 못한다면 사냥을 해봤자 무슨 소용이 있겠는가?

브린모어 칼리지의 어느 고전학 교수가 몇 년 전에 은퇴했다. 그녀는 아버지와 할아버지가 물려준 문서 컬렉션을 갖고 있었다. 웰링턴 공작, 어니스트 헤밍웨이, 만화가 루브 골드버그, 만화가 리머 켈러, 앤드루 잭슨 대통령, 제임스 매디슨 대통령, 헨리 클레이, 오빌 라이트, 화가 맥스필드 패리시, 화가 노먼 록웰 등이 쓴 편지와 문서들이었다.

그 교수는 우리에게 각 문서에 대한 간략한 설명이 담긴 긴 목록을 보냈다. 아버지는 한 번 보시더니 말했다. "대부분은 우리에게 별로 필요 없는 것들이구나. 다만 오빌 라이트의 편지 그리고 어니스트 헤밍웨이의 편지는 좋구나." 우리가 보고 있던 수백 건의 물건 가운데 그 두 개가 유독 눈에 띄었다.

아버지는 라이트와 헤밍웨이 편지를 어떻게 그토록 빨리 골라냈을까? 편지를 쓴 사람들의 역사적 중요성과 연결된 편지의 내용 때문이었다. 오빌 라이트는 편지에서 형과 함께 "뭔가를 배울 수 있지 않을까 하는 희망을 품고 새들이 날아다니는 모습을 주의 깊게 지켜보았습니다. 그런데 뭔가를 처음 배울 때 그런 식으로 배운 것은 하나도 없었던 것 같습니다"라고 썼다.

> 새에게서 비행의 비밀을 배운다는 것은 마치 마법사에게서 마법의 비밀을 배우는 것과 비슷합니다. 한번 그 요령을 터득하고 무엇을 봐야 하는지 알고 나면, 그전에는 알아차리지 못했던 것이 눈에 띄게 되지요.

이 거창한 편지는 우리를 라이트의 발명가 정신 속으로 데려간다. 어린 두 형제가 인디애나주에 있던 그들의 집 위로 날아다니는 새를 뚫어지게 지켜보는 모습이 눈앞에 떠오를 정도다.

헤밍웨이의 편지는 낚시에 관한 것이었다. "우리는 언제나 청새치의 머리에 작살을 쏩니다. 어느 부위에 맞을지는 모르지만 말이죠." 그는 그 거대한 물고기를 낚는 것에 대해 자세히 썼다.

> 배로 청새치를 따라잡을 때 충분히 큰 것은 꼬리까지의 길이가 14피트•는 됩니다. 물고기 입에 바늘이 걸려 있을 때 꼬리를 어떻

• 약 4.2미터.

게 끌어올까요? 작살이 제일 잘 박히는 부위가 물고기 머리입니다. 머리에 작살이 박혀 있다면 작살 자루를 붙들고 있는 동안 몽둥이로 눈 사이를 때릴 수 있습니다. 머리에 작살이 박히면 물고기는 죽지만 생선살에는 피해를 주지 않습니다. (…) 내가 청새치 낚시를 배운 쿠바에서는 다들 머리에 작살을 쏩니다. 내가 잡은 약 120마리 중에서 너덧 마리를 제외하면 모두가 머리에 작살을 맞았습니다. 다른 곳에 쏜 것들은 미끄러졌거나 실수한 탓이었습니다.

행동가였던 헤밍웨이는 투우와 전쟁에 대해 글을 쓰면서 순수문학계에서 거친 남자의 스타일을 다듬어나갔다. 그는 1930년대에 플로리다의 키웨스트와 앞서 소개한 1935년의 편지에서 묘사한 대로, 청새치 낚시를 처음 배운 쿠바에서도 청새치를 잡았다. 그는 쿠바에서 집필해 1952년에 출판한 『노인과 바다*The Old Man and the Sea*』에서 그 주제를 다시 다룬다. 늙은 어부 산티아고가 18피트•짜리 청새치를 잡기 위해 분투하는 이야기다(그 투쟁은 해피엔딩이 아니다). 이 소설은 헤밍웨이에게 퓰리처상을 안겨주었다. 그러니 낚시는 그의 유산을 파악하는 열쇠다.

1년 뒤, 나는 메릴랜드의 시골길을 차로 달리고 있었다. 붉은 벽돌로 지은 헛간, 옥수수 밭, 콩 농장을 지나 양쪽에 도랑이 있는 흙길을 지나갔다. 나 혼자 경매에 참가하러 가는 길이었다. 아

• 약 5.4미터.

버지는 여름 동안 메인주에 계셨고 과제는 내게 맡겨졌다. 목적지는 개조된 농장과 헛간으로, 별로 눈에 띄지 않는, 적어도 우리 세계에서는 유명하지 않은 경매장이었다. 그 안은 난리통이었다. 100명은 훨씬 넘는 입찰자들이 땀을 뻘뻘 흘리며 경매를 지켜보고 있었다. 크로커 농장Crocker Farm의 오래된 헛간 밖에까지 야단스럽게 입찰가를 알리는 소리와 경매 망치를 쾅쾅 두드리는 소리가 들렸다. 경매장 앞쪽에 있는 작은 연단에서 한 남자가 가축 경매라도 하듯 단조롭게 계속 떠들어대고 있었다.

현재의 경매 품목은 퀼트였다.

나는 그가 무슨 말을 하는지 한마디도 알아들을 수 없었다. 이

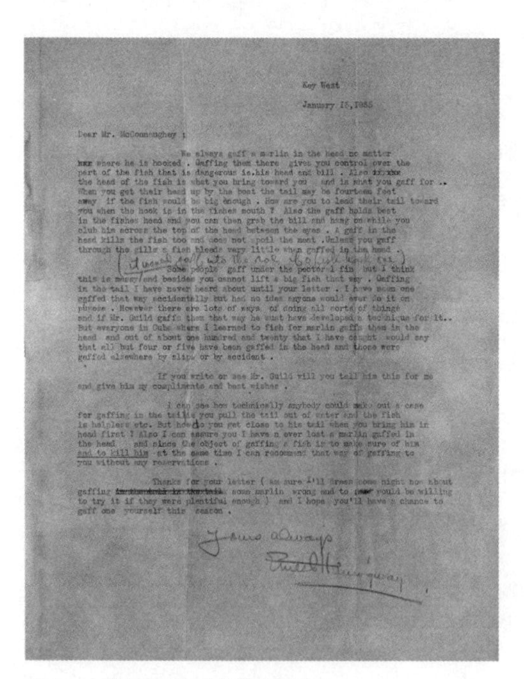

Key West

January 15,1935

Dear Mr. McConnaughey :

We always gaff a marlin in the head no matter where he is hooked . Gaffing them there gives you control over the part of the fish that is dangerous is.his head and bill . Also the head of the fish is what you bring toward you and is what you gaff for .. When you get their head up by the boat the tail may be fourteen feet away if the fish would be big enough . How are you to lead their tail toward you when the hook is in the fishes mouth ? Also the gaff holds best in the fishes head and you can then grab the bill and hang on while you club him across the top of the head between the eyes . A gaff in the head kills the fish too and does not spoil the meat .Unless you gaff through the gills a fish bleeds very little when gaffed in the head .

Some people gaff under the pectoral fin but I think this is messy and besides you cannot lift a big fish that way . Gaffing in the tail I have never heard about until your letter . I have seen one gaffed that way accidentally but had no idea anyone would ever do it on purpose . However there are lots of ways of doing all sorts of things and if Mr. Guild gaffs them that way he must have developed a technique for it.. But everyone in Cuba where I learned to fish for marlin gaffs them in the head and out of about one hundred and twenty that I have caught would say that all but four or five have been gaffed in the head and those were gaffed elsewhere by slips or by accident .

If you write or see Mr. Guild will you tell him this for me and give him my compliments and best wishes .

I can see how technically anybody could make out a case for gaffing in the tail as you pull the tail out of water and the fish is helpless etc. But how do you get close to his tail when you bring him in head first ? Also I can assure you I have n ever lost a marlin gaffed in the head and since the object of gaffing a fish is to make sure of him and to kill him at the same time I can recommend that way of gaffing to you without any reservations .

Thanks for your letter (am sure I'll dream some night now about gaffing [illegible] some marlin wrong end to [illegible] would be willing to try it if they were plentiful enough) and I hope you'll have a chance to gaff one yourself this season .

Yours always

Ernest Hemingway

어니스트 헤밍웨이의 낚시에 관한 편지.

"청새치의 어느 부위에 낚싯바늘이 꿰었든 간에 항상 그 머리를 곤봉으로 후려쳐야 해요. 머리를 때리면 머리와 주둥이 같은 위험한 부위를 통제할 수 있게 됩니다."

건 크리스티에서 열린 포브스 경매와는 아주, 아주 많이 달랐다.

나는 놀라서 주위를 돌아보았다. 뒤쪽에는 경매 '사무실'이 있었다. 작은 방 두어 개와 접이식 탁자와 의자가 있는 곳이었다. 위쪽의 로프트는 아마 건초를 쟁여두던 곳이었을 것이다. 이제 그곳에는 접이식 탁자가 있었고, 탁자 위에는 간식이 차려졌다. 주사위 모양의 치즈, 크래커, 와인, 버드와이저 라이트 맥주. 뭔가를 마시는 사람들이 많았다. 얼핏 보기에도 몇 사람은 술에 취해 있었다.

나는 최초의 추수감사절 선언문 중 하나를 찾으러 왔다. 미합중국 대통령이라는 공식 직함을 가진 사람이 반포한 첫 번째 선언문이었다. 경매회사는 그 물건에 대해 이렇게 적었다. "매우 중요한 존 핸슨의 추수감사절 선언문. 1782년 3월 19일, 미합중국 대륙회의Continental Congress 의장 '존 해리슨', 회의 사무총장 '채스 톰슨'이 서명함. 두 페이지. 접혀 있음. 가로세로 각각 12.5인치에 8인치.* 자료에는 검고 굵게 잉크가 남아 있음. 핸슨의 서명 잉크도 동일. 지극히 희귀한 서명 자료임, 연합 규약the Articles of Confederation**에 **따라 미합중국이 반포한 최초의 추수감사절 선언문.**"(강조는 필자)

존 핸슨은 결코 미합중국 대통령이 아니었다고 할지도 모른다. 그런데 그건 틀린 이야기다. 1781년 3월에 영국 식민 정부와 곧

- 12.5인치는 약 31센티미터이고 8인치는 약 20센티미터.

** 연합 규약이란 미국 독립전쟁 중에 식민지들의 지역적 문제를 다루기 위해 소집된 대륙회의가 제정한 법규다. 대륙회의의 의장은 중립적인 입장을 지켜야 했고, 의전적인 직위에 가까웠다. 1774년 9월에서 1788년 11월까지 아홉 명이 의장을 역임했다. 여기 나온 핸슨은 1781년 11월 5일에서 1782년 11월 4일까지 재임했다.

설립될 영구적인 헌법 정부를 연결해줄 연합 규약이 통과되었다. 이는 미국의 첫 번째 헌법이기도 했다. 1781년 11월에 의회는 그 규약에 따라 첫 번째 지도자를 선출했다. 바로 핸슨이었다. 그래서 11월에 취임한 핸슨은 기술적으로는 "소집된 의회에서의 첫 번째 대통령"이었고, 일반 상식 퀴즈에서도 대답은 앞으로도 영영 그럴 것이다.

핸슨의 추수감사절 호소는 우리 귀에는 좀 이상하게 들릴 수도 있다. 칠면조를 둘러싼 대화도 만찬 식탁에 모인 가족에 대한 이야기도 없고, 미식축구팀 라이언스나 카우보이 경기 이야기도 없다. 선언문의 전체적인 어조는 딱히 즐거운 것이 아니고, 영국의 "영토에 대한 욕망"과 "무법적 야심"이 "피비린내 나는 보복전의 모든 참상과 재난"과 "부상자들의 울부짖음"을 불러온다고 말한다. 오늘날 우리는 미국인들이 1782년 3월에 사실상 독립전쟁에서 이겼음을 알고 있지만, 당시 미국인들은 요크타운에서 항복한 영국군이 또다시 전투에 복귀하지 않으리라고 확신할 수 없었다. 그런 확신은 워싱턴의 전투 보좌관 알렉산더 해밀턴이 영웅적으로 활약한 포위전에서 영국의 콘월리스 경이 조지 워싱턴 장군에게 항복한 뒤에야 가능했다. 하지만 영국군 수만 명이 여전히 뉴욕시 — 왕당파의 거점이었다 — 와 또 다른 곳에 주둔하고 있었다. 미국의 재정 상태가 가련할 정도로 나빠서 병사들은 봉급을 받지 못했고 유럽 국가들에 대한 채무는 점점 늘어나고 있었다. 또 종전을 확인해줄 파리 조약은 여섯 달 뒤에야 작성되고 그 뒤에도 18개월이 지나야 체결된다.

이 시점에 핸슨은 미국 국민들에게 감사의 날을 선언했다. 그날 내가 흙길을 달려가 찾던 것이 바로 그 선언문이었다.

핸슨의 선언문은 1782년에 나왔지만 최초의 것은 아니었다. 1777년부터 새뮤얼 헌팅턴과 존 행콕이 의장으로 있던 대륙회의에서 일종의 감사문이 선포된 바 있었다. 하지만 두 사람은 요즘은 다들 갖기를 원하는 미합중국 대통령이라는 직함을 갖지 않았고, 그들의 것은 좀더 이른 시기, 전쟁이 공식적으로 끝나고 우리 정부가 구성되기 이전에 나온 선언문이었다.

핸슨 일가는 이 문건을 여러 세기 동안 보관해오다가 이제 그것을 "3분의 2가량 남은" 핸슨의 오래된 포트와인 한 병과 독립전쟁 초반의 일기와 함께 팔기로 했다. 그리고 그들이 사는 고장의 경매장에 등록한 것으로 짐작되었다. 흔히 있는 일이다.

내가 할 일은 입찰 전에 문서를 직접 살펴보고, 충분한 금액을 써내는 것이었다. 아버지는 그 선언문의 중요성을 설파하는, 사실상 역사 수업이라 해도 될 만한 이메일을 보냈다.

나는 경매장의 뒤쪽으로 가서 등록하고 문건을 조사했다. 방에는 사람들이 많아 시끄러웠다. 나는 경매인의 말을 계속 들으면서 무슨 말인지 알아들으려고 애를 썼다. 그가 너무 빨리 진행했기 때문에 내가 점찍어둔 품목을 놓칠까 봐 걱정되었다.

내게 그 문건을 보여준 남자는 20대 후반으로 대략 나와 동년배였고, 그 회사 사장의 아들이었다. 선언문을 읽는 동안 경매장의 소란스러움은 내 귀에서 멀어졌다. 경매장은 내게 사진을 보내주었지만 입찰하려면 반드시 직접 눈으로 봐야 했다. 사진으로는 원본인지 복사본인지 구별하기 힘들 때가 많다. 직접 눈으로 보면 알아볼 수 있는 특징이 사진에서는 지워지고 전체 이미지가 평평해지기 때문이다. 사진을 불빛 앞에 들어 올려 종이의 워터마크를 찾아보거나 뒷면으로 돌려 철분 점액 잉크의 쇼스루를 검토할 수도 없다. 자료 원본이 눈앞에 있으면 종이를 손으로 쓸어보면서 균질성을 감지할 수 있다. 그래서 나도 그렇게 했다. 아버지의 눈길 없이, 새로 건조된 배가 건선거에서 밀려나서 첫 항해를 위해 진수될 때처럼 그렇게 했다. 나는 약간 떨렸지만 확신이 있었다. 이 문건은 진품이었다.

나는 정신없는 경매 현장을 지켜보면서 279번 품목을 기다렸다. 입찰은 미친 듯이 진행되었고 활기가 넘쳤다. 경매 물품은 퀼트나 가사 도구들이 많았다. 양탄자, 도자기, 은식기 등등. 고인들이 남긴 유산의 떨이 세일인지, 경매인은 1500개 이상의 물품을 서둘러 팔아치우고 있었다. 가격은 소박하게 수백 달러 수준이었다. 내가 준비한 수천 달러 단위보다 훨씬 적었다.

경매인의 음성이 커졌다 작아졌다 했고 두 손이 왼쪽, 오른쪽, 위쪽, 아래쪽을 가리킬 때마다 짙은 콧수염과 크고 넓은 몸뚱이가 흔들렸다.

나는 추수감사절 선언문보다 먼저 나오는 독립전쟁 일기에도 입찰하기로 했다. 그저 어떻게 진행되는지 보고 싶어서였다. 그리고 그 경매가 단순한 시골 행사라고 생각했던 내 인상이 100퍼센트 정확하지 않았음을 금방 깨달았다. 일기의 입찰은 빠른 속도로 진행되어 2만 달러를 넘겨버렸고, 나는 재빨리 물러섰다. 독립전쟁 일기는 흔치 않은 물건이었다. 사실 사람들이나 전투의 자세한 묘사를 담은 것이라면 뭐든 잘 팔린다. 독립전쟁에 대한 연구의 일차 자료가 그런 것이다. 어느 날에 어디서 무슨 일이 벌어졌는지 알려주는 통로다. 하지만 내가 원한 것은 추수감사절 선언문이었다.

일기를 따낸 사람은 경매장에 없었다. 그 혹은 그녀는 전화로 입찰했다. 접이식 야외 탁자에서 전화 입찰이 진행되고 있었다. 이 품목을 원하는 사람이 나 혼자만이 아님을 깨달았다.

나는 경매장 뒤편에 서 있었다. 입찰은 4000달러로 시작되었고, 나는 입찰'판'을 들었다. 다들 숫자가 써진 입찰판을 상상할 것이고 그런 것이 실제로 있다. 하지만 일반적으로 입찰자들은 그저 손을 들고, 마지막에야 입찰판과 숫자를 보여준다. 요즘 나는 경매에 갈 때마다 더 영리한 접근법을 쓴다. 뛰어들기 전에 끝까지 기다린 다음 더 전략적으로 입찰하는 것이다. 하지만 이번은 나의 첫 번째 단독 경매였기에, 빨리 진행되는 경매인의 말을 내가 알아듣지 못할까 봐 걱정이 되었다. 또 본의 아니게 경매 망치를 놓치고 싶지도 않았다. 나는 경매인에게 내가 참가한다는 것을 알리기 위해 일찌감치 손을 들었다. 그가 나를 주목할 필요가 있음을 그에게 알리고 싶었다.

헛간에서 참가하는 입찰자는 나 외에 두어 명뿐이었다. 대부분 전화로 연결된 몇 명일지 모를 다른 입찰자들이 나와 경쟁했다.

입찰은 계속되었고 내 심장은 더 빨리 뛰기 시작했다. 열기가 쌓여 입찰에 활기를 불어넣었다. 나는 그 남자의 말을 거의 알아들을 수 없었다. 그저 숫자만 들었다. 그사이의 온갖 잔소리는 그냥 걸러버렸다.

얼마 지나지 않아 다른 입찰자는 떨어져나갔고, 나와 전화 통화자 한 명만 남았다. 나는 1만 4000달러를 부르고 망치를 기다렸다.

우리는 계속 주거니 받거니 했고 입찰 사이의 막간이 길어졌다.

그러다가 갑자기 쾅! 하고 망치가 내리쳐졌다. 그리고 고함 소리와 함께 모든 게 끝났다. 그건 내 것이 되었다.

나는 추수감사절 선언문을 1만 8000달러에 따냈고, 거기에 구매자 프리미엄 15퍼센트가 붙어, 총 2만 700달러를 내야 했다(경매장은 구매자에게서 15퍼센트, 판매자에게서는 그보다 많은 20~25퍼센트의 커미션을 받는다).

나는 1500달러 조금 넘게 들여 핸슨의 포트와인 한 병을 구입했다. 술에 취한 것이 분명한 한 남자가 구르듯 다가오더니 내게 축하 인사를 건넸다. 그 병은 지금도 우리 집 벽난로 위에 세워져 있다.

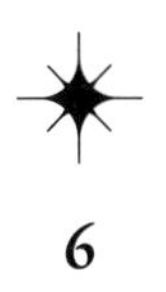

6

위조의 예술, 범죄의 냄새
: 링컨의 위조된 편지

나는 그 서명이 아주 좋아 보인다고 생각했다. 모든 링컨의 편지가 그렇듯이 "A. Lincoln"이라고 되어 있었다. 에이브러햄 또는 에이브라고 서명된 편지 — 공식적인 문서가 아닌 — 를 보게 되면 다른 방향을 주목한다. 링컨 서명의 끝부분은 2단으로 되어 있다. 마지막 두 글자가 살짝 더 높은 곳에 적힌 것이다. 링컨의 전형적인 서명은 확연하게 3단으로 구성되므로, 일자로 적힌 서명은 의심의 여지가 있다.

하지만 이 서명에는 단이 있다. 그렇기는 해도 뭔가 육감적으로 느껴지는 게 있었다. 편지 전체에서 펜이 고심한 모습이 보였다. 몇몇 글자는 신중했고, 베낀 흔적이 있고, 날짜 선은 뭉개져 있다. 행이 곧지 않아 울퉁불퉁 아래위로 기복이 있다. 뭔가가 잘못되었다. 하지만 이것은 널리 알려진 유명한 편지고, 믿을 만한 거래상이 판매한 것이다. 전기 작가이자 연구자인 칼 샌드버그의 위대한 저술에 사진과 함께 언급된 편지이기도 하다. 아버지는 스캔본을 보기 전에는 편지를 사자고 했다. 이 중요한 편지는 링컨이 남북전쟁 중에 처형될 예정이던 어느 병사를 사면하는 일에 관해 이야기한다. 대통령은 그 사면 행위로 공정하고 자비롭다는 평판을 얻게 된다. 그런데도 이 편지는 '블링크' 테스트를 통과하지 못하고 있었다.

내가 이 직업을 시작한 첫날, 아버지는 지금은 대다수가 희귀본이 되거나 절판된 참고문헌이 꽂힌 서가로 걸어가서 한 권을 꺼냈다.

"읽어봐." 아버지가 말했다.

내가 여덟 살쯤일 때부터 아버지가 모으던 서적들은 이제 방대한 참고문헌 서재로 발전했다. 진위성에 관한 책, 과거의 대형 경매 카탈로그, 유명 인사들의 전기, 진품 자필 원고의 사진 등. 아버지는 이런 참고문헌을 자신이 수집할 자필 원고와 비교할 기준으로 삼았다. 내가 이 업계에 진입했을 때쯤 벽은 책으로 꽉 차 있었다.

아버지는 그 분야의 역사에 대해 이야기하기를 아주 좋아했다. "아리스토텔레스는 자필 원고와 지도를 수집했지. 고대 로마인들도 그랬어." 아버지가 말했다. "대 플리니우스는 자필 원고를 그냥 수집만 한 게 아니었어. 그것들이 얼마나 희귀한지에 대한 주석을 단 최초의 인물이었지. 이를테면 고대 로마에서 서점에 가면 키케로, 베르길리우스, 아우구스투스 카이사르의 편지는 드물지 않았지만 율리우스 카이사르의 편지는 아주 희귀했다고 말하는 식이었어."

베수비오 화산이 분출하고 폼페이가 매몰될 때 대 플리니우스는 책과 자료 컬렉션을 가지고 [나폴리] 만을 건너가고 있었다. 그의 생질인 소 플리니우스는 이렇게 썼다.

> 8월 24일 이른 오후, 어머니는 그[외삼촌]•에게 범상치 않은 크기와 모양을 가진 구름을 주의해서 보라고 말했다. 그는 햇볕을 쬐다가 냉수욕을 했으며, 드러누워 점심식사를 하고, 그때는 책을 보고 있었다. (…) 외삼촌은 학구적 감각이 발동하여 그 구름이 자세히 조사해야 할 만큼 중요한 현상임을 금방 알아차렸고, 배를 준비시키라고 지시했다. (…) 외삼촌은 다들 서둘러 떠나고 있던 장소로 달려가서 용감하게도 위험 구역으로 곧바로 들어갔다. 외삼촌은 조금도 두려움이 없었다. (…) 이미 재가 떨어지고 있었고, 배가 다가갈수록 점점 더 뜨거운 재가 더 짙게 내리고 있었다. (…) 그 뒤에는 부석과 불길로 그을려 시커멓게 금이 간 돌이 떨어졌다. 그러다가 갑자기 물이 얕아졌다. 해변은 산에서 밀려온 잔해로 막혀버렸다.

아버지는 역사 판매자들의 역사에 관심이 많았다. 그러다보니 이제 그 주제에 관한 일종의 전문가가 되었다. 유럽인들은 19세기 중반에 역사 관련 상점을 열기 시작한 반면 미국에서는 전문적인 역사 거래가 확실히 더 최근에 시작되었다. 초기의 수집가

• 소 플리니우스의 어머니는 대 플리니우스와 남매지간으로, 소 플리니우스의 아버지가 일찍 세상을 떠난 뒤 대 플리니우스는 유언장에서 생질을 양자로 삼았다.

들은 미국적 스토리의 중요성을 점차 깨닫기 시작하고, 수집가들이 활약했던 빅토리아 시대의 분위기에서 자극을 받아 요즘 같으면 거의 만들 수 없었을 컬렉션을 구축했다. 여기에는 비용도 거의 들지 않았다. 가령 조지 워싱턴의 편지 한 장이 5달러도 하지 않았으니까. 빅토리아 시대 사람들은 문서의 서명을 잘라낸 것으로 악명 높다. 미국 최초의 수집가로 유명한 윌리엄 스프레이그는 조지 워싱턴의 전기 작가 제레드 스파크스에게 자신의 컬렉션을 더 키우게 워싱턴의 글씨체 샘플을 달라고 부탁했다. 스파크스는 워싱턴의 취임사에 칼을 대어 수집용 조각 여러 개로 잘랐다. 불운한 그 시대의 상징이었다.

아버지는 이런 온갖 이야기를 내가 일을 시작한 첫 주에 모두 말해주었다. 아니, 첫날에 그랬는지도 모른다.

아버지가 책장에서 처음 꺼낸 책은 초기의 수집가 애드리언 졸라인의 회고록 『자필 원고 나라에서의 산책*Rambles in Autograph Land*』이었다. 졸라인은 다윈과 같은 시대를 살다가 그보다 조금 늦게 사망했다. 졸라인이 시어도어 루스벨트가 쓴 편지를 갖고 싶으면 굳이 구입할 필요가 없었다. 직접 백악관에 편지를 쓰면 되니까. 그의 열정은 고상했고 수준 높은 추구였다. 졸라인은 빅토리아 시대의 수집벽을 비난하고, 수집 그 자체를 위한 수집과 진정한 사냥, 즉 역사와 그 의미를 탐구하기 위한 수집이 어떻게 다른지에 대해 썼다.

하지만 내가 제일 좋아한 책은 『대위조가와 유명한 가짜*Great Forgers and Famous Fakes*』였다. 저자는 20세기의 거래상 찰스 해밀턴이다. 그는 나와도 같은 시대를 살다가 세상을 떠났고 아버지와 아는 사이였다. 해밀턴은 그 시대의 몇몇 악당들에 대해 자세히 설명했다. 그들은 손글씨와 손글씨 위조에 능한 사람들이다. 큰 인상을 남기는 배우와도 비슷하지만 의도가 더 사악하며 사법적으로도 불온하다. 해밀턴은 훔치고 왜곡하는 데서 만족감을 느끼는 사람들에 대해 이야기한다.

나는 해밀턴으로부터 조지프 코우지에 대해 처음 배웠다. 해밀턴은 코우지가 그 세대의 최고 위조가였다고 평가했다. 코우지의 작품은 대규모 경매에 등장했고(지금도 그렇다) 이 업계에 계속 오점을 남긴다. 많은 도서관이 그가 만든 물건을 소장하고 있으면서도 위조인 줄 모르고 있다.

20세기 초반에 그런 물건을 갖고 싶었다면 그저 코우지가 자주 들르는 술집에 자리 잡고 앉아 그에게 술 한잔을 사면 되었다. 이미 죽은 에이브러햄 링컨이 코우지의 알코올중독을 악화시켰다는 추측도 타당한 근거가 있다.

"실제로 모두가 코우지에게 한 방 먹었습니다." 메리 A. 벤저민이 해밀턴에게 말했다. 그녀는 미국 최초의 대형 거래상인 월터 벤저민 회사의 상속자였다. 코우지는 링컨을 아주 좋아했지만 조지 워싱턴, 존 애덤스, 알렉산더 해밀턴, 벤저민 프랭클린 등 여러 사람의 글을 위조했다. 그에게는 그 시대의 종이와 잉크를 구할 방법이 있었고, 그는 편지 전체를 유려하게 쓸 만큼 글씨체를 열심히 연습했다. 코우지는 본명이 아니었다. 그의 이름은 마틴 코닐리였다.

그러나 그처럼 확실한 재능을 가졌으면서도 코우지는 약점이 하나 있었다. 그는 끝까지 링컨의 서명을 제대로 쓰지 못했다. 그

3단 형태 말이다. 3단 서명은 거의 언제나 한결같다. 링컨은 A의 삿갓 부분을 그리고, 그 뒤에 점 한두 개를 찍으며, 시계 반대 방향으로 그것을 가로지르는 곡선을 긋는다. 거기서 펜을 떼지 않고 A보다 높아진 지점에서 L부터 o까지 쓰고, 마지막의 ln은 그보다 높아진 지점에서 쓴다. [그러나] 코우지는 이름 전체를 하나의 수평선처럼 쓴다.

코우지조차 완벽하지 않았다. 누구에게나 아킬레스건은 있다.

8년 뒤 나는 그 링컨 편지를 노려보고 있었다.

"아버지, 아직은 이유를 모르겠지만 이 편지에는 뭔가 잘못된 점이 있어요." 내가 말했다. "이건 사지 않겠습니다."

나보다 한 세대는 더 나이가 많은, 숙련된 거래상의 품목을 평가하고, 그의 자료가 위조라고 단언한다는 것은 작은 문제가 아니다. 이 일이 있기 전에는 그런 적이 한 번도 없었다. 확실해야 했다. 게다가 이 편지는 유명하지 않은 편지가 아니었다. 존경받는 올리버 배럿의 컬렉션에 있던 물건이었다. 배럿은 역사상 가장 중요한 링컨 문서 컬렉션을 수집했고, 그 컬렉션은 수백만 달러에 팔렸다. 그는 칼 샌드버그의 친구였고, 샌드버그는 바로 이 편지를 그의 저서 『에이브러햄 링컨: 전쟁기*Abraham Lincoln: The War Years*』에 사진으로 실었다. '에이브러햄 링컨 문헌The Papers of Abraham Lincoln'•은 이 편지의 존재를 언급하면서 배럿 컬렉션을 그 출처

• 링컨 대통령이 쓰거나 그의 생전에 그에게 쓰인 모든 문헌을 편집하는 장기 프로젝트. 대통령의 사후 그의 아들 로버트가 시작하여 미의회도서관에 맡겼으며, 로버트의 사후 20년 만인 1947년에 공개되었다.

로 인용했다.

나는 글씨체를 보았다. 겉보기에는 글자들 대부분이 제대로 되어 있는 것 같았다. 베껴 쓴 것이 아니었다. 뚜렷한 대문자 F 같은 링컨 특유의 좀더 괴상한 글자 몇 개를 재현하기 위해 노력이 많이 들어갔다. 종이는 편지봉투에 들어갔던 것처럼 꾸미기 위해 제대로 접혀 있었다. 하지만 그 외에는 실제 링컨 편지와의 유사점이 거의 없었다.

전체 편지는 왼쪽에서 오른쪽으로 비스듬히 기울어져 쓰여 있었다. 마치 필자가 각 행의 끝을 맞추려는 생각이 없었던 것 같다. 글자를 각각 따로 살펴보면 몇 개는 분명 달라보였다. 날짜 선은 전체적으로 뭉개져 있다. 마치 날짜를 쓸 공간이 부족했던 것처럼. 글자 두어 개는 흔들렸고, 편지 전체의 글자가 고르지 않았다. 링컨 시대 사람들은 펜글씨를 훈련했고, 편지의 글줄은 들쑥날쑥하지 않고 쪽 곧다. 내가 이런 본능, 육감을 느낀 것은 이번이 처음이었다.

내가 내린 평가에 완전한 확신이 들기까지 아버지와 한 시간가량 열띤 토론을 거쳐야 했다. "넌 이게 코우지 것이라고 생각하니?" 아버지가 물었다.

나는 서명을 보았다. 이 위조자는 코우지가 절대 갖지 못했던 것을 알고 있었다. 링컨의 서명이 3단이라는 인식 말이다. 하지만 전체적으로는 코우지의 위조 편지가 진짜와 훨씬 더 비슷해 보인다. 코우지의 위조물은 자필 서명이라는 한 가지 측면에서는 실패하지만 글씨체의 전체적 질감 면에서는 대체로 성공한다. 그러나 이 편지의 어설픈 시도는 코우지 작업의 결함을 수정했지만

Executive Mansion
Washington Feb. 24 1865

To-day Hiram Hibbard calls voluntarily under apprehension of being punished as a deserter. Now on condition that he faithfully serves out his term Co. A. in 50th N. Y. Engineers, he is fully pardoned for any supposed desertion

A. Lincoln

Yours truly
A. Lincoln.

에이브러햄 링컨의 위조된 편지(위)와
에이브러햄 링컨의 서명 진본(아래).

나머지는 그 수준에 미치지 못했다.

우리는 그 편지를 사지 않았다. 편지를 판매 목록에 올렸던 거래상은 내 설명을 들은 후에 내 평가에 동의했다. 하지만 그 위조품은 아버지의 방대한 서재에 있는 이미 알려진 사례들과도 전혀 부합하지 않았다. 우리는 새로운 위조가를, 미지의 위조자를 발견한 것이다. 그 거래상은 자기 소장 목록에서 그것을 삭제하고, 착오를 인정했다.

이 모든 것을 나는 사무실에 나간 첫날, 아버지의 책장 덕분에 배우기 시작했다.

아버지는 찰스 해밀턴이 쓴 또 다른 책도 갖고 있었다. 『낙서꾼과 악당들*Scribblers and Scoundrels*』이라는 책으로, 잘 속는 구매자와 잘 속지 않는 구매자를 먹잇감으로 삼은 악명 높은 남녀들에 관한 이야기를 좀더 들려준다. 그들은 위조자이며 도둑이다.

해밀턴도 보니와 클라이드 같은 2인조에게 당한 적이 있었다. 샘 매츠와 엘리자베스 매츠는 국립문서고에서 역사적 자료를 훔쳐다가 팔아먹은 부부였다. 해밀턴은 분노하여 FBI가 매츠 부부를 추적하는 일을 도왔다. "매츠 부부가 어떻게 체포를 피해 다녔는지는 알 수 없다." 그는 이렇게 썼다. 그들은 다섯 자녀를 데리고 다녔고, 그중 한 명은 갓난아기였다. 부부의 현상수배 포스터가 전국 방방곡곡에 붙어 있었다. "샘은 (…) 옷을 잘 입고 허풍이 심하며 시가를 피운다." 해밀턴은 엘리자베스가 "아주 허술한 차림새로 마치 두들겨 맞은 것처럼 비참한 몰골"이라고 전한다. 그런데도 부부는 위장에 능했다. "샘은 거친 콧수염을 길렀다. 리즈

[엘리자베스]의 사마귀는 거의 보이지 않았다." 해밀턴은 부부를 붙잡으려는 함정수사에 가담했다. 나는 1950년대 TV쇼의 수사 요원처럼 "사실만 말하세요, 부인"이라는 말을 좋아한다. 하지만 해밀턴이 말해주는 당대의 업계 이야기는 내게 중요한 통찰을 주었다. 어떤 사람들은 역사로 이득을 취하기 위해 기꺼이 규칙을 왜곡하거나 위반할 생각이 있다는 것이다.

"이것들이 뭔지는 알겠는데 정확히 어디서 봤는지는 모르겠네." 카렌과 나는 파크애비뉴 아머리에서 열린 뉴욕 고서적 박람회장의 복도를 걷고 있었다. 거기에는 임시로 카펫이 깔려 있었다. 고서적 박람회는 내가 이 일에 종사한 이래 내내 그곳에서 열렸다. 어느 부스 안에는 편지가 줄지어 진열되어 있었다. 대부분은 미국 대통령의 편지였다. 나는 그 편지들을 전에 본 적이 있었다. 하나는 분명히 기억났다. 재커리 테일러 장군이 1840년대에 벌어진 멕시코-아메리카 전쟁의 전장에서 쓴 편지였다. 테일러는 그 전쟁에서 얻은 명성을 기반으로 대통령이 되었다. 또 워싱턴, 애덤스, 제퍼슨, 링컨의 편지들도 있었다. 귀중한 자료였다.

그러다가 생각이 났다. 이런 자료를 내가 어디서 봤는지 기억해냈다. 두어 달 전의 일이었다.

아버지와 내가 어느 컬렉션을 보기 위해 수표책을 손에 들고 뉴저지의 한 단층 주택에 간 적이 있었다. 그 자료는 오랜 친구 사이인 두 남자가 공동으로 사들여 소유한 컬렉션이었다. 그들은 40대 초반이었고 이 분야에 경험이 없었으며 정직한 호인으로 보였다. 우리는 자료를 분석하고 하나하나 살펴보고 얼마를 제안할지 고심하면서 세 시간을 보냈다. 우리는 그 컬렉션 전체를 사거나 사지 않을 생각이었다. 각각의 물건을 분리하여 개별적으로 가격을 매기다 보면 협상이 힘들어질 수 있다. 아버지와 나는 계산하는 동안 몇 번이나 집 뒤의 작은 정원으로 걸어 나가서 어느 정도의 가치일지 의논했다. 최종적으로 8만 달러 정도를 지불하기로 합의한 것으로 기억한다. 되팔 경우 우리에게(그들에게도) 상당한 이득을 안겨줄 수 있는 합리적인 액수였다. 하지만 항상 그렇듯이(아니면 그래야 하듯이) 출처를 증명하는 단계에서 말썽이 생겼다.

두 남자는 그 컬렉션을 어느 아이티 여성에게 구입했다. 그녀는 자신이 마지막까지 돌보던 노인에게서 컬렉션을 선물받았다고 했다. 그녀는 입주 간병인이었다. 나는 평생 이 아름다운 자료를 수집해온, 이름 모를 노인을 생각하지 않을 수 없었다. 그가 전체 컬렉션을, 거액의 가치가 있는 어떤 것을, 자신의 생애 말년에 삶의 마지막 단계에야 알게 된 사람에게 주는 시나리오를 상상해보려고 애썼다. 우리는 이런 상황을 어떻게 풀어내야 할까?

아이디어가 떠올랐다. 나는 두 남자에게 부탁했다. 간병인에게 전화해 그녀가 그 자료를 선물로 받았음을 확인해주는 편지를 쓰고 서명해달라고. 그렇게 하면 우리는 법적 소유권의 증거를 가질 수 있다. 또 그 여성이 누구인지도 알 수 있게 된다. 하지만 두 남자는 그녀가 도와주지 않을 거라고 했다. 선물에 대한 이야기가 알려지는 것을 원하지 않아 입을 꾹 닫고 있다는 것이다.

그 컬렉션의 원래 소유자가 누구인지 우리는 몰랐다. 그리고 그 컬렉션을 받았다고 주장하는 여성은 자기 이름이 알려지는 것을 거부했다. 우리에게든 이성적인 다른 사람에게든, 상황은 아주 분명했다. 우리는 두 남자에게 합법적으로 시장에 나오지 않았을 가능성이 있는 물건은 양심상 팔 수 없다고 말해주었다. 간병인의 이야기는 그럴듯하게 들리지 않았고, 편지에 서명을 거부한 그녀의 태도는 확연히 범죄의 냄새를 풍겼다.

우리는 그곳을 떠났다. 하루를 허비했다. 그래도 현명하게 판단한 것이다.

여러 달이 지난 지금, 나는 바로 그 컬렉션을 보고 있었다. 우리가 구입하지 않은 바로 그 역사적 문서 컬렉션이 이 남자의 부스에 전시되어 있었다.

그는 내게 와서 항상 하듯이 허세를 부렸다. 이번에는 찬란한 컬렉션을 구입했다고 자랑했다. 나는 그의 눈을 똑바로 보고 물었다. "뉴저지에 사는 두 남자였어요?"

"그랬습니다."

"이 자료를 본 적이 있어요." 나는 우리도 그 컬렉션을 제안받은 적이 있지만, 출처 증명에 문제가 있어 포기했다고 말해주었다. 그는 순진한 미소를 짓고는 우리가 왜 두 남자를 찾아갔다가 그냥 왔는지 이야기를 들었다고 말했다. 그리고 자기 부스에서 그 컬렉션을 철거하지 않았다. 나중에 보니 그는 이 컬렉션 중 어느 것도 자기 웹사이트에 홍보하지 않았다. 아마 물건을 처분하기 위해 값을 낮춰 직접 팔아치웠을 것이다. '저건 오염된 강물이야'라고 혼자 생각하던 것이 기억난다. 우리가 항상 듣는 은유다. 이제 나는 말한다. "오염된 강물에서 물고기를 잡으면 몸에 탈이 생긴다."

그리고 해밀턴의 메시지, 이 일을 시작하면서 역사를 배울 때 받아들인 메시지는 그대로 내게 돌아왔다. 어떤 사람은 돈 때문에 도덕성을 기꺼이 무시한다.

7

물건에도 감정이 있다면 : 레이건이 딸에게 보낸 편지

아버지의 오랜 친구인 수집가가 전화를 걸었다. "근사한 레이건 편지 컬렉션이 있는데, 자네 관심 있나?"

그 수집가는 레이건의 편지들을 상원의원 조지 머피의 의붓딸의 대리인에게서 구입했다. 그녀의 어머니는 머피 의원의 첫 아내가 세상을 떠난 지 한참 뒤에 그와 결혼했다. 머피 본인은 1992년에 세상을 떠났으며, 그의 의붓딸은 레이건이 세상을 떠날 때까지 기다렸다가 그 자료를 팔기를 원했다. 그 수집가가 우리를 선택한 데는 나름의 이유가 있었다. 레이건은 반세기도 더 전에 펜팔 친구와 편지를 나눴는데, 내가 이 업계에 들어오기 전에 아버지가 이 방대한 편지 컬렉션을 처리해준 적이 있었던 것이다. 우리가, 아마 모두가 그때껏 본 것 중에 최대 규모인 그 컬렉션은 결국 레이건 목장에 넘어갔다.

사냥에는 사냥꾼들 간의 인맥이 일부 관련되어 있다. 아버지의 지인인 그 수집가는 레이건의 편지를 자신이 살던 시카고 근처의 보석 위탁판매점에서 발견했다. 그는 그 물건의 가치 산정에 관해 우리 의견을 듣고 싶어 했고, 최종적으로 판매에 파트너로 참가해주기를 바랐다.

편지를 살펴보면서 나는 기회를 잡았다. 나는 이론 하나를 시험할 기회를 찾고 있었다. 사람들은 어떤 인물에 관심이 있고, 우리는 숙련된 홍보 작업을 통해 잠재적 고객들에게 효과적으로 다가갈 수 있다는 이론이다. 사람들은 레이건에게 관심이 있기에 이 물건은 매력이 있다. 한번 시험해봐도 좋겠다. 나는 예전에 어느 하원의원과 필라델피아 시장 후보자의 홍보 담당 보좌관을 지냈고, 그 뒤에는 민간 PR컨설팅 업계에서 활동한 적이 있다. 내 경험을 새 사업에 적용해보지 않을 이유가 있을까?

조지 머피는 여러 면에서 레이건에게 출셋길을 닦아준 사람이었다. 연방 상원의원이 되기 전 그는 할리우드 스타였다. 두 사람은 오랜 친구였고, 레이건이 백악관에 있던 8년 동안에도 계속 편지를 주고받았다. 그들이 주고받은 마흔한 통의 편지는 정치적 경쟁자와 세계 지도자들에 대한 의견에서부터, 정치적 스캔들 처리나 미디어의 편견에 대한 생각까지 모든 주제를 다루고 있었다. 그 편지들은 자유세계의 지도자로서 힘을 가졌고 인맥이 넓었으며 오랜 친구와 솔직하게 대화를 나누는 레이건의 초상을 그려준다. 이런 것이 시장에 나온 적은 일찍이 없었다.

레이건이 1985년에 처음 만난 고르바초프에게 어떤 인상을 받았는지 알아보자. "표범이 털무늬를 바꿀 거라고 믿는다면 그게 바보지." 레이건은 이렇게 썼다. "고르바초프는 자기들의 시스템에 대한 확고한 신봉자야. 그리고 자기들이 퍼뜨린 우리에 관한 프로파간다를 믿어. 그러면서도 실용적인 사람이고, 자기들의 경제가 마비된 상태인 줄은 알고 있지." 1988년에 레이건은 소련을 방문했다. 미국 대통령으로서는 40년 만의 첫 방문이었다. "언젠가는 관료들이 신경 쓸 만한 민중 시위가 일어날 수도 있겠다는 생각이 처음으로 들었네." 그가 옳았다. 1년 뒤에 베를린 장벽이 무너졌고, 다시 몇 년 뒤에는 소비에트연방이 해체되었다.

국내 정치의 영역으로 들어가면 그 편지들은 세금 문제에 관해 자신이 제대로 중상모략을 당했다는 평가를 담고 있다. 1983년 머피에게 보낸 편지에서 그는 이렇게 적었다. "우리의 취약점이 세금 문제라는 점에는 의심의 여지가 없어." "그들은 나를 세금 정책에서 '부자들의 편'으로 만드는 데 크게 성공했지." 또한 전임 부통령 월터 먼데일이 사회보장 예산을 삭감하려는 레이건의 계획에 "이를 갈았다"고 묘사했다. 테드 케네디를 "매사추세츠주 출신 플레이보이"라고 경멸조로 언급한 내용도 있다. 레이건은 자신이 이란-콘트라 사건에 관해 전혀 무고하다고 변명했고 "『뉴욕타임스』와 『워싱턴포스트』가 매일 퍼붓는 독설"에 대해 씁쓸하게 불평했다.

나는 내가 썼던 오래된 정치 보도자료들을 다시 떠올려보면서 우리 회사의 기본 틀을 설정했다. 그다음 언론 발표 자료를 쓰고 내가 알던 필라델피아 AP 소속의 기자와 연락했다. 나는 흥미 있는 사연을 만들었다. 새로운 사실을 밝혀주는 로널드 레이건의 친밀하고 사적인 편지 컬렉션. 기자가 쓰고 싶어 할 만할까?

그녀는 편지에 대해 짤막한 기사를 한 건 써서 통신망에 올렸다.

그다음에 벌어진 일은 예상치 못한 폭풍우에 휘말린 것과 같았다. 가벼운 미풍이 불어와 균형을 유지한 채 신선한 공기를 맛보다가 훨씬 강한 바람이 불어와서 거의 넘어질 지경이 되었다. 나는 부모님 집의 베란다에 앉아서 부모님과 함께 와인 한 잔을 마시고 있었다. 우리가 보낸 사연을 인터넷에서 검색하여, 펜실베이니아 신문에 나온 짤막한 기사가 뉴욕 신문으로, 또 캘리포니아 신문으로 옮겨지고 그러다가 하룻밤 사이에 국제적 통신망에 오르는 것을 보았다. 다음 날 우리에게 전화가 쏟아졌다. 나는 수없이 인터뷰를 했고, 텔레비전에서도 그 소식을 보도하고 싶어 했다. CNN과 폭스뉴스에 나가서 우리는 그 컬렉션의 가치를 22만 5000달러 정도로 평가한다고 말했다. 컬렉션은 즉시 팔렸다. 우리는 런던에 있는 희귀 도서 전문점인 매그스 브라더스에서 일하는 옛 친구 힌다 로즈(그녀는 그 뒤에 세상을 떠났다)에게서 전화를 받았다. 그녀는 이스라엘에서 그 뉴스를 보고 편지를 사고 싶어 하는 어느 이스라엘 사업가를 대리하고 있었다. 20대 중반인 내가 처음부터 끝까지 주도했던 첫 영업은 단 하루 만에 끝났다. 이스라엘에 사는 어떤 남자가 영국에 둔 대리인을 통해 그 편지를 25만 달러가량에 구입했다. 나는 그 속에서 강한 메시지를 발견했다. 즉 이 사업에도 홍보가 효과를 발휘한다는 사실이다. 역사에 대한 관심의 흐름이 저곳에, 대중 속에 있었다. 구매자뿐 아니라 일반 대중과도 함께함으로써 우리는 다른 방식으로는 도저히 만날 수 없었던 사람들에게 다가갈 수 있었다.

하지만 나는 이 생각을 계속 발전시킬 시간이 없었다.

전화기가 다시 울렸다. 자신이 그 편지의 수신자인 조지 머피의 아들이라고 밝힌 남자가 말했다. "문제가 있어요. 그 편지는 제 것입니다." 그의 계모가, 불법으로 편지를 가져갔다는 것이다.

우리는 침착하게 사태를 설명했다. 우리는 양심적인 구매자이고, 가족 내의 소유권 분쟁에 대해서는 알 길이 없다. 가족 내에서 자녀가 둘로 나뉠 경우 이런 일이 일어날 수 있다. 하지만 아버지의 서재 전체, 그가 상원에서 앉았던 의자, 할리우드에서 찍은 영화 포스터, 그 외 다른 물건이 담긴 상자가 전부 아들의 몫이었다.

그 남자의 이야기는 믿을 만했으므로 우리는 거래를 제안했다. 우리가 이 거래에서 그를 재정 파트너로 삼겠다고. 그는 제안을 받아들였고, 컬렉션이 팔리자 자기 몫을 가져갔다. 그리고 그는 아버지의 나머지 물건도 팔아달라고 부탁했다. 우리는 친해졌고 그가 세상을 떠날 때까지 오랫동안 서로 연락하며 지냈다. 그는 레이건을 여러 번 만났고 자기 집에 레이건이 묵기도 했으며 자신이 레이건의 목장에 가기도 했다. 그는 그 시절 캘리포니아의 거물들을 전부 알았고 월트 디즈니가 자기 집에 왔을 때의 이야기로 우리를 즐겁게 해주었다.

그뿐만 아니라 그와의 대화를 통해 편지들의 맥락과 질감이 파악되었다. 마치 주석이 붙은 것 같았다. 그는 편지를 가져다가 확대하여 레이건에 대한 더 깊이 있는 시각을 갖게 해주었다.

나는 한 번도 레이건을 만난 적이 없지만 그가 아주 잘 아는 사람처럼 느껴진다. 우리가 가져온 여러 통의 편지는 분위기가 따뜻했다. 나만 그렇게 느낀 건 아니었을 것 같다. 당파적 렌즈를 통해 본 사람도 많았지만 레이건은 널리 사랑받은 인물이었다.

레이건은 지도자였다. 많은 남녀가 그를 통해 자신들의 꿈과 열망을 보았고 그의 세상에서 살기를 갈망했다. 당파로 분열할 것이 아니라 스스로에게 물어보라. 왜 그런가? 이런 사실들이 무슨 이야기를 해주는가?

하지만 내가 안다고 생각하는 게 무엇이든 간에, 나는 그다음에 우리 집 문 앞에 당도할 편지들이 얼마나 사적인 내용을 담고 있을지에는 대비되어 있지 않았다.

어느 날 아침 전화를 받았더니, 저쪽에서 이렇게 말했다. "안녕하세요. 저는 패티 데이비스예요. 아버지가 보낸 편지를 좀 갖고 있어요. 그걸 팔려고 하는데 누구와 이야기할 수 있을까요?"

그녀는 나와 이야기를 나눴다. 그런데 우선 패티 데이비스가 누구인가? 나는 그 질문을 구글에서 이리저리 검색해보았고 1분 뒤에는 그녀가 정말 전임 대통령의 딸인지 아닌지 궁금해하고 있었다. 전화기 저쪽에 있는 사람은 확실히 친근하게 굴면서 『플레이보이』의 기사(나는 모르던 일로서 역시 구글로 검색해보았다)• 나 자신과 부모의 관계에 대해 전혀 거리낌 없이 솔직하게 말해주었다. 우리는 45분 동안 이야기했다. 긴 시간이었다. 나는 그녀에게 편지 한 통을 스캔해서 보내달라고 부탁했다. 그녀가 즉시 보내준 편지를 보고 나는 완전히 항복했다. 그 편지가 쓰인 것은 그녀의 아버지가 완전히 은퇴하여 캘리포니아의 목장으로 돌아간 지 2년 뒤인 1990년이었다. 레이건이 대통령으로 재임하던 중에도 그와 낸시가 딸과 복잡하고 적대적인 관계였다는 것은 널리 알

• 패티 데이비스는 1994년 7월호에 기사와 함께 표지모델로 실렸다.

NO MORE MR. NICE GUY

Miss Patti Davis

Dear Patti

I've just gotten an answer off to Dr. C. telling her not to worry, it's par for the course.

Haven't time to write more I'm in between meetings.

Love

Dad

역사적 문서가 가진 감정적인 힘을 내가 이해하게 된 열쇠는 이 사진 속에 나와 있는 로널드 레이건과 딸 패티 데이비스가 사이가 나빠지기 전에 주고받은 편지들의 컬렉션이었다.

려져 있었고 딸은 1992년에 회고록을 출판하여 그 사실을 확인해준다. 레이건은 딸이 회고록을 출판할 계획이라는 것을 알고는 이렇게 썼다.

> 패티, 너는 우리에게 상처를 주는구나. 네 부모들에게 말이야. 그러나 우리보다는 너 자신에게 주는 상처가 더 많아. 우리 가족은 완전히 무너지지는 않았어. (…) 나는 의자에 웅크리고 앉아 내게 자기와 결혼해달라고 하던 작은 여자아이를 기억한단다. 방 건너편에서 아이의 어머니는 결혼해준다고 대답하라고 내게 신호를 보내고 있었지. (…) 우리는 그 딸의 어린 시절에 대해 행복한 기억이 많이 있어. 그 딸의 인생에 개입할 생각도, 욕구도 없단다. 하지만 가끔 그 아이가 보고 싶고 어떻게 지내는지 알고 싶구나. 어쨌든 우리는 이제 황혼이니까.

편지의 안타까운 말미는 수많은 말을 하고 있다. "부탁한다, 패티. 우리가 정말 사랑했고 그리워하는 딸에 대한 기억을 앗아가지 말아다오. 사랑한다, 아버지가."

레이건은 딸에게 화해를 간청하고 있었다. 나는 눈물을 쏟을 뻔했다. 그 외에도 더 있었다. 그 편지는 두 벌이었다. 패티의 설명에 따르면 레이건은 한 벌을 패티에게 보내고 다른 한 벌을 목장의 자기 책상에 보관했다. 목장에 보관했던 사본은 그가 세상을 떠난 뒤에 발견되었다. 우리는 두 버전 모두를 사서 되팔았지만, 레이건이 보관했던 것이 나를 감동시켰다. 편지에 담긴 생각, 놓쳐버린 것에 대한 상실감과 후회의 감정, 무엇보다도 그가 그 편지를 언제나 손닿는 곳에 두었다는 사실이 그랬다. 대통령이 마음 깊은 곳에서 인간적이 되는 순간, 공적인 순간이 아닌 누구도 쉽게 볼 수 없는 사적인 모습이었다.

가족의 유산을 파는 것은 힘든 일일 수 있다. 너무나 많은 감정이 얽혀 있기 때문이다. 귀중한 자료를 팔겠다고 결정하는 개인이나 가족을 지독하게 무신경한 부류라고 여기는 사람도 있다. 이런 비난은 정당하지 않다. 거의 모든 경우 가족의 유산을 팔기로 한 동기는 논리적이고 이성적이고 합리적이다. 가족의 보물을 관리하는 사람을 제외한 나머지 가족 구성원은 보물을 관리하는 일에 아무런 관심이 없는 경우가 대부분이다. 그렇기 때문에 보물 관리자는 관리자적 사고방식에 따라 보물이 적절하게 관리될 수 있는 집을 찾기를 바라는 것이다. 결국 한 상속자가, 아니면 상속자 그룹이, 아니면 유산 관리자가 그런 자료를 팔거나 기증하기로 결정하는 일이 흔히 벌어진다. 심지어 조지 워싱턴의 상속자들도 그의 문서를 의회도서관에 팔았다. 그때의 공개 판매에서 워싱턴이 취임식에 입었던 양복과 문서 수천 건이 뿔뿔이 흩어졌다. 사실 우리도 원래 판매물에 포함되었던 아이템을 몇 개 다루었다. 아인슈타인의 후손들도 그의 편지를 팔았다. 퍼스트레이디 이디스 루스벨트는 남편인 시어도어 루스벨트의 편지 여러 통을 선물로 주었고 선물을 받은 사람들 혹은 그들의 후손들이 편지를 팔았다. 우리도 그런 편지 중 몇 통을 다루었다.

레이건이 머피에게 보낸 편지가 내 눈에 들어왔을 때 나는 사람들의 눈을 끌고 관심을 키울 만한 물건이라고, 따라서 구입하고 판매될 수 있는 물건이라고 보았다(두 사람이 주고받기 위해 작성된 편지를 곁눈으로 흘낏 보는 외부인들은 항상 관음적 성향을 조금은 갖고 있다). 하지만 패티 데이비스가 가져온 편지는 완전히 다른 감정을 끌어냈다. 나는 가족 내의 사연에 끌려들어갔고 개성들이 종이에서 마구 튀어나왔다. 내 감정이 움직이면서 매우 공적인 인물에 대해 매우 사적인 시각을 갖게 되었다. 그 경험 덕분에 내가 우리 사업을 보는 방식도 미묘하게 변화했다.

이런 편지는 보편성을 가진다. 즉 필자와 수신자 너머 그들의 감정을 느낄 수 있다. 레이건의 편지지 너머 그의 고통을 보라. 패티가 내린 결정 너머 그녀의 분투를 보라. 당신 자신 속에서 대통령의 사랑을 보거나, 그 딸의 도전성과 독립성을 느껴보라. 이것이 영업인에 불과했던 나를 열정적인 역사 옹호자로 변신시켰다고 생각한다.

패티 데이비스의 편지는 아버지가 오랫동안 내게 가르치려 했던 핵심을 깨닫게 해주었다. 우리는 투자 상품이나 물건, 단순한 기념물을 파는 게 아니다. 우리가 파는 것은 의미 있고, 힘이 있고, 감정이 담겨 있을 때가 많은, 과거와의 연결이다.

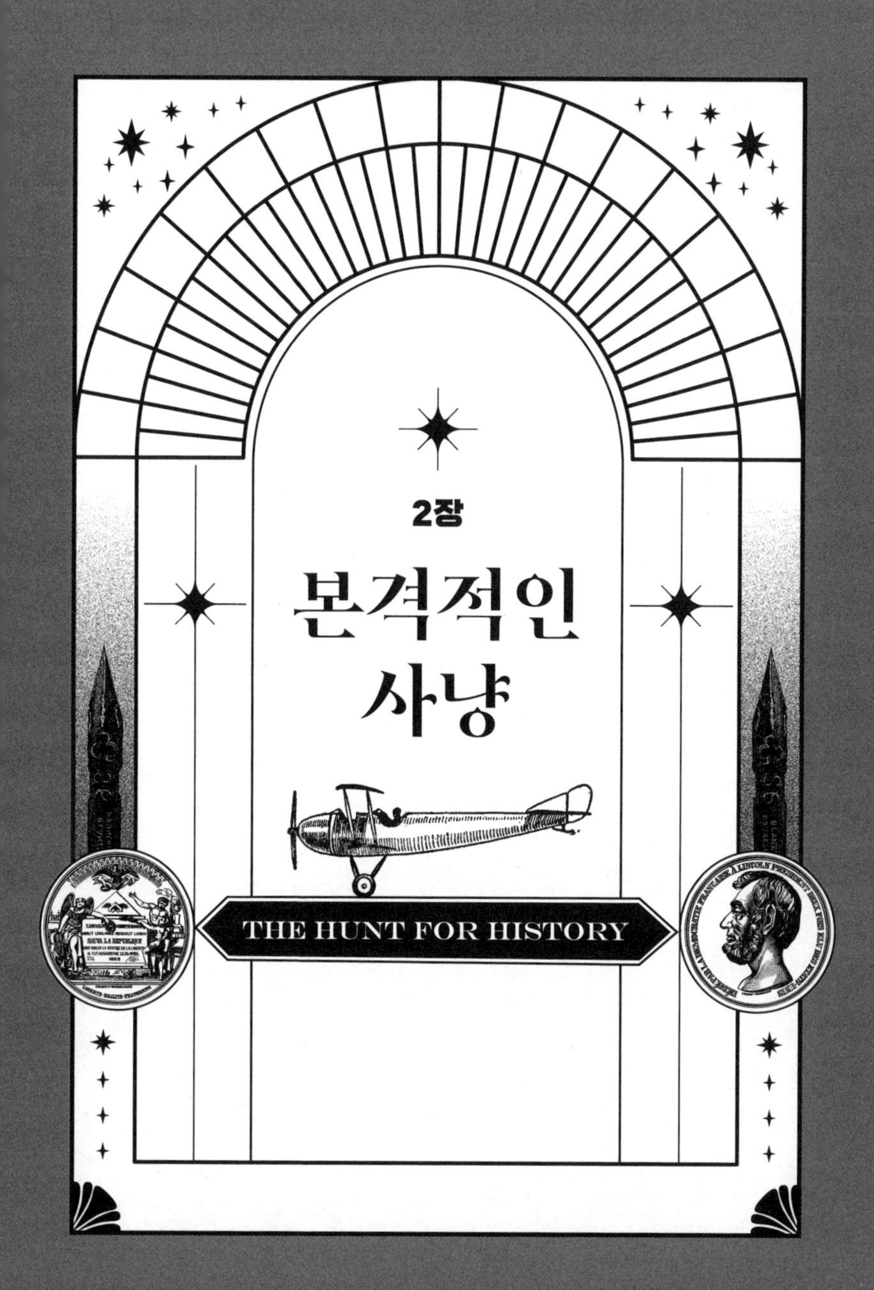
2장
본격적인
사냥
THE HUNT FOR HISTORY

8

위조가는 각자 고유의 스타일이 있다 : 조지 워싱턴 토지 조사도 미스터리

1771년, 서른아홉 살이던 조지 워싱턴은 버지니아주 마운트버넌에 있는 농장에서 토지 조사 작업을 하고 있었다. 그전 2년간 그는 넓은 땅을 구입하여 영토를 수백 에이커• 넓혔다. 그는 미사용 토지로 판단된 삼각형 모양의 땅을 발견하여 구입하고 싶어 했다. 그의 다른 토지와 가까운 곳에 있는 토지였다. 이 조사는 그 땅의 크기와 위치를 측량하여 해당 땅의 소유주이자 버지니아주 토지 허가를 담당하는 영국인 페어펙스 경에게 제출하기 위한 것이었다. 워싱턴에게 토지에 관한 권한을 내줄 수 있는 사람이 페어펙스 경이었다.

전쟁 영웅이었던 워싱턴은 1750년대에 있었던 프랑스 인디언 전쟁에서 부하 수백 명을 지휘했으며, 1760년대에는 버지니아 입법부의 일원이기도 했다. 결혼 10년 차인 그는 아내 마사가

• 1에이커는 약 4046제곱미터, 또는 약 1224평.

대니얼 파크 커스티스와의 첫 결혼에서 낳은 어린 두 자녀를 함께 키웠다. 커스티스는 1757년에 세상을 떠나 마사와 아이들에게 막대한 유산을 남겼다. 1만 8000에이커에 달하는 장원과 노예 84명도 거기 포함되었다. 워싱턴은 부유한 집안 태생이었지만 진짜 부자가 된 것은 결혼 덕분이었다.

마운트버넌 농장의 주 작물은 담배였지만 1760년대 중반에 담배 시장이 쇠퇴하자 나중에는 워싱턴도 담배를 포기하고 밀 경작으로 바꾸었다. 그는 대형 제분소를 지었고, 그 땅에서 리버 팜, 머디홀 팜, 도우그런 팜, 유니언 팜 등 여러 개의 농장을 경영했다. 워싱턴은 이웃에 있는 농장을 계속 구입하여 토지를 꾸준히 늘려갔다. 오늘날 미국에서 수학여행지로 각광받는 마운트버넌은 자영 농장과 그 주위에 워싱턴이 한 세대에 걸쳐서 축적한 필지들이 불규칙하게 모여 있는 부동산으로 구성된다.

그 전해에 도우그런 팜의 이웃에 있는 75에이커의 토지를 구입했을 때 워싱턴은 20.5에이커짜리 [삼각형] 토지에 대해 알게 되었다. 워싱턴은 페어팩스 경과 친해졌고 페어팩스와 같은 지위에 올라서기를 간절히 원했다. 사회적인 명성, 훌륭한 인맥, 지주. 워싱턴은 이런 요소 가운데 일부는 얻고 일부는 얻지 못했다. 하지만 영국 왕실이 범한 가장 큰 실수 가운데 하나는 워싱턴에게 왕실 장교 임명장을 주지 않은 사실일 것이다. 그렇게 했더라면 워싱턴은 미국의 애국자가 되지 않고, 독립전쟁에서도 그가 맡았던 역할을 하지 않았을 테니 말이다. 이제 워싱턴은 페어팩스의 땅에서 현재 사용되지 않는 구역을 조사했다. 그곳은 남쪽으로는 작은 강인 도우그런강에 막혀 있고 서쪽으로는 남서쪽으로 향하는 작은 지류인 핀시브랜치강으로 막혀 있는 곳이었다.

프런티어 지역의 지형에 대한 관리와 서쪽을 향한 끝없는 돌진은 토지 조사와 결부되어 있다. 땅에 대한 열정과 영토의 팽창은 미국 고유의 본성이라 할 만하다. 한 세기도 더 전에 프레드릭 잭슨 터너•는 에세이 「미국 역사에서 프런티어의 중요성The Significance of the Frontier in American History」에 이렇게 썼다. 우리의 민주주의는 서쪽으로 나아가는 프런티어의 팽창으로 형성되었다고. 말하자면 조지 워싱턴 같은 인물이 지도에 영토를 추가했다는 것이다.

터너에 따르면 "그러므로 프런티어의 전진은 유럽의 영향력에서 떨어져나가는 꾸준한 움직임, 미국이라는 전선戰線에서 독립의 꾸준한 성장을 뜻한다." 더 유명한 발언을 들자면, 터너는 프런티어라는 논지를 이렇게 요약했다. "주인 없는 토지가 계속 후퇴하며 미국인의 정착지가 서쪽을 향해 전진한다는 것이 미국의 발전을 설명한다."

워싱턴이 조사한 토지 중 일부는 그의 집에 가까웠고 일부는 서쪽으로 떨어져 있었다. 미국 대통령들 가운데 토지 조사에 열정을 쏟은 사람은 워싱턴만이 아니었다. 개척지에서 태어난 에이브러햄 링컨은 변호사가 되기 전에는 측량사였다. 그가 직접 손으로 작성한 측량도가 시장에 나오는 일은 드물지만 우리는 그중

• '프런티어 사관'으로 유명한 19세기 후반 미국의 역사학자. 터너는 1898년 시카고의 전미 역사학회에서 미국 역사의 가장 중요한 특징은 서부로 진출하여 국경을 확장하는 프런티어 정신에 있다는 논문을 발표함으로써 미국의 역사에서 서부의 중요성을 강조하는 새로운 역사관을 주장했다.

하나를 갖고 있다. 그런 것이 나타나면 높은 가격이 매겨진다. 미국 이야기에서 서쪽의 땅과 우리 국가 사이의 연대를 이해하려면 러시모어산을 보면 된다. 그곳에 새겨진 대통령은 모두 서쪽의 땅, 미국의 팽창과 관련이 있다. 워싱턴과 링컨은 측량사였다. 시어도어 루스벨트는 유명한 미국 서부 탐험가였고 국립공원 개척자였다. 다코타주의 목장에서 지내던 시절과 옐로스톤 여행은 전설로 남았다. 그리고 엄청난 대지주이자 농부였던 제퍼슨은 거센 반대를 물리치고 루이지애나 영토를 구입하기로 결론지음으로써 국토를 거의 두 배로 늘린, 선견지명이 있는 사람이었다. 그다음 그는 그곳을 탐험하도록 메리웨더 루이스와 윌리엄 클라크를 파견했다.

워싱턴은 젊었을 때부터 토지 조사를 시작했다. 그는 아버지의 측량 기계를 물려받았다. 열여섯 살 때는 페어펙스 경의 사촌이며, 마운트버넌 가까이(워싱턴은 바로 이웃이었다)에 있던 벨부아 영지의 주인인 조지 윌리엄 페어펙스의 초청을 받아, 버지니아 서쪽 지역으로 나가는 한 달짜리 장기 측량단에 합류했다. 이것이 계기가 되어 열일곱 살이 된 그다음 해에는 윌리엄앤메리칼리지의 위촉으로 새로 조성된 컬페퍼카운티를 측량하는 임무를 맡았다. 그가 사용한 측량 도구는 원주경circumferentor이라 불리는 컴퍼스로, 수직으로 세워진 조준경이 달렸고 삼발 위에 설치되었으며 기다란 금속 측량 사슬이 달려 있었다. 그는 200개가량의 지도를 작성했다.

사실 워싱턴은 왕이 파견한 식민지 대리인을 위해 지도를 제작하는 왕의 측량사, 즉 영국 왕의 충실한 종복이었다. 이 경력은 그가 프랑스와 싸우기 위해 영국군에 입대하면서 끝났지만 측량 기술과 토지에 대한 열정을 포기한 적은 한 번도 없었다. 그리고 마운트버넌 농장이 커지면서 그는 그 경계를 기록했다. 세월이 흐르는 동안 이 땅을 수없이 측량하면서 새로 얻은 토지와 다양한 농장과 토지를 표시했다. 그리고 이제 그는 하나를 더 만들려고 한다.

워싱턴이 조사 여행에 장비 외에 가져간 것은 펜과 종이뿐이었다. 그가 사용한 종이인 레이드지는 당시 방식대로 헌 직물로 만든 것으로 가로세로가 대략 8인치, 13인치•였다. 그는 페어펙스 경으로부터 구입하고자 하는 필지를 측량하면서 종이 위쪽에 지도를 그리고는 핵심적인 위치와 특징을 모두 표시하고 수치를 기입했다. 그 아래에는 땅을 묘사하고 정확한 길이를 기록했다.

> 위에 있는 것은 토지국의 허가로 조지 워싱턴이 그동안 실제 측량을 통해 알아낸 20.5에이커 넓이의 황무지와 주인 없는 땅의 도면이다. 그곳의 형태는 다음과 같다. 도우그런[북쪽에서 남쪽으로 흐르는 개울]이 굽어지는 모퉁이에서 약 4폴pole[로드rod라고도 알려진 단위, 4폴은 16.5피트]가량 떨어진 곳에 서 있는 큰 히코리 나무에서 시작하여 위에 언급된, 워싱턴이 조지 애시포드로부터 [1762년에] 구입한 필지까지 이어지며, 그곳에서 No. 86W 방향을(수정됨) 따라 직선으로 이어지다가 해리슨 페이턴트의 동쪽 길의 남쪽 35도와 교차하는 지점까지 연장된다.

• 8인치는 약 20센티미터, 13인치는 약 33센티미터.

스페니시 오크, 워터 오크, 스위트 검 등 여러 종류의 나무, 또 워싱턴 소유의 땅으로 합쳐진 여러 농장들이 언급되며 이웃들의 토지 경계선, 또 그것들이 어떻게 교차하는지가 설명된다. 끝에는 "위에서 설명한 것처럼 20과 2분의 1에이커와 현재 등록자가 소유하고 있는 토지 경계선 사이에 있는 혹은 있을지도 모르는 주인 없는 토지와 황무지"가 언급된다.

다른 말로 하자면 페어펙스 경이 워싱턴에게 이 20.5에이커의 소유를 허가한다는 것이다.

나무나 개울이나 바위 같은 자연을 이용한 경계 표시는 당시 영국이 채택했던 방식으로 영국의 표준적인 표기 시스템이었다. GPS와 더 정밀한 계산 방법이 나오기 이전에는 이런 표기법이 최선이었다. 나무가 넘어지거나 농부가 개울 물길을 바꿔버리면 어떻게 될까? 그 이유로 결국은 마일 단위를 채택한 정밀한 그리드를 사용하는 공공 토지 측량 시스템으로 넘어가게 되지만 그전까지는 17세기 펜실베이니아에서 윌리엄 펜 주지사가 확립한 자연을 이용한 경계 표시에 따라 토지를 증여해야 했다.

토지 조사는 거칠고 활기 넘치는 작업이었다. 또 신중하고 꼼꼼한 작업이기도 했다. 워싱턴은 세심하게 조사하여 토지의 특징들을 정밀하게 묘사했다.

여러 날에 걸쳐 이 초벌 조사를 마친 다음 다시 일을 시작하여 최종 조사를 준비했다. 조사도 초안에는 수정과 삭제 표시가 널려 있었지만 최종 결과물은 깨끗할 것이었다. 워싱턴은 초고를 남겨두고 페어펙스 경에게 승인을 받기 위해 최종 버전을 보냈다. 페어펙스 경은 워싱턴에게 20.5에이커의 땅에 대한 소유권을 허락했다. 여기까지는 이 조사도에 관련된 사연의 시작에 불과했다.

그로부터 240년도 더 지난 어느 날, 나는 한 거래상으로부터 이메일을 받았다. 그가 조지 워싱턴이 직접 그린 조사도 혹은 그 일부분을 구했다는 것이었다. "워싱턴이 직접 작성한 유일한 마운트버넌 조사도예요. 찰스 해밀턴이 서명한 진품 확인증이 딸려 있어요." 나는 자필 원고 분야를 다룬 해밀턴의 책에서 그 이름을 본 적이 있다. 이 책에서 코우지를 비롯한 여러 위조가들의 수작업을 처음 보았고 더 불쾌한 몇몇 위조가들에 대해서도 읽었다.

그 거래상은 진품 확인서인 COA Certificate of Authenticity를 함께 보냈다. 공인된 감정인의 스탬프. 이것이 워싱턴이 직접 작성한 유일한 조사도라고 한 거래상의 말은 틀렸다. 다른 사례도 있으니까. 그렇더라도 관심은 가질 만했다.

그 거래상은 마운트버넌 조사도를 내게 3만 5000달러에 팔겠다고 제안했다.

높은 가격이었지만 아예 터무니없는 숫자는 아니었다. 조지 워싱턴 조사도는 원하는 사람이 아주 많다. 하지만 시장에 나온 건수는 많지 않다. 서명이 된 것도 있고 안 된 것도 있다. 이번 것은 1771년에 작성된 것이며, 서명된 부분은 잘려나간 게 분명해 보였다. 원래는 있었을 지도, 즉 개념도schematic• 부분이 사라졌지만 토지에 대한 설명문 부분은 남아 있었다.

이 스릴 넘치는 발견물, 자신의 토지인 마운트버넌을 조사한

• 지형의 기본 구조만 표시한 지도 구성도.

"지금까지 이 나라 선한
백성들의 정직한 노력에
미소를 보여온 섭리는,
이 위기에 그들에 대한 지원을
철회하지 않을 것이라고
나는 믿는다."

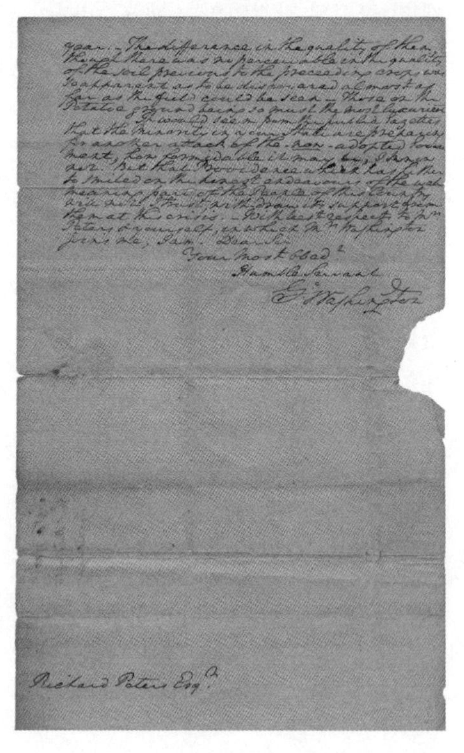
year. – The difference in the quality of them
though there was no perceivable in the quality
of the soil previous to the preceding crops, was
so apparent as to be discovered almost as
far as the field could be seen – those on the
Potatoe ground being so much the most luxuriant.
It would seem from the public Gazettes
that the minority in your State are preparing
for another attack of the now-adopted Govern-
ment, how formidable it may be, I know
not. But that Providence which has hither-
to smiled on the honest endeavours of the well
meaning part of the People of this Country
will not I trust, withdraw its support from
them at this crisis. – With best respects to Mrs
Peters & yourself, in which Mrs Washington
joins me, I am, Dear Sir
Your most obedt
Humble Servant
G° Washington

Richard Peters Esqr.

조지 워싱턴은 왕을 섬기는 토지 조사원이었고, 이 시기에 그가 작성한 문서들은 최고의 가격을 받을 수 있다. 하지만 우리가 발견했듯이, 위조가들의 관심도 불러들인다. 이 진품 편지는 그의 토지 조사 작업에 관한 내용을 담고 있는 동시에 국가의 성장에 대해 신을 찬양한다.

워싱턴의 희귀한 토지 조사도는 진정한 역사적 가치를 지닌 물건이었다. 나는 신속하게 공식 기록을 조사하여, 그 토지 조사도가 최근 진품확인서를 갖췄음을 내세워 대규모 공공 경매에 나왔던 적이 있음을 알아냈다.

한마디로 그 토지 조사도는 대규모 경매회사를 통과했고 이 분야의 존경받는 인물로부터 진품임을 인정받은 확인서도 갖췄다. 하지만 뭔가가 어긋난 느낌이 들었다. 그 종이는 질감은 옳았지만 크기가 잘못되었다. 손글씨도 뭔가 어긋나 있었는데 그 방식이 내 눈에 익숙했다. 글자 가장자리가 너무 흔들렸다. 너무 이상하게 구겨져 있었다. 글자는 고르지 않고 억지로 쓴 것 같았다. 또 줄이 곧지 않았다. 18세기 사람들은 종이에 줄이 없더라도 줄이 있는 것처럼 글을 곧게 쓰도록 훈련받았다. 또 언뜻 이런 생각도 들었다. 왜 종이에 잉크가 흘렀을까? 나는 한 번 더 살펴보았다. 가끔은 마치 입에 나쁜 맛이 느껴질 때 그렇게 하듯, 첫 느낌이 잠시 행동을 멈춘 채 생각을 하고 더 멀리 내다보게 만든다. 방금 내가 먹은 게 뭐지?

종이 전체를 눈으로 쓸어보면서 다른 원본을 통해 예상할 만한 내용과 지금 보고 있는 내용이 일치하지 않는 점을 찾아본다. 행간이 잘못되었는가? 낯선 글씨체인가? 글자가 빽빽하게 들어차 있는가? 서명이 관례를 벗어난 형태인가? 잉크가 흘렀는가? 종이가 적절한 크기인가? 뭔가가 틀렸다는 깊은 육감이 느껴진다. 그것만으로도 확대경을 꺼내어 어두운 구석을 살펴보게 하는 이유로 충분하다.

내가 느낀 의혹에서 이 물건이 무엇인지 찾아내려는 여정이 시작되었다. 나는 즉시 동료인 미셸 리 실버맨에게 연락했다. 그녀는 워싱턴 D.C.에 본부를 두고 있는, 초기 미국사에 집중한 도서관이자 박물관인 신시내티 협회에서 일했다. 그녀는 오랫동안 마운트버넌의 큐레이터로 일하면서 워싱턴 관련 자료의 위조에 관심을 쏟았다. 그녀와 나는 항상 우리가 접한 문서에 관해 의견을 주고받는다. 그녀는 그런 대화를 아주 좋아한다.

나는 미셸에게 1771년에 작성된 워싱턴 조사도의 사진을 보내 어떻게 생각하는지 의견을 구했다. "여기에는 일관되지 않은 점이 좀 있어요. 당신처럼 나도 조지 워싱턴의 것이라는 확신이 들지 않아요." 그래서 우리는 파고들기 시작했다. 설사 위조품이라고 해도 형편없는 수준은 아니었다. 누군가가 그걸 만들려고 시간을 들였을 것이다. 쉽게 만들어낼 수 있는 물건이 아니다. 또 현대에 위조된 것도 분명히 아니다. 위조된 지 오래된 물건이다.

우리가 조사 과정에서 처음 밝혀낸 것은 1771년 워싱턴 조사도의 또 다른 판본이 1994년에, 그리고 2004년에 또다시 크리스티 경매장에서 팔렸다는 사실이다. 가격은 13만 달러를 조금 넘었다. '크리스티 버전'에는 내게 판매 제의가 온, 위조물로 의심되는 버전과 똑같은 삭제 표시와 수정 부분들이 있었다. 다만 크리스티 버전에는 체계적인 필지 도표가 여전히 남아 있고 서명도 있었다. 내게 온 버전은 '지도'가 잘려나간 중간 부분인 것으로 보인다. 수상하다.

물론 워싱턴이 1771년에 토지를 조사할 때 초안을 하나 이상 작성했을 수도 있다. 아마 그가 초안을 쓰고 수정을 한 후, 그 수정본을 다른 종이에 필사하고, 거기에 두 번째 수정을 한 다음 최종본 하나를 더 만들었을 수는 있다. 그런데 도대체 세상 어디에 똑같은 수정 사항이 표시된 초안 두 장이 있을 수 있을까? 내가 시장에서 그런 사례를 한 번도 본 적이 없다는 사실은 차치하더라도 말이다. 어떤 문헌의 진위 판정을 할 때는 가끔 경험 외에 논리도 고려해야 한다. 논리적으로 생각할 때 어떤 문헌의 개략적인 초안을 만든 다음 똑같은 삭제 표시를 똑같은 지점에 써넣은 똑같은 초안을 또 작성하겠는가? 아닐 것이다. 편집한 부분을 최종 버전에 반영할 것이다.

또 다른 문제가 있다. 크리스티 버전에 있는 손글씨는 확연히 다르다. 들쑥날쑥하지도 빽빽하지도 않았다. 글줄은 자로 댄 것처럼 곧았다. 진품으로 보였다.

그다음에 발견한 사실이 있다. 소더비 경매장에 1771년 워싱턴 마운트버넌 조사도의 또 다른 버전으로 보이는 것이 나왔다. '소더비 버전'은 아름다운 작품이었다. 최종 버전이라면 으레 그럴 것으로 예상되듯이, 삭제 표시도 없었다. 그것은 2007년에 공개적으로 되팔렸다(수집가들은 자신의 컬렉션을 발전시키면서 수시로 팔고 산다. 크리스티의 초안과 소더비의 최종본 모두 소유주가 여러 번 바뀌었다. 내가 아는 한, 현재 그 두 문서 모두 같은 사람이 소장하고 있다).

같은 시기에 나는 신시내티 협회의 미셸로부터 연락을 받았다. 그녀는 또 다른 버전의 조사도를 발견했다고 했다. 콜로니얼 윌리엄스버그[박물관]Colonial Williamsburg의 소장품이었다. 그곳에도 독립전쟁 시대와 그 이전 시대의 문헌과 물건을 모은 중요한 컬렉션이 있다.

동일한 워싱턴 조사도의 네 번째 사본인가? 상황은 점점 더 이상해졌다. 미셸은 내게 네 번째 버전의 사진이 실려 있는 콜로니얼 윌리엄스버그의 웹사이트로 연결되는 블로그 링크를 알려주었다. 네 번째 버전은 또 다른 초안이었고 거기에도 '지도가 잘린 버전' 그리고 '크리스티 버전'과 거의 동일한 삭제 표시와 수정이 있었다. 그러니 이제 우리에게는 똑같은 초고 문서가 셋 있는 것이다. 앞에 나온 것 둘과 윌리엄스버그 사본이다(그리고 소더비에서 팔린 최종본도).

윌리엄스버그 사본에 있는 글씨체는 내가 이메일로 받은 것의 글씨체와 일치했다. 똑같은 곡선, 구겨진 스타일, 울퉁불퉁한 선. 두 경우 모두 잉크가 살짝 흘렀는데 이는 위조 가능성을 나타낸다. 새 잉크가 오래된 종이(위조가들이 구할 수 있을 만큼 흔하다)에 묻으면 약간 흐를 수 있다.

나는 미셸에게 말했다. "콜로니얼 윌리엄스버그에 있는 것이 위조품인 것 같아요. 내가 보고 있는 물건을 위조한 사람이 윌리엄스버그의 것도 위조했을 거예요. 같은 손이 만들었어요."

이제 우리 앞에는 범죄에 연루된 좀 특이한 사실이 놓여 있다. 우리는 위조가가 어떤 방법으로든 초안 원본, 즉 크리스티에서 팔린 초안이나 경매 카탈로그에 실린 사진을 보고 위조 버전을 최소한 두 개 만든 것으로 판단했다. 나는 마운트버넌에 연락해서 파크-버넷 갤러리라는 회사(지금은 소더비에 병합)의 1946년 경매 카탈로그에 실린 조사도의 사진을 받았다. 그 카탈로그에는 이 초안이 1931년 미국예술연합/앤더슨 갤러리에서 처음 팔렸다고 기록되어 있는데 아마도 그 갤러리의 카탈로그에도 조사도의 초안

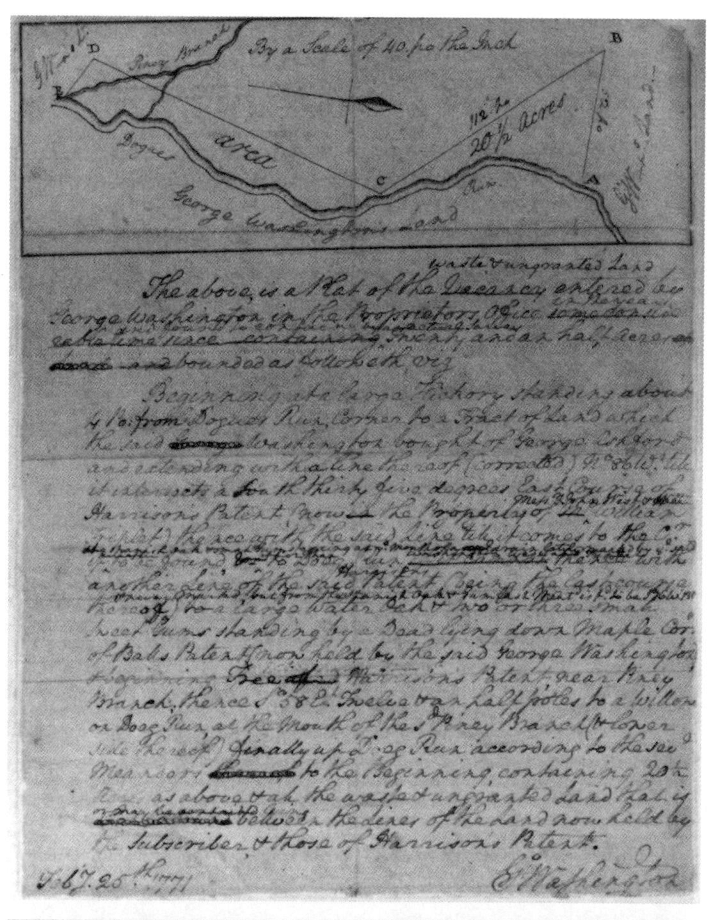

The above is a Plat of the Vacancy (waste & ungranted Land) entered by George Washington in the Proprietor's Office ... containing Twenty and an half Acres and bounded as followeth, viz

Beginning at a large Hickory standing about 4 Po: from Dogues Run, Corner to a Tract of Land which the said Washington bought of George Ashford and extending with a line thereof (corrected) N° 86 W.t till it intersects a South thirty five degrees East Course of Harrison's Patent (now the Property of Mess. John West & William Triplet) thence with the said Line till it comes to the Cor. ... to be found, or to Dogue Run ... thence with another Line of the said Patent (being the last course thereof) to a large Water Oak & two or three small Sweet Gums standing by a Dead lying down Maple Cor. of Ball's Patent (now held by the said George Washington) ... Harrison's Patent near Piney Branch, thence S 58 E. Twelve & an half poles to a Willow on Dogue Run at the Mouth of the s.d Piney Branch (& lower side thereof) finally up Dogue Run according to the sev.l Meanders to the Beginning, containing 20½ Acres as above & all the waste & ungranted Land that is between the Lines of the Land now held by the Subscriber & those of Harrison's Patent.

Feb. 25th 1771 G Washington

Beginning at a large Hickory standing about 4 Po: from Dogues Run, Corner to a Tract of Land which the said Washington bought of George Ashford and extending with a line thereof (corrected) N° 86 W.t till it intersects a South thirty five degrees East Course of Harrison's Patent (now the Property of Mess. John West & William Triplet) thence with the said Line till it comes to the Cor. ... to be found, or to Dogue Run ... thence with another Line of the said Patent being the last course thereof to a large Water Oak & two or three small

워싱턴 측량도 사진.
조지 워싱턴 조사도 진품(위쪽)과 위조된 사본(아래쪽).

이 실려 있었을 가능성이 있다. 위조가는 이런 카탈로그 하나를 받아서 눈으로 보며 레이드지에 베꼈을지도 모른다. 위조된 버전은 종이를 대고 베낀 것이 아니라 눈으로 보고 모방한 것이다. 행이 고르지 않고, 행간이 잘못되었으며, 누락된 부분들이 있고, 페이지 구성이 다르다는 데서 그런 사실을 알 수 있다.

지도가 잘려나간 버전과 윌리엄스버그 버전은 만든 사람이 같다. 크리스티 버전과 소더비 버전도 같은 사람의 손에서 만들어졌다. 뒤의 둘은 진품으로 워싱턴 글씨체의 따뜻함과 힘을 갖고 있다. 다른 둘은 기만이라는 느낌을 내게 준다.

그러면 이제 용의자를 알아보자. 처음에 내가 찍은 사람은 로버트 스프링이었다.

영국인인 로버트 스프링은 미국으로 이주해 1850년대 후반에 필라델피아에서 작은 서점을 열었다. 그는 진품을 팔았지만 위조물을 섞어 진품을 '보완'했다.

스프링은 위조에 재능이 있었다. 그의 후계자인 조지프 코우지의 것도 그렇지만 지금도 그가 만든 위조물이 돌아다닐 정도로 재능이 있었다. 사람들은 '스프링의 작품'을 보면서 자기들이 진품을 가졌다고 생각한다. 스프링은 미국 최초의 자필 원고 위조자였다. 그는 우리가 과거의 위대한 남녀들과 가까워지고 싶어 하는 열정을 이용하여 이득을 챙길 수 있음을 처음 깨달은 사람이었다. 가장 많이 쓴 방식은 진짜 자료를 옆에 놓고 사본을 만드는 것이었다. 고서의 글이 없는 페이지나 편지지에서 글자가 쓰이지 않은 부분을 잘라내어, 시대에 맞는 종이를 구했다. 그렇게 해야 진품 종이라고 느껴질 테니까. 그는 사람들을 속이기 위해 종이에 제대로 묻는 잉크를 사용했다.

여러 사람의 자필 원고를 위조했지만 스프링의 전문 분야는 워싱턴 문서였다. 스프링이 만든 것은 전형적으로 두 형태 가운데 하나였다. 스프링은 워싱턴이 대출과 예금 취급소Office of Discount and Deposit• 볼티모어 지점에서 발행한 수표나 미국 독립전쟁 기간에 아메리칸 철도가 발행한 통행권을 사용했다. 스프링의 천재적 수법은 필라델피아 주민들에게 접근하여 자기 선조의 이름이 담긴 통행권을 내미는 것이었다. 구매자들은 행운이라는 생각에 제대로 알아보지도 않고 바로 그 전날 밤에 작성된 문서를 사게 된다. 찰스 해밀턴은 목적지란에 라마포Ramapo••라고 적힌 그 통행권들이 모두 진품이었더라면 미국 역사상 최초의 교통 정체가 발생했으리라고 농담했다.

빅토리아 시대가 흘러가면서 수집에 대한 관심은 계속 늘어났다. 셰익스피어에 관한 관심이 치솟고 그에 대한 이상한 주장들이 늘어나면서 빅토리아 시대 사람들은 아이디어를 하나 냈다. 오래된 교회, 지역의 문서고 등을 뒤져 그의 자필 원고를 찾아내는 것이다. 그들은 셰익스피어가 여러 사람을 합친 가공의 인물이라거나 아예 실존 인물이 아니라는 이론들을 물리치기 위해 그가 남긴 보물을 찾아다녔다. 그 이론들을 인정한다면 영어라는

• 18세기 말에서 19세기 초반 사이에 미국에서 운영되던 일종의 은행 지점 또는 분점 비슷한 형태.

•• 뉴욕주 로크랜드카운티에 속하며 뉴저지주 오렌지카운티에 면해 있는 소도시.

언어는 그들의 영웅인 음유시인을 빼앗기게 되고 역사 기록을 고통스럽게 모두 다시 써야 한다. 이 사냥은 결국 성공하지 못했지만 이를 계기로 자필 원고든 과학 표본이든 물건을 모으는 일에 당대인들의 관심이 급증했다.

스프링은 이런 분위기를 알아차리고는 불법적 사업을 시작했다. 적어도 한동안은 합법적인 자필 원고 사업을 불법적인 사업과 병행했다. 미국 자필 원고 분야에 처음 등장한 진지한 거래상은 월터 R. 벤저민이었다. 그의 아버지는 작가인 파크 벤저민이었다. 월터는 문학적 분위기 속에서 자랐다. 헨리 워즈워스 롱펠로, 아니면 율리시즈 S. 그랜트가 거실에 앉아 있기도 했다. 월터는 이런 위대한 인물을 볼 때마다 전율을 느꼈고 거기서 영감을 얻어 1880년대에 자필 원고 거래 사업을 시작했다. 그는 자필 원고가 이따금씩 도서 경매에서 갑자기 튀어나오는 품목이 아니라 그 자체만을 위한 시장이 있을 거라고 판단했다.

1869년 스프링이 위조죄로 재판을 받을 때 그의 작업 절차가 간단하게 설명되었다. "그는 어떻게든 진품 편지를 입수하여, 종이 한 장에 베낀다. 오래된 느낌을 주기 위해 커피 가루로 물들여둔 종이다. 가짜 편지는 메모와 함께 좋은 책들을 소장한 신사에게 발송된다. 메모에는 그 편지의 필자가 돈이 필요한 상황이며 만약 이 자필 편지를 갖고 싶다면 어떤 주소로 돈을 보내라고 되어 있다. 그는 10달러에서 15달러 사이의 돈이 들어 있는 답장을 많이 받았다. 가짜 편지는 이 도시에서 2, 3마일• 이내에 있는 여

• 약 3.2~4.8킬로미터.

러 우체국에서 발송되었다."

스프링은 캐나다로 달아났다가 볼티모어로 돌아와 사업을 시작했고 토머스 '스톤월' 잭슨의 딸로 신분을 위장하여 수집가들에게 편지를 보냈다. 그의 딸이 돈이 필요하여 일가족의 편지를 팔아야 하는 상황이라고 말이다. 스프링은 그 정도의 위장 신분만으로 위조 편지를 수백 장 만들어냈다. 그는 재판에서 유죄 판결을 받고 수감되었다.

그렇다면 스프링이 이 1771년 워싱턴 조사도 사본을 만들었을까?

나는 내가 처음 받은 인상 그리고 사실처럼 보이는 것들을 다시 살폈다.

이것이 위조라는 내 판단이 옳다고 믿었는가? 그렇다, 분명하다.

이것이 스프링의 작업인가? 위조는 어떤 경우든 본인의 실제 글씨체가 아니라 다른 누군가를 모방한 산물이라는 점에서 일관성이 결여되어 있다. 위조가가 누구인지가 반드시 분명한 것은 아니다. 하지만 모든 위조가는 어떤 일관성을 지닌 각자의 고유한 스타일이 있다.

그래서 우리는 단서들을 계속 추적했다. 둥글둥글한 글씨체는 좀 비슷해 보였다. 하지만 닮지 않은 점들이 내 신경에 거슬렸다.

나는 콜로니얼 윌리엄스버그에서 특별 컬렉션을 담당하는 사서와 만날 약속을 잡았다. 어렸을 때 부모님과 함께 그곳에 갔던 일이 기억났다. 어른이 되어 돌아가야 할 핑계가 생긴 것이 반가웠다.

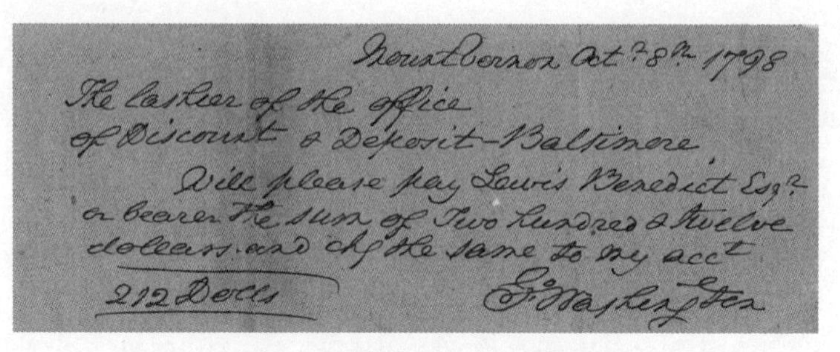

Mount Vernon Octr 8th 1798
The Cashier of the office
of Discount & Deposit—Baltimore,
Will please pay Lewis Benedict Esqr
or bearer the sum of Two hundred & twelve
dollars and chg the same to my acct
212 Dolls
G Washington

로버트 스프링이 위조한 조지 워싱턴 문서.

카렌과 나는 더그 메이요를 만났다. 연구 사서인 그는 소극적이지만 우호적인 사람으로, 팔꿈치에 노란색 천을 덧댄 트위드 블레이저를 입고 있었다. 그는 우리를 뒤쪽으로 데려가서 긴 탁자에 앉혔다. 그러고는 폴더 하나를 갖고 나왔다. 그 도서관이 소장한 1771년의 워싱턴 조사도였다.

윌리엄스버그 버전의 조사도를 살펴보다 보니 문제점이 많았다. 우선 잉크가 흘러내린 흔적은 이전 시대의 종이에 엉뚱한 시대의 잉크가 사용되었다는 뜻이다. 자료의 크기(7¾×10인치)는 당시 서류에 실제로 쓰이던 더 큰 종이의 규격(8×13인치)이 아니라 통상 쓰이는 일반 종이에 가까웠다. 하나는 긴 형태인 반면 다른 하나는 정사각형에 가까웠다. 허술한 실수도 있었다. 카렌은 나를 돌아보더니 우리가 진품이라고 생각한 버전에서는 워싱턴이 지도에 A, B, C, D지점을 표시해둔 것이 보인다고 지적했다. 하지만 윌리엄스버그 자료에는 A지점이 없었다. 이것은 숙련된 측량사라면 저지르지 않을 오류다.

윌리엄스버그 조사도의 글씨체는 아래위로 기복이 있었다. 조사도에 그려진 강물의 지류 하나가 통째로 빠져 있었다. 종이에는 워터마크가 없었다. 워터마크가 있으면 헌 옷감을 원료로 한 종이였더라도 언제, 어디서 만들어졌는지 더 잘 알 수 있다.

내가 그곳에 갈 때는 윌리엄스버그 소장본이 위조임이 거의 확실하다고 생각했는데, 떠날 때는 그것이 틀림없는 위조라고 생각하게 되었다. 처음에 내게 조사도를 보여준 거래상은 결국 그것을 마운트버넌의 컬렉션에 기증하고 말았다. 마운트버넌에서 그 조사도를 위조물로 받아주었다. 나는 그 정도면 충분히 입증되었다고 생각했다.

그렇다면 협의자는 누구인가? 스프링일까?

아마 스프링은 아닐 것이라는 게 내가 내린 최종 결론이었다. 여러 해 전에 내가 밝혀낸 링컨 문서처럼(처음에는 코우지가 범인이라고 생각했다) 새로 발견된 위조가의 솜씨였다. 이제껏 스프링이 위조한 조사도가 나타난 적은 한 번도 없다. 스프링의 위조는 더 뛰어나서 기울어지고 흐르고 구겨지고 누락된 요소가 이렇게 많지 않다. 서명은 스프링의 솜씨치고는 전부 틀렸다. 그리고 이건 통행권이나 수표를 베낀 것이 아니었다. 글씨체는 비슷했지만 똑같지 않았다. 게다가 문서의 잉크 흐름이 스프링에 비하면 아마추어 수준이었다.

나는 이 발견이 가진 의미를 생각해보았다. 그 의미는 이 자료 하나가 담을 수 있는 정도를 넘어섰다. 내게 이 발견은 나 자신이 발전했다는 표시였다. 도움 없이는 워싱턴의 편지를 제대로 읽지도 못하던 시절에서 여러 해가 지나 이제 나는 여러 세대를 속여온 위조의 낌새를 첫눈에 알아냈다. 몇 년 전이었다면 확대경을 꺼내서 문건을 뒤집어보고 이 편지 저 편지를 비교해봐야 했겠지만 지금은 처음 느낀 육감이 나름의 진위 판정 형식이 된 것이다. 추가 조사가 몇 개월간 진행되었지만 첫 순간 내가 '느낀' 점을 확인해주는 것에 불과했다.

뛰어난 위조에는 분명히 숙달된 기술이 필요하다. 그렇다면 위조가는 예술가인가? 아니면 단지 도둑인가? 아니면 둘 다인가? 위조가는 기술은 갖고 있지만 도둑이라고 나는 판단했다. 왜? 물론 위조가는 자신의 소유가 아닌 것은 가져가지 않았다. 대신 뭔가를 팔고 대가로 돈을 받았다. 그렇다, 그래도 그는 훔쳤다. 위대한 인물에 대한 우리의 애정을 훔쳐다가 위조물에 갖다 붙였다.

이번 경험은 해밀턴의 책을 읽고 이 업계에 첫발을 디딘 그날로부터 그가 낸 진위 판정 확인서에 도전하기까지 걸어온 과정의 근사한 마무리가 되어주었다. 그 문서를 팔겠다고 제안하고 카탈로그에 실은 경매회사는 직접 진위 여부를 조사하지 않고 진위 판정 확인서만 믿었다. 경매회사 구매자는 확인서를 받고도 위조품을 샀지만, 크리스티나 소더비의 구매자들은 그런 확인서를 받지 않았는데도 진품을 샀던 것이다.

여러 달 뒤에 나는 멜리사 매카시가 출연한 영화 「날 용서해줄래요?Can You Ever Forgive Me?」를 보러 갔다. 실화를 바탕으로 한 영화다. 매카시가 맡은 배역인 리 이스라엘은 문인들의 서신과 자필 원고를 위조하는 방법을 익히고는 여러 숙련된 서적 거래상을 속여 위조품을 판 사람이었다. 1990년대에 실제 벌어졌던 일이다. 영화의 끝부분에서 그녀는 희귀 도서 서점에서 자필 원고 하나를 보고 있었다. 자신이 위조한 것이었다. 거래상은 이렇게 말하면서 그녀를 안심시킨다. "진위 판정 확인서가 있어요." 그녀는 그 자리에서 서점 주인을 돌아보며 말한다. "그 확인서에도 진위 판정 확인서가 있나요?"

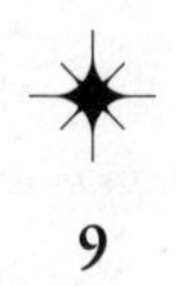

9

"그냥 이것들을 아끼기 때문이에요"
: 소유주의 마음

넬슨 경은 영국 해군의 지휘관 위치에 오르자 자신의 멘토였던 돌아가신 삼촌에게 경의를 표했다. 횃불을 넘겨받은 것에 대한 감사의 표시였다. "친애하는 삼촌이 내게 남긴 임무, 내 나라를 섬기는 그 자리에 복무할 자격이 있음을, 나는 행동으로 부단히 입증해나갈 것입니다."

내 수습 기간이 끝났음을, 이제 내가 아버지, 어머니와 대등한 파트너가 되었음을 깨달았던 순간은 그처럼 거창하게 찾아오지 않았다. 그 일은 천천히 진행되었다. 부모님은 내게 업무를 맡기고 메인주에 있는 여름 별장에서 더 많은 시간을 보내셨다. 앞에서 설명했듯이 나는 회사 이름을 바꾸고 웹사이트를 열었다. 라브 컬렉션은 고급 물품을 다루는 사업이었고 이제 회사 성격은 그런 방면으로 규정되었다. 나는 소규모의 현대미술품 박물관인 워싱턴 D.C.의 필립스 컬렉션Phillips Collection에서 영감을 얻어 그곳을 본보기로 삼았다. 그곳의 컬렉션은 보석 같았다. 큐레이션이 훌륭했고 아름다웠다. 결코 스미스소니언 수준은 아니었지만 그럴 필요도 없었다. 당시 우리의 모델은 뛰어난 큐레이션 능력을 갖춘 중소 규모의 사업이었다. 나는 가족들의 노동만으로 운영되는 소자본 사업을 운영하고 싶지 않았다. 운영 방식을 바꾸기로 했다. 우리 회사는 카탈로그 사업보다는 미술 갤러리나 작은 박물관과 더 비슷해질 것이다. 인터넷상에서 우리 존재가 커지던 중이었으므로, 이제 나는 우리 이름이 뉴스에 올라가는 것을 목표로 삼았다.

가족 사업은 두 세대 사이의 권력 배분 문제로 인해 흔들리는 경우가 많다. 하지만 부모님은 기꺼이 나를 대등한 존재로 인정했다. 내가 배를 침몰시키지 않으리라는 확신이 있었던 것이다! 지금 우리는 이런 방식으로 사업을 운영한다. 카렌과 내가 일상 업무를 보고, 부모님도 여전히 많이 관여하신다. 중요한 일은 네 사람이 다 같이 회의해 결정한다.

하지만 나에게 일어난 진정한 변화는 재정 운영이나 브랜드 전략 결정, 자료의 진위 판정 같은 세속적이거나 실질적인 분야에서 일어난 것이 아니었다. 그보다는 좀더 포착하기 힘든 분야였다. 나는 역사를 다루는 이 업계의 감정적이지만 형체 없는 핵심으로 다가갈 나만의 길을 발견했다. 무엇 때문에 사람들이 역사와 위인들이 남긴 물질적인 흔적들을 추적하는 데 관심을 갖는지 이해하게 되었다. 이런 물건과 종잇조각들이 왜 그런 힘을 가지는지 말이다. 이것은 쉬운 수업이 아니었고 남이 가르쳐줄 수 있는 것도 아니었다. 스스로 알아내야 한다.

다음은 내가 자주 떠올리는 사연이며 나를 성장시킨 경험이다. 80대 중반인 어떤 남자가 역사적 문서 컬렉션을 팔고 싶다면서 내게 연락해왔다. 그의 설명에 따르면 상당히 큰 컬렉션으로 수량은 30건 정도였고 일부는 흥미로웠다. 그는 엘리너 루스벨트의 편지와 르누아르, 모네 등 인상주의 화가들의 편지를 갖고 있었다. 돌이켜보면 그 컬렉션은 그리 기억에 남을 만한 것은 아니었다. 흥미 있는 것들이 상당수 있기는 했지만 중요한 문서는 아니었고, 대단한 계획이나 흥분감 없이 구입할 수 있는 종류의 것들이었다.

나는 뉴저지 근교에 있는 그 남자의 집으로 차를 몰고 갔다. 안락한 다층 주택은 1970년대 스타일로 바닥 전면에 좀 두터운 카펫이 깔려 있었다. 신경 써서 꾸몄지만 30년쯤 전으로 돌아간 듯한 인상을 주었다. 놀랍게도 주인은 자신의 컬렉션 전체를 액자에 넣어 벽에 걸린 상태로 전시하고 있었다. 그의 집에 들어가면 프랭클린 루스벨트의 편지가 오른쪽에서 맞아준다. 계단을 올라가자면 조지 워싱턴과 조지 버나드 쇼의 편지를 지나가야 했고 꼭대기 계단에는 클로드 모네의 편지가 있었다. 한 바퀴 돌아가면 그쪽 벽에는 르누아르의 편지가 엘리너 루스벨트, 제임스 매디슨의 편지와 함께 걸려 있었다.

이 컬렉션은 분명히 그 남자에게 중요했다. 그 문서들은 아내의 도움을 받아 세심하게 배치된 것으로 벽에 몇십 년간 걸려 있었다.

그의 아내가 내게 쿠키를 내놓는 동안 나는 컬렉션을 한 점 한 점 살펴보았다. 그때는 대규모 컬렉션을 나 혼자서 진위 판정을 하고 구입하기 시작했을 때였다. 편안한 마음으로 일할 수는 있었지만 여전히 조심스러웠다. 착오를 범한다면 비싼 대가를 치러야 할 것이다. 나는 문서들을 오랫동안 살펴보았다. 좋은 물건(이를테면 난 이제껏 모네나 르누아르의 편지는 한 번도 산 적이 없었다)이 많이 있었다. 하지만 편지 속의 프랑스어 문장을 읽어보아도 특별한 내용은 없었다. 그렇기는 해도 그 컬렉션이 마음에는 들었고 돈을 벌 수 있겠다고 느꼈다. 그리고 사고 싶기도 했다.

전부 다 살펴본 뒤 나는 밖으로 나와 아버지에게 전화를 걸었고 얼마를 내야 할지 의논했다. 2만 5000달러면 적절하다고 우리는 결론지었다.

나는 집으로 돌아가서 그 남자에게 컬렉션의 가치에 대한 내 생각과 예상 가격을 말해주었다. 협상을 조금 해야겠지만 쉽게 흥정할 수 있을 거라고 생각하면서. 하지만 그의 반응은 도저히 잊을 수 없는 것이었다.

그 남자는 한마디도 하지 않았다. 언뜻 보기에도 심리적인 동요가 컸다. 완전히 무너진 것 같았다. 그는 계단 맨 아래에, 토머스 제퍼슨이 서명한 작은 문서 아래에 놓여 있던 자그마한 나무 의자에 거의 주저앉다시피 했다. 한숨을 쉬었고 멍하니 앞쪽을 바라보았고 의자 속으로 푹 꺼져 들어갔다.

직접 보지 않았더라면 나는 어떤 상황인지 알아차리지 못했을 것이다. 남자가 그 순간에 휩싸인 감정은 내가 그와 함께 있지 않았더라면 몰랐을 그런 것이었다. 나는 그가 사랑하는 어떤 것, 아무리 높은 가격을 불렀어도 부족했을 어떤 것에 가격을 매긴 것이다.

내 제안은 아주 공정하고 합리적이었다. 나는 그가 그런 막막함을 느낀 것이 컬렉션에 많은 돈을 들였기 때문은 아니었다고 생각한다. 그보다는 평생 그 문서들을 수집하며 살았기 때문이었으리라. 이것은 중요한 차이다.

우리는 가격에 합의했고 그는 한마디도 더 하지 않았다. 내게 화난 것은 아니었고 그저 공에서 바람이 빠진 것 같았다. 그의 심장이 쪼개졌다. 그의 아내가 나를 옆으로 잡아당기더니 말했다. "남편의 반응에 신경 쓰지 마세요. 그냥 이것들을 아끼기 때문에 저러는 거예요."

나는 각 문서를 벽에서 떼어내어 내 차에 실었다. 그곳을 떠나기 전에 몸을 돌려 그 텅 빈 벽을, 물건들이 있던 먼지 묻은 창문들을 바라보았다. 그 아래, 아무 문서도 없는 벽 아래 놓인 의자에 그가 앉아 있었다. 계속 멍하니 앞을 바라본 채로.

나는 그 남자에 대해 내내 생각한다. 그의 컬렉션을 사지 말았어야 했다고 생각했을 정도다. 그의 상심이 너무 컸다. 직접 보는 것만으로도 너무 힘들었다. 경험했다는 표현이 더 낫겠다. 그의 감정은 내 감정도 자극했다. 우리는 그 경험을 함께 겪었다. 그 남자가 자신이 평생 추구해온 것을 돌이켜보는 동안 나도 같은 렌즈로 바라보았다.

이런 강한 감정적 끌림에 대한 이해는 서서히 스며들듯이 터득된다. 어떤 행동을 하거나 책을 읽을 필요도 없다. 강력하고 가끔은 고통스러우며 가끔은 즐겁기도 한 배움의 과정이다. 이런 것을 가르쳐줄 학교도 교사도 없다. 스스로가 경험을 통해 단련하여 역사와의 연결고리를 만들어야 한다.

이 직업을 선택한 지 아직 그리 오래되지 않았을 때 한 여성이 사무실로 찾아왔다. 그녀는 은퇴했고 대학에 갈 손자가 있었다. 그녀는 돈이 많은 집안 출신은 아니었지만 조지 워싱턴이 쓴 편지 한 통을 부모에게서 물려받았다고 했다. 이제 그 편지를 팔아서 손자를 대학에 보내겠다는 약속을 지킬 때가 된 것이다. 남편은 세상을 떠났다. 그녀는 가족에게 보탬이 되는 일을 하기 위해 편지를 떠나보낼 준비가 되었다.

그녀는 우리를 찾아오고 싶어 했는데, 그러자면 코네티컷 북부에 있는 집에서 여섯 시간을 운전해야 했다. 그녀는 그런 여행을 좀처럼 하지 않는 사람일 것이고, 따라서 여행의 시간은 그 편지를 파는 것이 그녀에게 얼마나 중요한 일인지를 보여주는 것이다.

나는 말했다. "원하신다면 얼마든지 오셔도 좋습니다만 그전에 제게 사진을 먼저 보내주시는 편이 좋습니다. 우리가 그 편지를 사지 않는다면 아무 소득 없이 긴 여행을 하게 되는 것이고, 우리는 그런 일은 정말 피하고 싶으니까요."

그녀는 주장했다. "부모님이 진품이라고 말씀하셨어요. 제가 가겠습니다."

나는 또다시 반대했지만 그녀는 요지부동이었다.

사태가 어떻게 진행되었을지는 다들 예상할 수 있을 것이다. 그녀는 활기에 가득 차고 낙관적인 기분으로 우리 사무실을 찾아왔다. 은발이었지만 나이에 비해 젊어 보였다. 그녀는 소파에 앉더니 종이봉투에서 편지를 꺼냈다. 나는 그 문건을 보자마자 알 수 있었다. 상당히 초기에 만들어진 위조물이었다. 나는 기대에 가득 찬 그녀의 얼굴을 쳐다보았다. 그녀의 희망처럼 일이 진행되지는 않을 것이다. 가격 협상이 아니라 나쁜 소식을 알려주어야 했다. 내가 걱정한 게 바로 이런 상황이었다.

여기서 예민하게 행동해봐야 좋을 것이 없다고 판단했다. 나는 그녀를 똑바로 쳐다보면서 말했다. "죄송하지만 위조품 같습니다."

그녀의 대답을 나는 절대 못 잊을 것이다. "좋지 않군요."

그녀는 나보다는 그 소식을 더 잘 받아들였다. 그녀 가족의 사연을 아는 나로서는 나쁜 소식을 전하려니 마음이 무너지는 것 같았다. 마치 내가 그 가족의 일원이고 함께 타격을 받는 것처럼 말이다. 내가 그녀의 손자가 대학에 가지 못하게 막는 것 같은 기분이었다. 그 가족이 무슨 다른 방도를 찾아내거나 아니면 그녀가 상황을 과장했다고 생각하고 싶었다.

그녀는 사무실을 나가서 긴 귀갓길에 올라야 했다. 이메일을 먼저 보냈더라면 좋았을 텐데.

그 직후에 뉴햄프셔의 한 농부에게서 연락이 왔다. 그는 종교계의 유명 인사인 뉴햄프셔 성공회 초대 주교 칼턴 체이스의 후손이었다. 체이스는 1862년 5월 22일에 대통령 링컨에게 편지를 썼다.

> 당신이 신의 섭리에 따라 이 고통받는 나라를 이끌어가는 모습을 지켜보면서 감사하는 마음을 더 이상 억누를 길이 없습니다. 당신과 같은 사람이 우리를 위해 살아간다는 사실, 이 절박한 위기의

순간에 우리의 수장이 그와 같은 지혜와 함께 도덕적이고 지성적인 힘을 갖고 있고 확신과 희망으로 우리를 고취하고 있다는 사실에 신께 찬양을 바칩니다. 여기서 다른 누구보다도, 삶의 어떤 반열에서도 예외적 존재인 당신은 이제 완벽한 신뢰를 얻었습니다. 당신이 행하는 선에 감사하며, 모든 기독교도의 신심을 다해 당신의 건강과 안전을 위해 기도를 올립니다.

150년 뒤, 나는 체이스의 6대손과 전화 통화를 하고 있었다. 그는 문서 몇 건을 갖고 있었다.

"이 문서들이 어떤 가치가 있을지 잘 모르겠습니다." 그가 말했다. 그런 발언은 흔히 사람들이 위조품을 팔 때 위장용으로 하곤 한다. 하지만 뻔뻔한 사람이 아니라 겸손한 사람에게서 나온 말일 때는 위대한 역사적 발견물이 나올 때가 많다. 나는 이번 경우가 그렇다고 생각했다. 그가 보낸 사진은 실망스럽지 않았다.

이 남자는 에이브러햄 링컨이 남북전쟁 동안 칼턴 체이스에게 쓴 편지 두 통을 갖고 있었다. 나는 그전에도 또 그 이후로도 그런 편지는 한 번도 본 적이 없다. 그들은 연방을 지지해주는 신에 대해 이야기했는데, 이런 이야기를 나누는 편지는 이루 말할 수 없이 희귀하다. "전쟁 수행과 정책 입안으로 수고롭고 혼란스러운 와중에도 우리가 선한 사람들의 신뢰와 도움을 얻고 그들의 기도의 힘으로 견뎌나간다는 생각을 하면 정말 기운이 납니다. 그보다 더욱 좋은 것이 있다면 우리의 노력을 신께서 인정해주실 때겠지요. (…) A. Lincoln."

그와 나는 다시 전화 통화를 했다.

Executive Mansion.

Washington, 19 November, 1864.

Dear and Reverend Sir:

I thank you very cordially for your kind congratulation, and join with you in your prayer to Heaven for the return of peace and national unity.

Your friend and Servant

A. Lincoln

The Right Reverend
Carlton Chase

남북전쟁에서 이기기 위해 신의 도움을 청하는 편지를 쓴 직후에 안티탬에 앉아 있는 에이브러햄 링컨. 이 편지는 우리 손에 들어왔다.

"이 편지들이 그리 크게 가치 있는 것이라고는 생각하지 않지만 그래도 [얼마 정도 될지] 물어보는 거야 괜찮겠지요?"

나는 사무적으로 대답했다. "당신 물건의 가치는 이 정도입니다." 그리고 그 편지에 대해 몇만 달러를 제안했다. 나는 편지를 되판다면 대략 8만 달러 정도를 받을 수 있으리라고 추산했고 그에게는 꼭 그 절반 액수를 제안했다.

침묵. 또 침묵.

"여보세요?"

그래도 침묵이 계속되었다. 전화기를 떨어뜨렸나? 심장마비가 왔나? 내가 무슨 짓을 한 거지?

이런 경우에 우리는 흔히 상대편의 제안을 받은 다음 중간쯤에서 타협한다. 한쪽이 제안을 내놓는 것은 협상의 출발점일 수 있다. 판매자가 크리스티나 다른 경매회사에서 들은 평가액을 우리에게 말해주기도 한다. 또 다른 거래상이 개입하는 경우는 드물다. 우리의 재고 창고에는 나중에 이익을 붙여서 되팔 계획하에 판매자를 직접 만나 현금을 주고 사온 것들이 쌓여 있다. 사실 우리와 경쟁할 만한 자필 원고 거래상 중에 이런 방식으로 운영하는 곳은 더 이상 없는 것 같다. 그러니 우리의 일차적인 경쟁자는 경매회사의 평가액이다. 하지만 이날은 상대측의 제안도 반응도 없었다.

알고 보니 그는 말문이 막힌 거였다. 침묵 속에서 흥분감을 어떻게 들을 수 있었는지 설명하기는 힘들지만 나는 들었다. 그의 침묵은 현기증이 난 것 같은 목소리로 우리 제안을 받아들이는 것으로 끝났다. 그는 평생 그렇게 많은 돈을 본 적도 없었고 또

보게 되리라고 생각하지도 않았다.

하지만 내가 할 마지막 이야기는 또 다른 반응을 보여준다.

나는 헝가리 출신의 어느 유명 역사가로부터 전화를 받았다. 그는 체스트넛힐 칼리지에서 오랫동안 교수로 재직했고 수많은 다른 학교에서 방문 학자로 있었다. 그는 은퇴한 지 오래된 사람이었다.

그 교수의 삶은 흥미진진했다. 유대인인 그는 제2차 세계대전에서 간신히 살아남았다. 그는 다른 유대인들과 함께 헝가리 노무 대대labor battalion에 소속되어 있었고 독일 점령하에서 치러진 부다페스트 포위전을 견뎌냈다. 이 경험에서 또 그 뒤에 받은 교육을 근거로, 그는 히틀러와 무솔리니의 잔혹상이 빚어낸 세계에 대한 견해를 구축했다. 그는 포퓰리즘이나 권력 기반을 위해 대중문화를 이용하는 사람들에게 분노했고 주로 이 주제로 50권이 넘는 책을 썼다. 그의 저술은 역사적인 동시에 과학적이었고 자신의 경험에서 더 광범위한 도덕적 결론을 끌어냈다. 그의 설명에 따르면 그는 수십 년간 윈스턴 처칠의 딸인 배우 사라 처칠과 서신을 주고받았다. 둘은 친구였다. 그는 수많은 저명 과학자들과도 서신을 교환했고, 그중에는 20세기의 가장 중요한 과학적 원리를 발표한 베르너 하이젠베르크도 있었다. 아인슈타인이 두 가지 상대성 이론을 발표한 직후 하이젠베르크는 불확정성 원리를 주장했다. 어떤 입자의 정확한 위치와 속도는 수학적으로 동시에 정확하게 알아낼 수 없다는 주장이었다. 이 교수는 불확정성 원리를 상대성 원리에 연결하는 하이젠베르크의 편지 두 통을 갖고 있다고 주장했다. 그래서 나는 그를 만나러 갔다.

이 컬렉션은 소유자가 서신 교환자 본인이라는 점에서 특이했다. 그는 다른 사람의 물건을 파는 게 아니었다. 그는 이 편지들을 직접 받은 사람이었고 대부분 그가 훨씬 젊었던 시절에 받은 것들이다. 그는 편지의 작성자들과 개인적으로 관계가 있었다.

그가 사는 곳은 우리에게서 멀지 않은, 대략 20분 정도 떨어진 곳이었다. 물건 구입처가 전 세계로 흩어져 있는 이 업계에서는 보기 드문 우연이었다. 그는 오래된 저택이 많은 필라델피아 근교 메인라인에서 살았다. 긴 개인 도로를 지나 주도로에서 분리되어 나와 원형 진입로를 따라 게스트하우스를 빙 돌아 올라가면 현관 앞 주차장에 도착하게 된다. 오래된 건물은 메인라인의 저택들이 대부분 그렇듯이 좀 낡아서 파손된 부분들이 있기는 했어도 아름다웠다. 그는 문 앞에서 나를 맞아주었다. 집 안으로 들어갔더니 좀 어질러져 있었다. 내 앞에 보이는 벽들은 오래된 지도와 인쇄물로 채워져 있었고 큰 거실과 아름다운 식당이 있었다. 부엌은 작았지만 연못이 내다보이는 전망 덕분에 비좁아 보이지 않았다. 우리는 부엌 식탁에 앉았다. 쾌활한 성격의 집주인은 편지를 보여주면서 자신의 일생에 대해 이야기하기 시작했다. 처칠과의 친교에 대해, 다양한 이론 물리학자들과 나눈 편지에 대해. 단순한 거래 이상의 대화였다. 그는 내 가족에 대해 물었다. 우리는 어디 태생인가? 그는 라브라는 성을 오스트리아 지도에서 본 적이 있다며 내게 지도를 주겠다고 했다. 나는 사양했다.

한동안 이야기를 나누다가 내가 말을 잘랐다. "죄송하지만 이 자료 대부분은 원치 않습니다. 흥미는 있지만요. 팔 수 있는 시장이 없습니다. 하지만 하이젠베르크의 편지는 분명히 사고 싶습니다."

그 편지들은 알려진 대로였다. 그보다 더 훌륭했다. 당대의 위대한 과학적 토론에 대해 이야기하고 있었다. 아인슈타인은 자신의 마지막 연구인 통일장 이론을 연구하고 있었다. 여러 가지 과학 이론을 한데 녹여 실재의 본성을 바라보게 해주는 이론이었다. 그는 생전에 그 이론의 증명을 보지 못했지만 요즘 과학자들은 그 이론이 아주 타당하다고 생각한다. 그런데 1963년에 하이젠베르크는 아인슈타인의 연구가 결국은 우위에 설 것이라면서 당시 세상을 떠난 아인슈타인을 극찬했고 그들의 이론이 상충하지 않는다고 편지에 썼다. "나는 불확정성 원리와 그런 수학적 공식 사이에 무슨 갈등이 생길 수 있을지 모르겠어요. (…) 불확정성 원리는 언제나 그런 수학적 공식의 일부입니다."

나는 그 교수에게 3500달러를 제안했고 그는 500달러를 더 불렀다. 우리는 중간에서 타협하고 악수를 했다.

내가 일어서자 그 교수가 말했다. "아, 안 돼요, 아직 가지 말아요! 사과브랜디 마셔본 적 있어요?"

나는 웃으면서 사과브랜디를 마시겠다고 했다. 오전 10시 반이었지만 상관없었다. 그는 작은 바 카트를 끌고 오더니 사과브랜디 두 잔을 따랐다. 우리는 잔을 높이 들었다.

"난 이런 걸 팔아본 적이 한 번도 없어요. 제대로 건배를 할 만한 일인 것 같군요." 그가 말했다.

우리의 거래를 마무리 지은 것이다.

큰일들이 벌어지는 세상에서 그날 메인라인에서 있었던 일은 크지 않은 거래 한 건이었다. 하지만 그 거래는 두 시간에 걸친 대화와 관계 위에서 펼쳐졌다. 집주인은 세상을 떠난 아내에 대해, 함께 살고 있는 아들에 대해, 자신의 일과 친구들에 대해, 전쟁에 시달린 유럽에서 지낸 시간에 대해 이야기했다. 우리의 거래는 훌륭하게 이루어졌으며 오전에 마신 한 잔의 술이 윤기를 더해주었다. 나는 그날의 일이나 그 사과브랜디를 한 번도 잊어본 적이 없다.

뉴저지의 남자와는 달리 내가 방문한 이 교수는 자기 생애의 이런 잔재와 헤어지는 것을 슬퍼하지 않았다. 하지만 그러면서도 그 위력은 알고 있었다. 하이젠베르크의 편지는 그의 개인적 사연의 일부였는데, 이제 그의 손을 떠났다. 그래서 우리는 건배를 했다. 손을 바꾸는 역사를 위해.

10

사람들은 종종 중요한 것을 놓친다 : 나폴레옹의 사망에 관한 보고서

우리는 자신들의 역사적 보물을 팔겠다는 사람들의 연락을 하루에 적어도 스무 번쯤은 받는다. 위조품과 진품, 중요한 것과 하찮은 것을 구별하는 것이 우리 일에서 큰 부분을 차지한다. 잡석 속에서 다이아몬드를 찾는 방법은 수십 년에 걸쳐 습득되고 매일매일 수많은 방식으로 시험되는 기술이다. 나는 마침내 이 기술을 터득했는데도 여전히 시험당한다. 아버지가 가르친 핵심 교훈은 언제나 주의를 기울이고 모든 것을 검토하라는 것이었다. 어떤 것도 당연시하고 넘어가지 마라. 가장 큰 보석은 산더미 같은 돌덩이 밑에 묻혀 있다. 이와 비슷하게 수많은 사람이 가짜 금에 현혹된다. 가짜 금은 진짜처럼 반짝이지만 진짜는 아니다.

다른 말로 하자면, 보석이 눈앞에 놓여 있을 때 당신은 알아볼 수 있는가? 보석이 중요한 것이라는 간판을 달고 우리 앞에 나타나지는 않는다. 우리는 추적하고 발견하고, 마지막으로는 이해하고 알아봐야 한다. 당신 앞에 놓인 보석 다섯 개, 아니 두 개 중에서 어느 쪽이 더 가치 있는지 집어낼 수 있는가? 진정한 발견물은 노출되어 있더라도 이름표가 없고 가공되지 않은 경우가 많다.

수많은 품목이 나오고 한 품목에 여러 개의 물건이 포함되기도 하는 대규모 경매에서, 경매 주최자가 카탈로그에서 가장 중요한 것을 빠뜨리지 않고 집중 조명해줄 것이라고 기대하지 마라. 각각의 설명이 완벽하고 정확할 거라고 지레짐작하지도 마라. 아마 어떤 물건에서 경매회사도 보지 못한 어떤 점을 당신이 볼지도 모른다. 숨어 있는 보석도 얼마든지 찾아낼 수 있다.

두어 해 전에 크리스티 경매장은 그보다 조금 전에 세상을 떠난 어느 대수집가의 유산을 판매했다. 카탈로그를 보면 그는 미국의 문서 자료를 주로 수집한 것으로 보였다. 200~300개에 달하는 품목의 절반이 희귀 도서였다. 훌륭한 물건도 몇 개 있었다. 워싱턴이 의회에서 했던 위대한 발언, 헨리 8세가 서명한 또 다른 문서는 희귀하고 흥미로운 물건이었다. 상대적으로 사소한 물건들 역시 각각 관련 있는 것들끼리 묶여 판매되었다. 예를 들면 토머스 제퍼슨이 작성한 토지 불하증land grant•이 기억난다. 토지 불하증은 가치가 전혀 없지는 않지만 프런티어를 점령하여 서부에 집을 짓고자 하는 미국인들에게 토지를 주기 위해 수천 장씩 발행되었다. 불하증을 받은 사람 가운데 대다수가 독립전쟁에 참전했던 퇴역 군인이었고, 무상으로 땅을 얻었다. 이런 토지 불하증은 특별한 것이 아니다. 또한 비싸지 않게 제퍼슨의 서명을 소유할 수 있는 방법이기도 했다.

• 정부가 무상으로 불하하는 토지의 문서.

크리스티는 두 차례로 나누어 경매했다. 오로지 물량이 너무 많아서였다. 1차 경매에서 우리는 두어 개 품목을 구입했는데, 워싱턴의 연설문이 그중 하나였다. 하지만 결과적으로 1차 경매는 애피타이저에 불과했다. 2차가 메인 코스였다. 단일 품목들로 분류된 개별 경매 건수 중에는 '그룹 품목'이라는 것도 있었다. 각기 단독으로 내놓을 만큼 중요하지 않다고 판단된 물건들을 한꺼번에 큰 품목 하나로 모아둔 것들이었다. 여기 속한 것들은 지리적으로(유럽 관련 자료, 미국 관련 자료라는 식으로) 분류되어 있었다. 목록에 실린 설명에 따르면 그것들은 세일즈맨의 머릿속에서 중요하지 않은 품목이었고, 60송이 장미 다발 위로 불어오는 아기의 숨결처럼 희미한 존재였다. 하지만 실제로는 그런 수준을 훨씬 능가하는 것일 수도 있다.

경매장 카탈로그를 살펴본 뒤 나는 크리스티의 전문가에게 연락해 그룹 품목에 대해 물어보았다. 거기에 뭐가 있는가? 그가 알고 있는 게 있는가? 그는 잡다한 것들이 워낙 많아서 상세히 설명할 수 없다고 했다. 관심이 있다면 뉴욕으로 와서 직접 살펴보라는 것이었다(일반적으로 경매회사는 경매가 열리기 전에 모든 입찰 품목들을 직접 볼 수 있게 한다).

그래서 우리는 그렇게 했다.

카렌, 아버지, 내가 뉴욕 미드타운에 있는 눈에 익은 크리스티의 사무실로 갔다.

경매(이 대규모 컬렉션의 2차이자 마지막 경매)가 열리기 전날이었고, 전시실에는 사람이 많았다. 긴 유리 케이스들이 목제 테이블 곁에 놓여 있었는데, 유리 케이스에는 더 귀중한 물건들이, 테이블 위에는 더 큰 품목들이 놓여 있었다. 유명한 품목일수록 많은 관심을 받았다. 워싱턴이나 제퍼슨의 문서를 입찰자가 가까이에서 직접 볼 수 있는 기회였다. 우리가 보고 싶은 그룹 품목을 담은 상자가 수십 개 있었다. 단일 품목으로 전시되어 많은 관심을 끌던 헨리 8세가 서명한 문서 곁에 있는 이런 품목들에 대해서는 최소한의 설명밖에 없었다. 개별적으로 분류된 품목들은 드라마틱하게 벽에 걸려 있었고 조명도 잘 받고 있었으며 수십 년 묵은 금박 액자가 불빛에 빛나고 있었다. 워싱턴, 제퍼슨, 헨리 8세 등등이 서명한 문서는 전시되어 있었지만 분량이 많은 그룹 품목들은 유리 케이스 안에 놓여 있는 평범한 푸른색 서류 상자에 담겨 있었다. 한쪽은 쉽게 볼 수 있는 반면 다른 한쪽은 특별히 요청해야 볼 수 있었다.

우리는 각각 행동하기로 결정했다. 아버지와 카렌은 영어 문건에 집중하고 나는 유럽 쪽 문건을 보기로 했다. 나는 프랑스에서 공부했고 스페인어와 이탈리아어를 독학했으며 대학 졸업 뒤 AP의 기자로 로마에서 일했다. 3개 국어를 모두 읽을 수 있었다. 이것이 나중에 결정적인 이점으로 작용하게 된다. 더욱이 나는 로마에서 고대와 중세의 글쓰기 체계를 연구하는 고문헌학을 공부했다. 그래서 글자와 단어를 형성하는 스타일이 시대에 따라 달라지더라도 다른 시대의 문헌을 쉽게 읽을 수 있었다.

나는 카탈로그에 누락된 것이 많음을 금방 알아보았다. 카탈로그에 오른 것은 고작 아홉 개 정도였다. 그중에는 미친 왕 조지 3세가 친척인 어떤 왕족을 식민지 뉴욕시의 높은 지위에 임명하는 흔치 않은 고문서가 있었다. 미국의 독립 이전에 왕이 여전히 미국 상업위원회를 자기 사람으로 채울 수 있던 시절의 일이었다. 분명히 귀중한 문건이지만 획기적인 내용은 없었다. 물건이 아홉 개라면 마닐라 파일 폴더 하나에 정리될 정도일 테니 몇 분 안에 살펴볼 수 있을 것이라고 예상했다. 그런 다음 아버지와 카렌을 도와 미국 관련 품목들로 넘어갈 수 있겠지, 진짜 알맹이는 그쪽에 있을 테니까. 그런데 여기 내 앞에 실제로 있는 것은 문서 수십 건이 담긴 커다란 상자 셋이었다. 설명을 더 자세히 들여다보았다. 설명의 어디에도 마흔여덟 건이 있다는 말은 없었다. 이것은 그냥 파일 폴더 하나만이 아니었다. 폴더 여러 개가 상자에 마구잡이로 담겨 있었는데, 그런 상자로는 도저히 역사를 담아낼 수 없었다. 문서가 말 그대로 상자 위로 넘쳐흘렀다. 주어진 공간이 너무 비좁았다. 목록에는 아마 중요한 것 몇 개만 골라 실었던 모양이다.

처음 꺼낸 자료를 보고 나는 넋이 나갔다. 프랑스의 저주받은 국왕 루이 16세가 1792년 4월 프랑스 혁명이 장벽처럼 그를 가두고 있을 때 영국 국왕에게 보낸 편지였다. 나는 그 종이를 알아보았고 글씨와 서명도 확실했다. 이것은 분명 루이의 손글씨였다. "강대국들이 프랑스에 맞서 연대하는 시기에 당신이 그들과 동맹하지 않은 것에 대해 감사를 전합니다. (…) 우리는 힘을 합쳐 유럽에 평화를 가져와야 합니다."

올가미(아마 기요틴이 역사적으로 더 정확한 용어일 테지만)가 그를 둘러싸고 죄어들어오는 동안 루이 16세는 이 편지를 밀사를 통해 조지 3세에게 직접 전달했다. 그 내용은 단순한 제안이었다. 우리 두 나라는 오랜 적이었지만 이제 동맹이 되어야 한다는 것이다. 편지에서 루이 16세는 영국을 전쟁에 끌어들여 동맹국 자격으로 개입하게 한다면 자신을 보호해주지 않을까 하는 희망을 품었다. 이 영리한 정치술은 실현되지 않았다. 루이 16세는 그다음 해인 1793년에 기요틴에서 목숨을 잃었다.

루이 16세 주위에서 혁명이 날뛰던 역사의 전환점에 온전히 프랑스어로 쓰인 이 편지, 프랑스 국왕이 영국 국왕에게 보낸 이 충격적인 편지는 내용에 대한 아무런 표시도, 카탈로그 번호도 없이, 번역되지도 않은 상태로 상자 밑바닥에 놓여 있었다. 서유럽에 관한 믿을 수 없이 중요한 자료인데도 말이다.

세상에, 이 상자에 또 뭐가 있을까?

더 조사하면서 나는 왕실의 보물을 계속 찾아냈다. 루이 16세와 아내인 마리 앙투아네트가 함께 서명한 화려하게 장식된 자필 원고가 있었다. 저주받은 군주 두 사람이 종이 한 장에 실려 있는 것이다. 카탈로그에는 뉴욕시와 관련된 조지 3세의 자료 하나가 소개되어 있었다. 그러나 나는 더 중요한 물건을 찾아냈다. 국왕 조지 3세가 어느 저명한 후원자를 1761년 대관식에 부른 초청장이었다. 미국을 통치한 군주로서는 최후의 대관식이었다. 조지 6세가 1947년에 캔터베리 대주교에게 딸인 현現 여왕 엘리자베스의 약혼을 알리는 편지도 있었다. 조지는 이렇게 썼다. "아버지는 나와 내 가족 앞에 높은 임무의 기준을 세워두셨습니다. 나는 내 딸이 언제나 조지 국왕의 고귀한 이념을 자신 앞에 두고 그의 본을 따르도록 노력하리라고 확신합니다." 그녀는 지금도 통치하고 있다. 보물은 계속 발견되었다. 러시아의 예카테리나 여왕이 서명한 문서는 내가 읽을 수는 없었지만(나는 러시아어는 모르니까)

누가 서명했는지는 알 수 있었다.

나폴레옹과 그의 아내 조세핀이 프랑스의 황제와 황후라는 공식 직함으로 서명한 어느 젊은 부부의 결혼 증서가 있었다. 루이 16세와 그의 후계자들의 치세 때는 군주가 중요하고 연줄이 좋은 사람들의 결혼 서약에 서명하곤 했다. 스스로 초월적 군주로 군림한 나폴레옹은 이 관행을 되살려서 부하 장교들(이 결혼 증서의 남편도 그랬다)의 결혼 서류에 아내와 함께 증인으로 서명해 주었다.

하지만 프랑스 국왕 루이가 영국 국왕 조지에게 보낸 편지를 제외하고 가장 놀라운 것은 나폴레옹의 삶의 종말을 알리는 서류였다. 나폴레옹이 세인트헬레나섬에 유배되어 있을 때 감시하던 남자가 보낸 편지 한 묶음이 있었는데, 그 편지는 나폴레옹의 병과 죽음을 알리는 동시에 무척 자세히 묘사하고 있었다.

19세기의 다른 어떤 사람보다 나폴레옹은 전 세계의 관심을 사로잡았다. 어떤 미국인들은 그를 비난했고 또 다른 사람들은 그를 숭배했다. 영국은 한동안 관망했지만 유럽 대륙은 그에게 맞서 격렬한 전쟁을 치렀다. 나폴레옹은 민중의 황제였으며 대중주의자의 원조였다. 그는 파리에서 멀리 떨어진 곳에서 태어났고 프랑스어도 완벽하게 구사하지 못했다.

나폴레옹의 부하들은 그를 위해 싸웠고 그를 위해 죽었다. 나폴레옹은 부하들에게 부르짖었다. "죽음은 아무것도 아니다. 그러나 패배하여 불명예 속에서 사는 것은 매일 죽는 것이다."

나폴레옹은 역사에 대한, 그리고 역사 속 자신의 위치에 대한 예리한 감각을 갖고 있었다. 이집트에 갔을 때 그는 기념물의 기단에 서서 자기 부대에게 말했다. "이런 피라미드의 꼭대기에서 4000년의 역사가 그대들을 내려다보고 있다." 그는 자신의 호소가, 자신의 유산이 가진 위력을 알고 있었다. "위대한 평판은 대단한 소음이다. 더 많이 만들어질수록 더 멀리서도 들린다. 법률, 제도, 기념물, 국가, 모든 것은 전락한다. 그러나 소음은 지속되며 오래도록 메아리친다."

에머슨은 위대한 저작인 『대표인*Representative Men*』에서 나폴레옹을 이런 식으로 묘사했다. "나폴레옹의 일화나 회고록, 전기를 읽는 100만 독자 하나하나가 그 페이지에서 기쁨을 얻는다. 그 속에서 자기 자신의 역사를 연구하게 되기 때문이다."

1814년에 나폴레옹은 엘바섬으로 유배되었다가 탈출하여 권력을 되찾는다. 하지만 잘 알려졌듯이 웰링턴 공작이 이끄는 연합군에 맞섰다가 워털루 전투에서 패했다. 나폴레옹 전쟁이라 불리는 것의 최후였다. 나폴레옹은 서아프리카 해안에서 1000마일•도 더 떨어진 세인트헬레나로 추방된다.

패했을 때도 그는 승리의 망토가 자기 것이라고 주장했다. "그들은 내게 큰 범죄 혐의를 떠안긴다. 나 정도의 위치에 있는 사람은 범죄를 저지르지 않는다. 나의 출세만큼 단순 명백한 것도 없다. 그것에다 음모나 범죄의 딱지를 붙이려고 해도 헛수고다. (…) 나는 언제나 대중의 의견과 함께 그리고 사건과 함께 진군했다."

1821년에 있었던 그의 죽음은 그의 삶만큼이나 세상을 뒤흔들

• 약 1600킬로미터.

었다.

그 묶음에 있는 첫 편지는 섬에 주둔한 영국 제독인 로버트 램버트가 상관에게 보내는 통신문으로 나폴레옹이 아프다고 처음 보고하는 내용이었다.

각하에게 보나파르트 장군이 위중한 질병의 공격을 받았다고 알려드리게 되어 기쁩니다. 의사 보조원의 말로는 치명적인 증상으로 예상된다고 합니다. 그가 사망할 경우 저는 그 소식과 함께 즉시 영국으로 함선을 보내겠습니다.

닷새 뒤 그가 죽었다는 소식이 이어진다.

각하, 보나파르트 장군이 이달 5일 토요일 오후 6시 조금 전에 이승을 떠났다는 소식을 알려드립니다. 지난 2일 제가 브리스톨 상선 편으로 보낸 제9번 편지에서 전한 그의 위중한 상태에 대해 알고 계셨으리라고 믿습니다. 그날 지사의 요청에 따라 비고Vigo의 외과의사가 합류하여 진찰이 이루어졌습니다. 의사는 그가 죽을 때까지 계속 곁을 지켰고 그 뒤에는 시체 해부를 보조했습니다. 참관한 모든 의료인이 서명한 보고서를 동봉합니다. 이 일의 중요성에 따라 저는 제 우편 행낭을 주둔지의 선임 지휘관인 헨리 대령에게 위임하는 것이 적절하다고 판단했습니다. 그는 저와 함께 시신을 살펴보았고 각하에게 필요한 상세한 내용을 전달할 수 있습니다. 저는 가장 빠른 범선이자 구조선인 헤론호 편으로 그를 보냈습니다. 이 조처에 각하가 만족하시리라고 믿습니다.

"나폴레옹 보나파르트 시신의 해부에 관한 관찰 보고서"라는 제목이 달려 있는 해부 보고서 역시 이 문서 묶음에 들어 있다. 나폴레옹의 신체 기관과 내장에 대한 섬찟하고 자세한 설명은 1821년 5월 6일에 작성되었다.

> 겉보기에 시체는 아주 뚱뚱해 보였고, 그 상태는 중심부를 아래로 처음 절개했을 때 확인되었다. 복부 위로 지방이 1인치 반* 높이로 덮여 있었다. 갈비뼈를 절개하여 목의 공동을 노출시키자 왼쪽 늑막에 살짝 유착된 양상이 발견되었다. 불그스레한 액체 3온스가량이 왼쪽 공동에, 8온스가량이 오른쪽 공동에 들어 있었다. 폐는 아주 정상이었다. 심막은 정상이었고, 체액 1온스** 가량이 들어 있었다. 심장은 정상 상태였지만 두꺼운 지방층으로 덮여 있었다. (…)

폐위된 전제군주의 사망 원인은 위암이었다고 의사가 밝혔다. 나폴레옹의 사망은 이후 역사가들을 매혹시켰다. 머리카락 샘플에서 비소 농도가 높게 나오자 그가 음독되었다는 추정에 기름이 끼얹어졌다. 그 추정은 지금까지도 계속 남아 있다.

나는 이런 문서가 역사적 물건으로서 자체의 생명력을 갖고 거쳐온 경로를 생각해보는 것을 좋아한다. 그러니 이 나폴레옹 자료를 그의 죽음과 연관시켜 살펴보자. 그는 문명의 거점과 멀

- * 1인치 반은 약 3.8센티미터.
- ** 3온스는 약 88밀리리터, 8온스는 약 236밀리리터, 1온스는 약 29밀리리터.

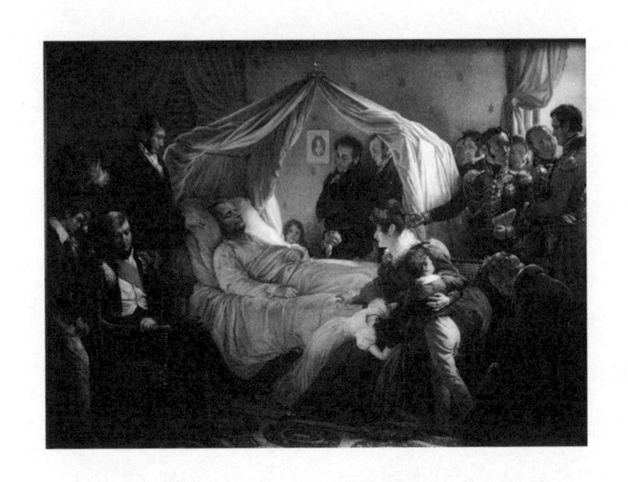

"각하, 보나파르트 장군이
이달 5일 토요일 오후 6시 조금 전에
이승을 떠났음을 알려드립니다."

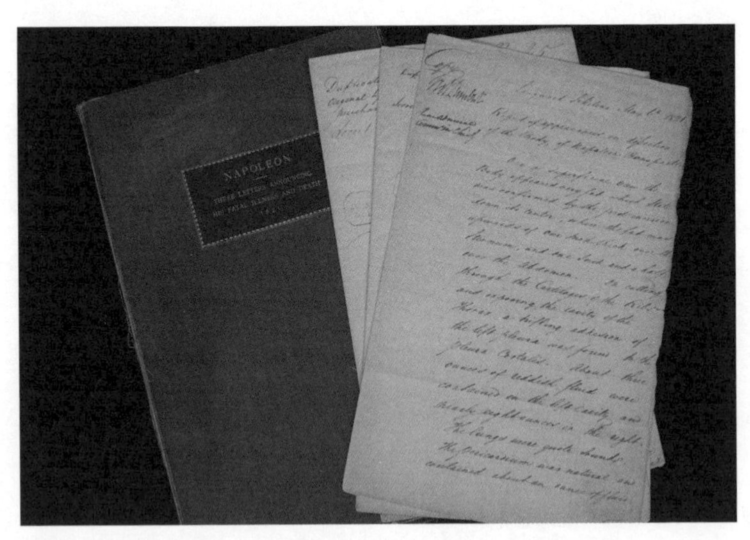

나폴레옹의 사망을 알리는 기록물. 카탈로그에는 이 내용이 실려 있지 않았다.

리 떨어진 아프리카의 세인트헬레나섬에서 죽었다. 거기서 이 문서는 수천 마일을 여행하여 런던으로 갔고, 그곳에서 보나파르트의 죽음을 서구 세계에 알렸다. 거기서 다시 수천 마일을 여행하여 내가 앉아 있는 이 방에 왔고, 종이 더미 아래에서 발굴되었다.

이런 내용 중 어느 것도 이 품목의 설명서에 포함되어 있지 않았다. 설명서는 그저 더 많은 정보를 원하는 사람에게 목록을 알려주는 용도에만 그쳤다. 내가 찾아낸 것을 어느 누구도 알아차리지 않았으면 했다.

나는 아버지를 불러와서 말했다. "바로 이 품목이에요. 아버지가 뭘 보고 계셨는지는 모르겠지만, 이게 중요한 품목이에요. 이걸 손에 넣어야 해요."

이런 경우 우리 카드를 최대한 숨겨야 한다. 우리는 집에 돌아가서 내가 본 것과 그 가치에 대해 긴 대화를 나누었다. 그리고 그 품목에 경매장의 평가액보다 훨씬 더 높은 가격이 매겨질 것이라고 예상(그리고 걱정)했다.

우리가 옳았다. 그 품목에서 뭔가를 본 사람은 나만이 아니었다. 그다음 날 카렌과 나는 같은 문을 지나고 같은 복도로 걸어가서 경매장 중간에 앉아, 연단의 경매인과 위쪽의 커다란 스크린을 보았다. 스크린에는 품목과 가격이 표시됐다.

크리스티가 평가한 품목의 총액은 우스울 정도로 낮은 액수인 6000~8000달러였다. 이 품목을 그 가격으로 얻는 것은 비현실적인 행운이다. 그 방에는 진지한 수집가, 대리인, 소박한 점포를 운영하는 거래상이 수십 명 있었다. 자주 보는 요주의 인물들, 대부분은 나도 아는 사람들이었다. 유럽 관련 품목들의 입찰은 낮은 가격으로 시작되어 한동안은 그 수준이 유지되었다. 그 방의 두세 명만 관심이 있었고, 전화 입찰자가 한 명 더 있었다.

1만 4000달러에서 입찰될 것처럼 보였는데, 그랬더라면 완전히 믿기 힘든 일이 되었을 것이다. 그러다가 가격이 높아졌다. 또 더 높아졌다. 전화로 입찰하는 다른 한 사람에게 집중하면서 흥분과 짜증이 복합되어 심장박동이 빨라졌다. 경매는 전화 입찰자와 나 사이의 경쟁이 되었다.

우리가 3만 달러 그리고 4만 달러를 넘어서자 사람들이 돌아보면서 말하기 시작했다. "이 품목에서 우리가 뭘 놓쳤지? 저 두 사람은 왜 저렇게 높이 입찰할까?" 그들은 설명을 읽었지만 그 이상 더 나올 게 없다고 여겼다.

카렌이 내 옆구리를 찌르기 시작했다. 언제 멈출 거야? 우리가 5만 달러를 넘어서자 카렌이 말했다. "멈춰야 해." 그러나 나는 생각했다. 이 품목은 정말 가치 있어. 우리는 이걸로 돈을 벌게 될 거야.

전화 입찰자 역시 이 문서들의 가치를 알고 있었다. 가격이 계속 올라가면서 경매인의 북소리도 더 빨라졌다. 우리는 가격이 올라가면서 한 번에 2500달러를 올리다가 다음에는 한번에 5000달러를 올리면서 주거니 받거니 했다. 두 입찰자 중 누구도 속도를 늦출 것 같지 않으니 경매인 역시 혼란스러운 표정이었다. 나는 줄기차게 손을 들면서 앞을 바라보았다. 나는 이 품목의 가치를 믿었고 원어로 그 내용을 읽었다. 갖고 싶었다. 방은 더워졌다가 뜨거워졌다. 마침내 나는 그 자료를 6만 8750달러로 손에 넣었다.

그날 크리스티 경매에서 팔린 제일 비싼 품목이었다.

그날 저녁 암트랙을 타고 문서들이 담긴 무거운 상자를 들고 집에 돌아오던 것을 기억한다. 그 품목은 분량이 엄청났고 전체의 규모도 컸다. 이 경험에서 나는 사람들이 중요한 것을 놓치곤 한다는 사실을 알게 되었다. 분명히 유럽의 몇 개 국어를 알고 있었던 것이 이런 문서의 가치를 파악하는 데 도움을 주었다. 하지만 그보다도 더 중요한 것은 근면함과 참을성과 집중력이다. 그런 성질을 기르면 최대의 보상을 거둘 수 있다. 내가 이 직업을 택한 초기에 본 벤저민 프랭클린의 편지를 생각해보라. 때로는 종이의 뒷면에 무엇이 있는지 뒤집어보는 간단한 행동만으로도 큰 보상을 얻는다.

이 경우에 나는 내 지식을 활용할 수 있었다. 내가 그 품목에서 본 것을 아버지나 카렌도 보았는지는 분명치 않다. 하지만 그들은 그 품목을 구입하겠다는 내 결정을 100퍼센트 지지해주었고 지지는 결실을 얻었다. 우리가 그날 구입한 문서를 되판 결과는 그냥 본전을 되찾은 정도가 아니었다. 나폴레옹의 사망을 전한 서신만으로도 상자 전체에 대해 내가 지불한 가격에 가까운 액수이자 애당초 그날 경매에 대한 관심에 불을 지폈던 헨리 8세 문서보다 더 많은 돈을 벌었다.

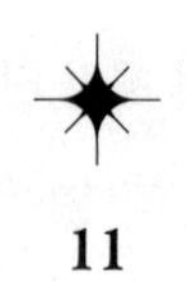

11

수백 년의 시간을 거쳐, 수천 마일의 거리를 건너 : 처칠이 전쟁포로로 잡혀 있을 때 쓴 메모

역사적 문서는 전해지지 않을 때가 많다. 셀 수 없이 많은 문서가 버려졌고 불에 내던져졌고 찢어졌고 파묻혔고 멀리 날아갔다. 아니면 그저 세월 속에서 사라졌다. 살아남은 몇몇에 대한 공로는 그 문서를 돌본 사람들과 여기서 저기로 운반한 사람들에게 돌아가야 한다. 어떤 문서의 역사적 중요성을 배우는 것은 분명 우리 업무의 일부다. 하지만 파피루스, 양피지, 벨럼• 한 조각이 어떻게 한 인물로부터 우리 손에 넘어왔는지 알아내는 일 역시 흥미로울 수 있다.

에이브러햄 링컨이 남북전쟁 중에 남부의 한 가족이 그들의 농장으로 귀환하는 것을 허락하는 보호령protective order을 직접 쓰면서 분쟁에 대해 언급했음을 아는 것은 흥미로운 일이다. 하지만 보호령을 가족 중 한 사람에게 발행해주었고 그 가족이 그 후 여

• 송아지 가죽으로 만든 양피지.

러 세대에 걸쳐 그것을 물려주었다면, 워싱턴에서 아칸소로, 캘리포니아로, 코네티컷으로 그것을 갖고 옮겨 다니다가 우리에게 넘겨주었다면, 하나의 유물로서 그 문서가 걸어온 여정을 알게 되었다면, 좀 다른 종류의 만족감을 느낄 수 있다.

문서의 여정은 여러 형태를 띨 수 있다. 여정을 이해하면 누가 그 역사적 아이템을 소유하는지 또 그 소유권이 무슨 의미인지를 알아낼 수도 있다.

에이브러햄 링컨이 재무장관 새먼 체이스에게 보낸 엄청난 양의 편지 컬렉션을 물려받은 후손이 상속받은 집을 방치했는데, 기록물 전부가 그 집 안에 남아 있었다. 반세기쯤 전의 일이었다. 동네 아이들 몇 명이 빈집에 들어갔다가 그 편지들을 발견하고는 집집마다 돌아다니면서 편지를 팔았다. 무슨 사탕을 파는 것처럼, 에이브러햄 링컨이 쓴 편지 한 장에 몇 달러씩 달라고 흥정했다. 이는 당시 기준으로도 싼 값이었다. 아이들은 그 집이 비어 있으니, 편지를 찾은 사람이 임자라고 생각한 것이다. 그러다가 그 지역의 어느 역사가가 무슨 일이 벌어졌는지 알아차리고는 지역 변호사에게 전화했고, 그 변호사는 사건을 프로보노 사례•로 위임받아 경찰을 부르고 아이들에게 겁을 주었다. 집을 방치했던 가족이 돌아와서 자신들의 보물을 찾아달라고 했다고. 변호사는 아이들에게 역사적 문서를 돌려준다면 법적으로 곤경에 처하지 않을 것이라고 설득했고 아이들은 그렇게 했다. 그리하여 그 일가는 편지를 브라운 대학에 팔았고 지금도 그곳에 있다. 가

• 공익을 위한 무료 수임, 재능 기부 활동.

문의 보물을 되찾는 일을 도와준 변호사는 무료 봉사를 한 대신에 16대 대통령에게 관심이 많은 딸에게 주고 싶으니 링컨 편지 가운데 자신이 원하는 두 통을 달라고 했다. 우여곡절 많은 이 여정은 변호사의 어린 딸의 아들이 그 편지들을 우리에게 파는 것으로 끝났다. 편지들은 남북전쟁이 한창이던 시기에 대통령이 재무장관에게 보냈고 이후 가족의 유산으로 전해지다 폐가에 방치되었다. 그러다가 이웃 아이들, 어린 소녀, 그 소녀의 아들을 거쳐서 내게 왔다.

더욱 인상적인 또 하나의 사례가 있다. 남부연합의 장군 에반더 로의 경우를 생각해보자. 그는 윌리엄 T. 셔먼의 군대가 진군해오는 동안 수백 건의 역사적 문건과 남부연합의 서류를 구해냈다. 어떻게 구했는지는 아무도 정확하게 모른다. 단지 그 서류들이 사우스캐롤라이나주의 공식 서류들과 함께 주도에서 운반되어 소각될 예정이었다는 것만은 알려졌다. 그중에는 사우스캐롤라이나 주의회가 1860년 12월에 다른 남부 주들에 요청한 공식적인 연방 탈퇴 권유가 있었다.• 로는 수많은 역사적 기록물을 구해내고 미국의 유산들을 쓰레기통에서 꺼냈는데, 이로 인해 그의 가족은 고소를 당했다. 로의 후손들은 그 문건을 도서관과 다른 연구 기관에 팔려고 했지만 번번이 실패했다. 대신 사적으로 몇

• 1860년 12월에 링컨이 대통령으로 당선된 뒤 그달 24일에 사우스캐롤라이나 주정부가 미연방에서 탈퇴하겠다고 선언한 일을 말한다. 주정부는 노예폐지를 주장하는 주들이 노예제도에 대해 보인 적대감의 증대를 그 이유로 내세웠다. 이후 조지아, 미시시피, 텍사스 등 남부 열 개 주가 뒤를 이었다. 선언문의 내용은 1776년의 독립선언문과 유사하지만 "모든 인간은 동등하게 창조되었다", "창조주로부터 양도 불가능한 인권을 받았다"는 문장이 삭제되어 있다.

건을 팔았다. 1860년의 탈퇴 회의 요청서도 그중 하나였다. 우리는 그 문건을 어느 작은 서점에서 구입했다. 나머지는 로의 가족이 한 경매회사로 보냈지만 사우스캐롤라이나주가 개입하여 경매를 차단했다. 주 당국은 로 일가가 이런 물건의 소유자가 아니라 그저 보관만 했을 뿐이라는 입장이었다. 결국 이 사건은 지역 법정에 회부되었는데, 법원은 로 일가가 정부가 포기한 문건들을 쓰레기통에서 건져낸 것이라고 판결했다. 미국 대법원은 이 사건의 상고를 받아들이지 않았다. 마침내 로 일가는 그 물건의 소유권을 확보했고 문서 전체를 경매에 넘겨 33만 달러에 팔았다. 한편 우리가 6만 달러에 구입한 1860년의 요청서는 합법적으로 우리 것이다. 우리는 그 문서를 캘리포니아의 어느 부동산 개발업자에게 10만 달러 이상을 받고 되팔았다.

내가 이 사업을 시작한 초창기에 겪었던 또 다른 일화도 출처증명이라는 바로 이 문제에 직결된다. 2007년의 어느 날, 한 남자가 익명의 이메일을 보내와 자신이 사담 후세인의 사적인 물건을 몇 개 갖고 있다고 말했을 때 내가 얼마나 놀랐을지 상상해보라. 그는 그 물건들을 이라크 티크리트에 있는 사담의 왕궁에서 가져왔다고 했다. 그는 칼라에 계급장이 달린 사담의 군복을 갖고 있었다. 또 사담 가족들의 근사한 초상화도 있었다.

그는 서류 캐비닛과 서류가 수없이 많은, 일종의 기록 보관소 같은 곳도 발견했다. 사막 한가운데에서 역사적 문건의 보고를 만난 것이다. 그 보고에는 해리 트루먼과 드와이트 아이젠하워 대통령이 이라크에 파견한 대사들의 공식 외교관 임명장이 있었다. 당시 이라크는 국왕 파이잘 2세가 (1958년에 축출되기 전까지)

통치하고 있었다. 내게 메일을 보낸 남자는 이런 문서들로 가득 찬 폴더를 갖고 있었고 이제 그걸 팔고 싶어 했다.

겉으로 보면 그 남자의 사연은 아주 매력적이었다. 그는 무얼 보았을까. 사치스럽고 아름다운 왕궁, 흰 대리석과 사암, 금박으로 장식된 방들. 모두 폐허가 되었을 것이다.

유물이나 문서가 진짜인지 그리고 그 가치가 얼마일지 판단하는 것은 품목들을 면밀히 검토하는 데서 출발하지만 이내 출처가 증명되느냐의 문제가 제기된다.

우리는 항상 하듯이 이 문건들의 여정을 더 잘 이해하기 위한 추가 질문을 던졌다. 내게 연락한 그 남자는 민간인인가, 아니면 군인인가? 그 아이템들을 그가 선물로 받았는가 아니면 빼앗은 것인가? 그의 대답은 자신은 군인이고 그 아이템들은 빼앗은, 아니 그보다는 "구해낸" 것이라고 했다.

그래서 문서들의 여정을 따라가보기로 했다. 미국 대통령이 서명한 서류를 평화기에 외교관이 가져다가 지배자에게 건넸고, 지배자는 그것을 국가의 문서고에 넣었다. 반란이 일어나고 독재정권으로 바뀌는 동안 문서고에 계속 남아 있다가 또 다른 반란이 일어나고 미국이 주도한 침공을 견뎌내어 이 군인에게 발견되었다.

이 군인은 자신이 물건들을 얻은 장소를 정확하게 말해주었다. 그러나 자신의 본명은 밝히지 않았고 이메일 주소도 우리에게 연락하기 위해 임의로 만든 것이었다.

우리는 어떻게 할지를 의논했다. 출처 증명이 그처럼 불확실할 경우 또 그 남자의 소유권이 그처럼 불분명할 경우에는 그냥 손대지 않는 게 최선이라고 판단했다. 우리는 그 물건들을 살 수도 되팔 수도 없다.

나중에 알게 된 바에 의하면 이 문제가 이라크 전쟁 중에 광범위하게 대두되었다고 한다. 국가 박물관과 문서고의 절도, 예술품과 유물의 도난. 이런 물건들은 확실히 전쟁의 혼란과 불투명한 상황 속에서 거의 대부분 이라크 시민들에 의해 국외로 밀반출되었다.

하지만 우리는 이런 경우에 지나치다 싶을 정도로 조심하며, 의심스러울 때는 손대지 않는 것을 신조로 한다.

나는 그 군인에게 우리는 관심이 없다고 말했다. 그래도 시장에서 사담 후세인의 편지를 종종 볼 때마다 궁금해지기는 한다. 그 편지들은 어디서 왔을까? 나는 그 편지들의 진위 판정을 분명히 할 수 없다.

역사적 문서와 유물의 출처를 확인하는 것은 누구를 신뢰할지를 아는 데서부터 시작한다. 배리 랜도의 경우 신분을 위장하는 사람을 알아보는 내 본능이 쓸모가 있었다. 어떤 사람은 자신이 솔직한지 혹은 솔직하지 않은지를 겉에 드러내놓고 다닌다. 혹은 윈스턴 처칠의 탁월한 말장난처럼, "사람들은 가끔 진실에 걸려 넘어지지만, 대개 빠르게 몸을 일으키고는 아무 일도 없었던 듯 서둘러 사라진다." 랜도 역시 한 번도 진실에 발이 걸렸던 적이 없는 것처럼 굴었다.

우리는 뉴욕시에서 열린 희귀 도서 박람회에서 만났다. 랜도는 나와 열렬하게 악수했다. "배리 랜도입니다." 그가 내게 명함을 주면서 말했다. 거기에는 "미국 대통령 역사가"라고 되어 있었지만 나는 그의 이름을 한 번도 들어본 적이 없었다. 내 주위 사람들 역시 마찬가지였다. 60대인 그는 포드 대통령, 닉슨 대통령과 만났던 일에 대해, 또 대규모의 역사적 문서 컬렉션을 어떻게 수집하게 되었는지에 대해 자랑스럽게 떠벌렸다.

허세 부리는 그의 꼴이 역겨워서 나는 대화에서 빠져나갈 궁리를 했다. 보니까 그의 곁에는 우리 부스에 전시된 품목들을 조사하고 가격들을 받아 적는 젊은 조수가 함께 있었다. 우리 물건들은 케이스에 들어 있었으므로 그는 유리 너머로 보고만 있었다. 그 둘은 이상한 짝이었다. 젊은 남자는 단정하게 옷을 갖추어 입었고 머리는 기름을 발라 뒤로 빗어 넘겼으며 손에는 펜을 쥐고 있었다. 그는 마치 브로드웨이 무대에 출연하는 흰색 제복 차림의 수병처럼 보였다. 나이 든 남자는 번지르르하게 차려입기는 했지만 단정치 못했다. 그들의 행동거지와 태도는 어색했는데, 내 눈에만 그런 것이 아니었다. 랜도와 이런저런 대화를 나누던 카렌은 거리를 두고 서서는 팔짱을 끼고 두 남자 모두를 감시하듯 지켜보았다. 키가 간신히 5피트•를 넘는 그녀가 무슨 생각을 했는지는 확실치 않지만 우리는 뭔가가 잘못되었음을 본능적으로 감지했다. 랜도는 내게 명함을 달라고 했는데, 나는 명함이 없을뿐더러 원래 갖고 다니지 않는다고 말했다. 그는 나를 꾸짖었다. "이런 사업을 하면서 명함도 없이 뭘 하는 겁니까?"

나는 그와의 대화에서 좀처럼 빠져나올 수가 없었다. 그는 나

• 약 150센티미터.

중에 연락할 방법을 알려달라고 했지만 나는 알려주지 않았다.

시간을 빨리 감아 그날로부터 1년 뒤로 달려가보자. 나는 볼티모어에서 열린 메릴랜드 역사협회 모임에서 어떤 남자가 문서를 훔치다가 체포되었다는 기사를 읽었다. 기사에 난 사진을 보았더니 바로 그 남자였다. 그를 알아볼 수 있었다!

『월스트리트저널』은 이렇게 보도했다.

> 랜도와 조수 제이슨 세비도프는 볼티모어에서 연방 법원의 재판을 기다리고 있다. 두 사람은 대체 불가능한 역사적 문서를 훔쳐 판매하여 이득을 챙길 음모를 꾸민 죄로 기소되었다. 국립기록보관소와 기록 관리부의 담당 검사인 폴 브래치펠드는 랜도의 뉴욕 주택에서 압수된 1만 건의 물건 가운데 적어도 2500건(수백만 달러의 가치를 가졌다)이 동부 해안 지역의 역사협회와 대학 도서관 그리고 기타 연구 기관들에서 도난당한 것들이라고 말한다.
>
> 법정에서 검사들은 랜도의 아파트에서 찾아낸 상의에는 문서를 숨기기 위해 특별히 맞춰 넣은 아주 깊은 호주머니가 달려 있었다고 밝혔다.
>
> 펜실베이니아 역사협회에서 '도서관과 컬렉션'을 담당하는 선임 국장인 리 아널드는 문서를 탐욕스럽게 찾아다니던 2인조를 기억한다. 그는 이 한 쌍이 12월에서 5월 사이에 스물한 번 방문하여 수백 상자의 품목을 거래하면서 직원들에게 페퍼리지 농장 쿠키를 나눠주었다고 말한다. 기소장에 따르면 두 사람은 메릴랜드 역사협회에서 대략 60건의 문서를 훔쳐낸 것으로 추정되며, 메릴랜드 역사협회의 한 직원은 그들이 직원들에게 컵케이크를 나눠주

면서 호감을 사려 했다고 말한다.

나는 카렌을 내 컴퓨터 쪽으로 불러와서 그를 기억하느냐고 물었다. 그녀도 나와 같은 기억을 갖고 있었다. 그는 수상했다. 우리의 신중함과 육감이 제대로 발휘된 것이다. 그날 그가 만난 이 업계의 다른 사람들은 문서를 판매하겠다는 제안을 받았고 많은 사람들이 그의 물건을 사들였다. 모두 훔친 것들이었다. 링컨이 서명한 1861년의 문건은 메릴랜드 역사협회에서, 1780년에 벤저민 프랭클린이 쓴 편지는 뉴욕 역사협회에서, 프랭클린 루스벨트 대통령이 연설문 원고에 주석을 단 '연설 원고 사본' 일곱 건은 프랭클린 D. 루스벨트 대통령 도서관·박물관에서 훔쳤다.

두 사람은 로드 로젠스타인 검사에 의해 볼티모어에서 연방 법원에 기소되었고 7년형을 받았다.

두 사람은 문서를 훔친 다음 각 문서의 서지 사항이 기록된 카드 카탈로그도 함께 가져가서 흔적을 지워버리는 꼼꼼함도 보였다. 그래서 연방 검사가 그들을 체포한 덕분에 원래의 문서뿐만 아니라 수십 년 전에 타자로 기록된 서지 카드 카탈로그도 되찾게 되었다.

미국 최고 수준의 역사 단체들이 수집하고 여러 세기에 걸쳐 보관해온 가치를 대변하는 그 문서들은 두 도둑의 상의에 숨겨진 호주머니로 한꺼번에 운반되었다가 랜도의 뉴욕 아파트에 보관되었다. 나중에 들으니 그 문서들은 모두 원래 소장되었던 곳으로 돌아갔다고 한다. 놀라운 일이다.

랜도는 코우지나 스프링과는 다르다. 그의 동기에는 전혀 일관성이 없었다. 그는 수집가들을 속여 넘기는 것이 아니라 거래상에게, 주로 서적 거래상들에게 팔기 위해 그렇게 행동했다. 위조품인지는 알아보아도 출처에 대해서는 알아보지 않을 사람들 말이다.

로마 역사가 오비디우스는 「변형Metamorphoses」이란 시에서 나르키소스의 이야기를 한다. 인간을 속이고 또 님프 에코를 속였던 젊은이는 여신 네메시스의 저주를 받는다. 그는 물을 마시러 숲속에 들어갔다가 연못에 비친 자기 모습을 보고는 사랑에 빠져 쇠약해지다가 끝내 거기서 빠져나가지 못한다. 오비디우스는 글에서 "그는 술을 마시다가 물에 비친 자신의 모습에 홀려 실체 없는 그것과 사랑에 빠진다. 그는 그것이 몸을 가졌다고 생각했지만 그림자에 불과한 것이었다. (…) 그가 그것을 따라가지만 그 역시 추적당하며, 불을 붙이지만 자신도 불에 탄다."

랜도와 나르키소스는 같은 재료로 만들어진 존재다. 역사가로서 받은 찬사, 대통령의 친구라는 영광, 그동안 받은 상과 축하만으로는 아마 충분하지 않았던 모양이었다. 그는 주위에 역사의 겉치레를 둘러서 자신의 이미지를 강화했다. 그가 쌓은 구조물은 위태롭기는 했어도 제퍼슨, 워싱턴, 루스벨트가 보낸 편지들로 보강되었다. 랜도는 자신의 이미지가 아니라 자신이 귀중히 간직한 편지를 쓴 역사적 인물들 그리고 그들이 자신에게 안겨준 특권과 사랑에 빠졌다. 그는 실패할 수밖에 없는 사업가였다. 그 사업이 나르키소스처럼 허영에서 나온 것이기 때문이다.

오래된 역사협회에는 수백 년 묵은 예술 작품으로 장식된 아름다운 연구용 홀들이 있다. 이런 홀은 천장이 2층 높이에 달하고 독서등으로 장식된 긴 나무 책상이 가득하며 진갈색 목제 패널이 장엄한 분위기를 자아내고 거의 침묵에 가까울 정도로 조용하다. 들리는 소리라고는 오직 연구자들에게 귀중한 역사적 원본을 가져다주는 기록 관리자들의 발소리뿐이다.

펜실베이니아 역사협회의 기록 관리자가 내게 다가와서 작은 마닐라 폴더 하나를 내밀었다. 거기에는 벤저민 프랭클린이 쓴 편지 한 통이 들어 있었다. 그녀는 미소 짓고는 저쪽으로 갔다. 봉투 안에는 편지의 복사복만 한 장 들어 있었다. 당시도 출처 증명이 조금 걱정스러웠던 경우였다.

문제는 왼편에 둔 내 가방 안에 바로 이 편지의 원본이 들어 있다는 것이었다. 나는 이 편지를 2만 5000달러에 구입할까 고민하는 중이었다. 그래서 구입 전에 조사를 하기 위해 대규모의 프랭클린 문서 컬렉션이 소장되어 있는 역사협회에 들렀다. 기록 관리자가 가져다준 폴더에는 내가 받은 편지의 사본이 있었는데, 그것만으로는 특기할 만한 점이 없었다. 그런데 그 사본에는 내가 갖고 있던 편지와 똑같은 접힌 자국이 있고 편지의 중앙에서 오른쪽 부분에 작은 얼룩이 있었다. 그래서 이제 걱정할 만한 부분은 이것이었다. 보통은 협회에 있는 것이 원본이라는 것. 내게는 좋지 않은 상황이었던 것이다.

나는 내가 처한 상황이 걱정되어 침을 삼켰다. 내가 이 단체 감독위원회의 위원이었기 때문에 상황이 더욱 민망해질 수 있었다. 협회가 가진 것이 편지의 사본이고 내가 원본을 갖고 있다니, 어찌된 일일까? 판매된 기록은 전혀 없다. 나는 그 자리에 앉아 이

I do hereby certify whom it may
concern, that the Papers herewith
connected under my Seal, viz. the Extract from the
Minutes of the Assembly of Georgia,
signed by Henry Cuyler, Clerk; and
the Instructions to Capt. Dela Plaigne
signed by N.W. Jones Speaker, are ge-
nuine and authentic Papers.

Passy, Dec. 3. 1777.

B Franklin

도난품일 수도 있겠다고 걱정했던 벤저민 프랭클린의 편지.

폴더에서 도난당한 원본이 내게 흘러왔을 가능성이 있을지 45분 동안 머리를 쥐어짜며 고민했다.

그러다가 사본 뒤에 아주 작은 메모가 붙어 있는 것을 보았다. 분명하지는 않지만 협회의 의사록을 가리키는 내용인 듯했다. 내 불안이 호기심으로 변했다.

나는 앞서의 그 기록 관리자에게 방금 발견한 내용이나 이유는 말하지 않고 그 날짜의 의사록을 요청했다. 30분 뒤 똑같은 발소리가 회장에 울렸고 나는 구원되었다. 전례 없는 일이었는데, 1970년대에 위원회가 편지의 원본을 장기 후원자인 어떤 인물에게 주는 데 동의했음이 의사록에 기록되어 있었다. 그 후원자는 편지를 다른 수집가에게 팔았고 그 수집가가 편지를 우리에게 팔려고 내놓은 것이다. 그 뒤 우리는 편지를 다시 노스캐롤라이나의 어느 텔레콤 회사 사장에게 약 4만 달러에 팔았다.

어떤 자료가 거친 '여정' 혹은 출처 증명이 가진 힘을 보여주는 사례 가운데 내가 제일 좋아하는 것은 한 세기도 더 전에 윈스턴 처칠이 남아프리카에서 자신을 사로잡은 사람에게 보낸 유명한 전쟁포로POW 편지다. 1899년의 일이었다. 그 먼 땅에서 영국인과 네덜란드 이주민의 후손들 간의 전쟁, 즉 보어전쟁이 터졌을 때 미래에 수상이 될 스물네 살의 야심만만한 처칠은 런던 『모닝 포스트』의 기자였다. 그는 즉시 남아프리카로 출발했다. 입국한 다음 전선으로 가려면 매일 수색대를 태워 가는 장갑 열차에 타는 길밖에 없었다. 그래서 1899년 11월 15일에 장갑 열차에 탔다. 보어인들은 영국 열차를 잡기 위해 함정을 팠고 열차는 파괴되었다. 처칠은 비무장 상태였고 열차의 장갑은 성능이 별로 좋지 않았으므로 열차에 탔던 모든 사람들과 함께 그도 항복했다. 그를 잡은 사람들은 이 자신만만한 청년이 본국의 명문가 출신이며, 따라서 협상에서 귀중한 인질이 되리라는 것을 알았다. 그리하여 처칠은 전쟁포로였지만 장교 대우를 받았다. 헨드릭 스파르워터라는 사람이 포로들을 호송하여 지역 경찰에게 넘겨주라는 지시를 받았고, 지역 경찰들은 그들을 넘겨받아 프리토리아 소재 포로수용소까지 호송했다. 스파르워터는 포로들에게 진심 어린 배려를 베풀었다. 그가 처칠을 경찰에게 넘겨줄 때 처칠은 호주머니에서 메모첩을 꺼내어 1899년 11월 17일이라는 숫자를 썼다. "이 메모의 소지자 HG 스파르워터 씨는 영국 장갑 열차에서 사로잡힌 영국군 장교들과 나를 아주 친절하게 대했다. 이 사람이 포로로 잡힐 경우 그에게 도움을 줄 사람이 있다면 나는 개인적으로 매우 감사할 것이다. 윈스턴 처칠." 처칠은 저서 『런던에서 프리토리아를 거쳐 레이디스미스까지*London to Ladysmith via Pretoria*』에서 이 메모를 언급했다.

스파르워터는 연필로 쓴 이 작은 메모를 가지고 전선으로 복귀했지만 끝까지 잡히지 않았으므로 써먹을 일이 없었다. 그래도 그는 메모를 간직했다. 1년 뒤에 그는 사고로 사망했고 그의 소지품과 메모는 시신과 함께 그가 살던 작은 외딴 시골 마을로 돌아갔다. 이제 메모는 새 주인을 얻었다. 그의 아내와 자녀들은 그 메모가 가진 힘을 알아보았다. 두 세대가 지나는 동안 메모를 안전하게 보관해온 스파르워터의 증손녀는 그것을 작은 지역 박물관에 대여했고, 박물관이 소장한 보어전쟁의 다른 유물들과 함께

"이 메모의 소지자 HG 스파르워터 씨는
영국 장갑 열차에서 사로잡힌
영국군 장교들과 나를 아주 친절하게 대했다.
이 사람이 포로로 잡힐 경우 그에게
도움을 줄 사람이 있다면
나는 개인적으로 매우 감사할 것이다."

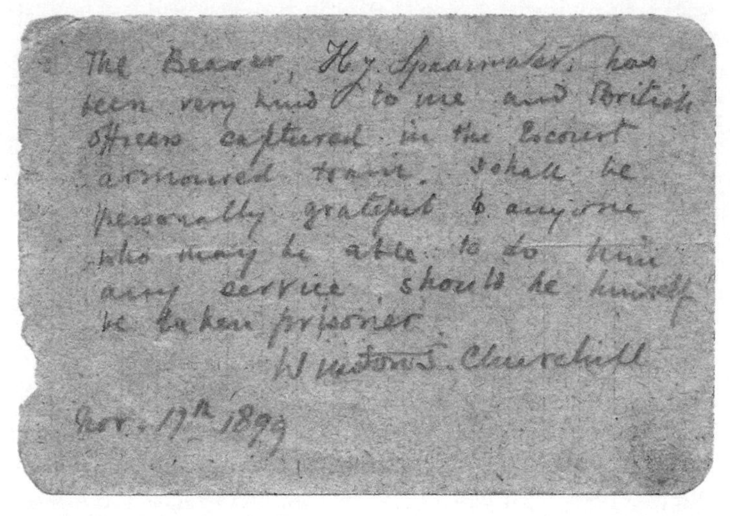
The Bearer, H.G. Spaarwater, has
been very kind to me and British
Officers captured in the Escourt
armoured train. I shall be
personally grateful to anyone
who may be able to do him
any service, should he himself
be taken prisoner
Winston S. Churchill
Nov. 17th 1899

윈스턴 처칠이 전쟁포로로 잡혔을 때 쓴 메모. 우리는 이 메모를 남아프리카에서 찾아내 손에 넣었다.

전시되어 이따금씩 들르는 방문객들을 맞았다. 이 박물관이 모든 대도시에서 멀리 떨어진 네덜란드계 보어인 지역의 심장부에 있다는 사실을 기억해두라. 한마디로 메모는 원래 서명된 지역에 남아 있었다.

2016년에 우리는 그 박물관의 소유주로부터 이메일을 받았다. "우리는 헨드릭 스파르워터의 증손녀를 만났습니다. 그녀는 그 편지의 소유주였습니다. 그동안 편지를 우리 박물관에 전시해주었죠. 그런데 그녀의 아들들은 편지에 관심이 없다고 했습니다. 그러면서 2년 동안 우리 박물관에 전시해온 편지를, 이제 그만 돌려받고 싶다고 했습니다. 그래서 내 남편이 그 편지를 그녀에게서 샀습니다. 내 남편은 2015년에 세상을 떠났고, 내 아이들과 내가 박물관을 계속 운영하고 있습니다."

그들은 그때는 편지를 팔 마음이 없었지만 우리는 그 편지에 대해 더 많은 사실을 알게 되었고 지금까지 그것이 남아 있다는 사실에 놀랐다. 그러다가 그들이 다시 우리에게 연락하여, 편지를 팔고 싶다고 했다. 우리가 관심이 있는가? 박물관과 다른 기관들은 항상 온갖 이유에서 소장품들을 다시 판다. 하지만 이와 같은 사설 박물관은 운영 방식이 가족 사업과 더 비슷하여, 업무가 좀더 비공식적으로 진행된다. 나는 거의 즉시 그 편지를 사기로 했다. 평소처럼 '조사를 거친 뒤'라는 조건을 달기는 했지만.

이 물건에는 뭔가 특별한 점이 있었다. 마치 내가 역사의 순서를 어기고 고향에서 먼 곳으로 간 처칠, 유명해지기 오래전 자신의 입지를 세우려고 분투하는 일개 청년인 처칠을 만난 것 같았다.

하지만 이제 난감한 일이 우리 앞에 놓였다. 아프리카 남단의 농촌 지역에서 필라델피아의 메인라인까지 그 편지를 어떻게 갖고 올 것인가? 유일한 길은 박물관 소유주가 가장 가까운 페덱스 사무소(요하네스버그에 있었다)까지 왕복 600마일•을 달려가는 수밖에 없었다.

처칠의 펜 끝에서 HG 스파르워터의 호주머니로, 그다음에는

• 약 965킬로미터.

그의 자녀들과 증손녀의 보관함으로, 그다음에는 지역 박물관으로, 그다음에는 페덱스 사무소로, 그다음에는 내 손으로. 8000마일•의 거리였다.

마침내 편지는 미국 남부 어느 수집가의 집으로 갔다. 그는 군대와 계약한 사업체(역시 퇴역 군인으로 아들이 해외 미군에 복무하고 있었다)의 소유주로, 이 역사적 문서를 보관하는 과업을 떠맡았다. 메모가 작성된 시기는 처칠의 수상 재임기보다 일렀지만 거기 깃든 사연은 그의 생애에서 중심을 차지했고, 또 그의 성격을 잘 상기시키는 것이었으므로, 3만 6000달러의 가격이 매겨진 이 문서를 사겠다는 요청이 많이 들어왔다. 나는 그와 같은 소유권의 연결고리를 발굴하고 지켜보는 일을 아주 좋아한다. 이 경우에는 진품인지 확인하는 데도 별문제가 없었다.

이번 사냥은 각각의 문서가 살아남는 데는 각기 나름의 이유가 있음을 상기시켜주는 사례다. 수천 마일 떨어져 살면서 서로 한 번도 만난 적이 없는 여러 사람을 거친 끝에 그 문서가 살아남은 것이다. 이 연쇄에서 하나의 고리라도 부서지는 바람에, 혹은 한 사람이라도 부주의하게 행동하거나 자신이 가진 것을 전혀 알아보지 못하는 바람에 사라진 역사가 얼마나 많을까. 지금은 사라진 것들이 만약 살아남았더라면 역사가 어떻게 바뀌었을지에 대해 책이라도 쓸 수 있을 것이다.

• 약 1만 2870킬로미터.

12

역사를 알면 새로운 눈이 열리나니
: 에디슨의 전선과 아인슈타인의 답장

방에 들어가면 다들 본능적으로 전원 스위치로 손을 뻗게 된다. 대부분의 사람들은 집에서 두 번 생각하지 않고 전등을 켠다. 하지만 삶이 언제나 이런 식은 아니었다. 전구의 발명과 상용화가 중요한 발전임을 알면서도 이를 혁명이라 인정하는 사람은 별로 없다.

전구가 등장하기 전의 세상을 상상해보라. 해가 지고 나면 화덕이나 가스등 불빛만으로 해낼 수 있는 것을 제외하고는 대부분의 진지한 작업이 중지된다. 양초는 값이 비쌌고 구하기도 힘들었으며, 촛불과 가스불은 모두 화재 위험이 컸다. 일몰과 동시에 삶은 본질적으로 중지된다. 토머스 에디슨은 온 세상에 불을 밝혔다. 그 원동력을 완전히 바꿈으로써 가능해진 일이었다. 인공 불빛을 연구한 것이 그만은 아니었지만, 결과적으로 그가 전구를 발명하고 집집마다 전기선을 깔 방법을 궁리하여 온 세계에 팔았다. 그리하여 밤을 또 다른 낮으로 바꾸어놓았다.

1879년에 발명된 전구는 아마 1년 뒤, 지금은 거의 기억되지 않는 한 시연회에서 세상을 바꾸는 힘을 입증했다. 에디슨은 그 시연회에서 전구가 단지 실험실에서만이 아니라 어디에서나 빛을 발할 수 있음을 인류 앞에서 증명했다. 그는 자신의 발명을 가정에 전파할 것이었다.

하지만 쉬운 일은 아니었다. 생각해보라. 그저 전선을 지하에 꽂아두고는 날씨나 대지의 움직임에 손상되거나 부패하지 않고 오래 견뎌내리라고 기대할 수는 없다. 전선을 절연 처리하고 전류가 확실히 흐르게 해야 한다.

에디슨이 처음 고용한 직원 중 하나인 W. S. 앤드루스는 이렇게 설명했다. "1880년에 에디슨은 멘로파크에 있는 자기 실험실에서 전등 1000개에 송전하는 지하 배선 시스템을 설계했다. 전등은 멘로파크 거리와 도로를 따라 늘어선 목제 전등 기둥에 설치된다. 또 주택가에도 설치된다. 전기 회로가 지하에 설치된 적이 이제껏 한 번도 없었으므로 어떤 것이 적절한 설치이고 적절한 콘덕터 절연제인지 알려줄 경험이 전혀 없었다."

이 모든 작업은 뉴저지 멘로파크에 있는 에디슨의 실험실에서 진행되었다. 그곳은 세계 최초로 그런 연구 개발 작업이 이루어진 기관이었다. 그곳에서 위대한 발명가[에디슨]는 엔지니어 존 크루시를 책임자로 하여 수많은 직원을 고용했다. 스위스인인 크루시는 대장장이 수련을 받았지만 그의 진짜 재능은 에디슨의 발명품에 생명을 불어넣는 데 있었다. 두 사람은 함께 일하며 가정에 전기를 공급하는 시스템을 만들었다.

이것이 핵심이다. 전기가 없다면 전등을 어떻게 쓰겠는가? 그래서 에디슨 팀은 어떻게 하면 전선을 지하에 설치할 수 있을지 연구했고 이웃집을 실험 사례로 활용했다. 에디슨과 그의 직원들 대다수가 실험실 근처에 살았다.

그들은 여러 가지 절연 재료를 실험하여 마침내 트리니다드 아스팔트와 산화 아마씨유, 파라핀과 밀랍 약간씩을 섞어 재료를 만들었다. 그다음에는 지하에 매설된 전선이 건물 안으로 들어가게 했다.

1880년 대통령 선거일에 멘로파크의 크리스티가를 따라 전선 설치가 완료되었고 가로등도 세워졌다. 에디슨의 집과 길 건너 크루시의 집에 전기가 연결되었다. 에디슨은 준비가 끝났다는 말을 듣고 이렇게 말했다. "가필드가 대통령에 당선된다면 그 회로에 불을 밝히고 그렇지 않다면 불을 켜지 마시오." 가필드는 공화당 후보자였고, 북부 대부분의 주에서 지지를 받았다. 그리고 그가 승리했다. 그날 밤 멘로파크의 크리스티가에는 불이 환히 켜졌고 모두가 환호했다.

이 일이 얼마나 획기적인 성취였는지는 아무리 강조해도 지나치지 않다. 이것은 시작에 불과했다. 전기는 곧 전 세계의 모든 도시를 밝히게 된다.

* * *

이 테스트가 있은 지 140년 뒤, 우리는 중요한 이메일을 받았다.

나는 폴 크루시의 손자이며 가족 역사를 연구합니다. 폴 크루시의 아버지인 존 크루시는 에디슨의 핵심 동료였고 실험실 실장이었으며 최초의 영화를 만들었습니다. 에디슨의 전기 작업을 뉴욕에서 슈넥테디로 옮긴 사람이기도 합니다. 에디슨이 크루시에게 보낸 서명된 편지 열두어 통과 멘로파크에 설치되었던 케이블 한 조각을 갖고 있습니다.

내가 관심을 집중한 것은 편지였다. 충분히 흥미가 당겼다. '케이블'에 대해서는 별로 신경 쓰지 않았다. 거기에는 몇 가지 이유가 있었다. 나는 앞의 사연을 그때는 아직 몰랐을뿐더러, 그런 주장들에 대해 항상 회의적이었고 달리 입증될 방법이 없는 한 원칙적으로 물건들은 진품이 아니라는 가정에서 시작한다는 것이 가장 중요한 이유였다. 케이블 한 조각이 무엇이든 그 중요성은 지금 당장은 밝혀지지 않을 것이었다.

하지만 이 이메일은 내게 발견의 여정이 시작되는 하나의 출발점이 되었다.

그 자료는 골판지 상자에 담겨 도착했다. 편지는 폴더에 들어 있었고 케이블은 에어캡 비닐에 싸여 있었다. 겉에는 "파손 주의"라고 적혀 있었다. 에어캡을 벗기자 안전 봉투가 나왔다. 봉투를 열었더니 검댕과 아주 닮은 어떤 물건이 굴러떨어졌다. 내가 무얼 보고 있는지 파악하기까지 시간이 좀 걸렸다.

이 무슨 이상한 광경인지. 그 '케이블'은 사실은 케이블이 아니라 돌덩이 같은 물질에 감싸인 금속 조각이었다. 아니면 내게는 그렇게 보였다. 케이블은 별 특징이 없고 좀 더러웠으며 돌 부스러기가 흘러내렸고 자세히 들여다보지 않으면 전선인지 알아보

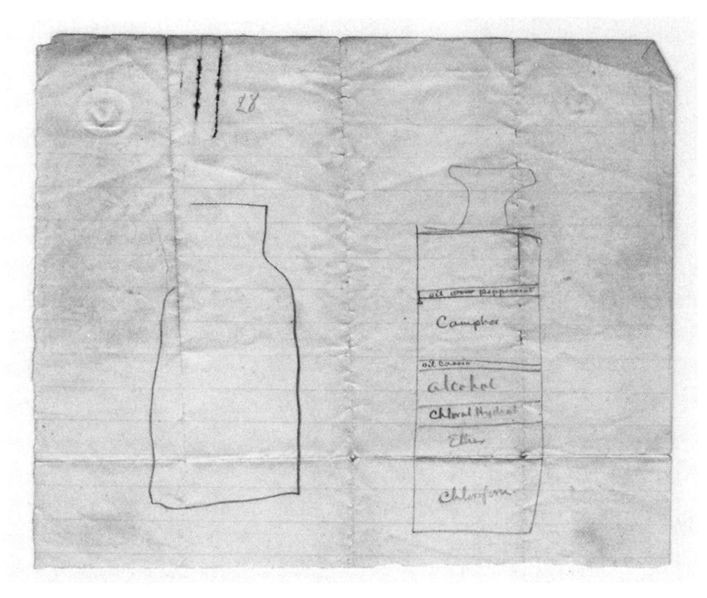

크루시의 후손에게서 얻은 에디슨의 품목 중 하나.
그가 만든 발명품의 스케치.

기도 힘들었다. 하지만 내게 연락한 사람이 동봉한 다른 두 가지 때문에 나는 케이블 조각을 다시 한 번 살펴보았다. 먼저 그 물건에는 그것이 최초의 지하 케이블에서 나온 것이며 언제 발굴되었는지를 알려주는 꼬리표가 붙어 있었다. 꼬리표와 거기 쓰인 글자는 그 시대 것이 맞아 보였다. 긍정적인 신호였다.

에디슨이 세상을 떠난 뒤 그의 동료와 과거 조수들은 한데 모여 에디슨 추종자 협회를 결성했다. 에디슨의 작업을 널리 알리고 그의 기억을 보존하기 위해서였다. 그 단체의 사무장은 F. A. 워드로였는데, 이 물건은 워드로가 크루시에게 보낸 편지와 함께 도착했다.

편지의 내용을 보자.

에디슨의 집에 실제로 가설되었던 지하 콘덕터의 한 조각입니다. 1880년에 뉴저지 멘로파크에서 있었던 에디슨 전등의 역사적 시연회에서 당신[크루시]과 [찰스] 베첼러의 집에 사용된 것과 똑같은 것이지요. 이 용도로 사용된 역사상 최초의 지하 케이블입니다. 1933년 9월 29일에 내가 직접 땅에서 파냈어요. 당신의 옛날 집 바로 맞은편, 크리스티가의 동쪽 편에 43년간 파묻혀 있던 것이에요.

나는 이 주장을 확인해주는 새 출처를 인터넷에서 찾아냈다. 1933년에 크리스티가에 새 전기 케이블이 가설되었을 때 50년도 더 전에 매설되었던 구리 전선 몇 조각을 워드로가 파냈다는 소식이 있었다. 에디슨은 1931년에 세상을 떠났다. 워드로는 그 절연된 전선 한 줌가량(발굴된 거의 전부)을 기념물로 사람들에게 보냈다.

이 소식이 옳다면 내가 받은 것이 그 파편들 중 하나일 수 있을까? 아니면 유일한 파편일 수도 있을까? 물건의 진품 여부를 확인(출처 증명)하려면 엄청난 조사가 필요하다. 나는 아직 결론을 내릴 준비가 되지 않았다.

나는 펜실베이니아 대학의 희귀 도서 도서관으로 가서 옛날 자료를 뒤지다가 마침내 에디슨의 실험실에서 각 가정들에 연결된 원래 케이블이 어떤 형상이었는지를 묘사하는, 잘 알려지지 않은 기사 속의 한 구절을 만났다. 그 기사에 따르면 콘덕터는 "No. 10 BWG 구리선으로 되어 있었다. (…) 그 전기 시스템은 단순한 콘덕터 두 개, 다중 회로로 구성되었다. (…) 두어 주일 동

토머스 에디슨이 가정에 불을 밝히기 위해 사용한 최초의 지하 전선 한 조각.

"에디슨의 집에 실제로 가설되었던
지하 콘덕터의 한 조각입니다.
1880년에 뉴저지 멘로파크에서 있었던
에디슨 전등의 역사적 시연회에서 (…)
이 용도로 사용된 역사상 최초의 지하 케이블입니다.
1933년 9월 29일에 내가 직접 땅에서 파냈어요."

안 실험한 뒤 최선의 절연 재료가 채택되었다. 그 재료는 정련된 트리니다드 아스팔트에 산화 아마씨유를 섞어 적절한 점성을 얻고 거기에 파라핀과 밀랍을 조금 섞어 부드럽게 만든 것이었다."

이 구절을 발견하여 신이 나기는 했지만 내가 가진 것이 진품인지에 관해서는 의혹의 여지가 남았다. 발굴된 전선에 콘덕터가 두 개 있었다는 말을 들은 기억이 없기 때문이다.

그래서 나는 카렌의 조언대로 집으로 가서 우리가 받은 물건을 다시 들여다보았다. 상자에서 꺼내어 자세히 들여다보았더니, 놀랍게도 그것은 2콘덕터용 회로였다. 그리고 조사를 좀더 한 뒤 나는 이 물건이 No. 10 구리선이라고 판단했다. 서술문과 완벽하게 부합했다. 내가 찾아낸 기사는 물건의 가치를 줄이는 게 아니라 그것이 진품임을 확정해주었다. 더욱이 내가 단순히 돌 부스러기나 검댕이라 여겼던 것은 에디슨이 사용한 아스팔트였다.

그 퍼즐에는 한 조각이 더 있어야 했다. 워드로가 그 전선 파편들을 한 사람에게만 보냈을 리가 있는가? 아니, 그렇지 않았다. 판매자는 에디슨의 실험실 수석 조수의 직계 후손이었지만 에디슨에게는 이 프로젝트에 참가하여 일을 도운 가까운 동료들이 여럿 있었다. 나는 워드로가 다른 사람들에게도 전선 파편을 보냈다는 증거를 찾고 싶었다.

그런 행동은 어떤 양식을 지니기 마련이다. 그리고 나는 그걸 찾았다. 다른 어디도 아닌 스미스소니언 박물관 웹사이트에서였다. 그 사이트에는 동일한 출처 증명을 가진 유물 하나가 올라와 있었다. 에디슨이 자신의 발명품을 세상에 소개한 1879년 12월 31일에 멘로파크에 밝혀졌던 전등이었다. 그 전등은 국립미국사박물관에서 열린 전시회 "혁명을 밝히다"에 출품되었다. 거기에도 우리 것과 같은 꼬리표, 같은 인물 워드로가 선물하면서 직접 작성한 메모가 꼬리표로 달려 있었다.

이 믿기 힘든 유물의 진위 판정을 하기 위해 우리는 온갖 증거를 끌어 모았다. 그 물건은 수신자의 직계 후손이 소유했고 그것을 보낸다는 편지를 갖추었으며 정체를 밝히는 꼬리표가 달려 있었다. 또 우리가 광범위한 조사를 거쳐 얻어낸 유물의 묘사와 일치했다. 널리 인정받는 다른 출처 증명과도 부합했다.

이제 그 물건이 우리 손에 들어와 있었다. 세계 최초의 지하 전선의 일부, 1880년에 멘로파크에서 실험된 전선, 에디슨과 크루시의 가정에 전등을 밝혀주기 위해 사용된 전선의 일부가 우리에게 있었다.

마치 거의 한 세기가 지난 뒤에 내가 크리스티가의 도로에 무릎을 꿇고 앉아, 역사의 파편을 다시 파내고 흙을 털어내어, 세상에 그 전선과 아스팔트를 보여주는 기분이었다. 전선 절단기로 조각들을 잘라내고 에디슨의 실험과 발명을 전부 되살려내는 것 같았다.

이 기념물은 다양한 요인들이 없었더라면 전해지지 못했을 것이다. 워드로가 유물을 발굴하고 보관하지 않았더라면, 크루시 가족이 이 파편을 여러 세대에 걸쳐 안전하게 지켜오지 않았더라면, 그리고 우리가 그 정체를 확인하고 대중에게 소개하려고 노력하지 않았더라면 말이다. 이 기념물은 시장에 나온, 전기와 전등에 관련된 유물로는 가장 중요한 것 중 하나다.

우리는 그 물건뿐만 아니라 에디슨이 크루시에게 보낸 편지 여러 통도 함께 사들였다. 편지의 내용은 대개 1881년에 뉴욕에 불을 밝힌 전선을 감싼 절연 피복에 관한 것이었다. 언론에서는 이 케이블의 발견에 대해 널리 보도했고 가격은 10만 달러로 매겨졌다.

정말 놀라운 일이었다. 이 일은 에디슨이 실용적인 면에 탁월하다는 것을 보여주는 증거였다. 에디슨은 우리가 살아가는 방식을 바꾸었다. 이 유물은 가끔 하나의 아이디어 또는 한 사람이 세상을 바꿀 수 있다는 것을 상기시킨다.

* * *

에머슨은 저서 『대리인』에서 우리의 지평을 넓히고 주변의 환경 너머 더 큰 것을 보게 하는 사람들을 찬양한다. "각자의 성격에 따라, 내가 재주가 없어 제기하지 못하는 질문에 답을 주는 사람들이 있다."

우리의 세상과 일상생활을 바꿔놓은 에디슨처럼 알베르트 아인슈타인은 우리의 정신이 우리 행성을 훨씬 뛰어넘는 차원과 개념으로 탐험해나갈 수 있게 해주었다. 그는 시간과 공간의 본성에 대한 우리의 사고방식을 바꾸었다. 하지만 가끔은 혼란을 잔뜩 빚어내기도 했다.

1945년 4월, 필리핀의 루손섬에 주둔한 미군 병사가 잡지 『사이언스 다이제스트』의 한 기사를 읽고 혼란에 빠졌다. 프랭크 K. 플리거라는 이름의 병사는 엔지니어였고 과학적 사고방식의 소유자였다. 그는 대중 과학 잡지에 실린 기사 정도는 마땅히 이해할 수 있을 것이라고 생각했다. 그런데 위대한 알베르트 아인슈타인이 직접 쓴 그 기사는 과학이 아니라 공상과학소설처럼 들렸다. 플리거는 아인슈타인이 사유 과정에서 뭔가 결정적인 단계를 누락시킨 것 같다는 인상을 받았다. 같은 텐트를 쓰는 동료들과 토론한 뒤(그들 모두 엔지니어들이었고 똑같이 혼란에 빠졌다) 그는 아인슈타인에게 편지를 쓰기로 작정했다. 쓰지 못할 이유가 있을까? 자신이 느낀 혼란을 없앨 수 있을지도 모르는데. 혹은 아인슈타인이 답장을 줄지도 모르는 일 아닌가.

그 병사들이 루손섬에 주둔한 것은 1월 이후로 이미 전투가 끝난 상태여서 시공간 연속체나 상대성 이론을 토론할 여유가 있었다. 그들은 적을 수색하는 비행기의 이름을 따서 반딧불이Lightning Bugs라 불리는 제26사진정찰중대 소속이었다. 동인도해의 여러 섬에 차례로 상륙하면서 미군의 전투가 성공적으로 치러지도록 지원했고, 그다음에는 1944년에서 1945년 사이에 벌어진 필리핀 상륙작전을 지원하는 임무를 수행했다. 얼마 안 가서 그들은 오키나와 공격을 지원하기 위해 호출된다. 태평양 전장에서의 작전을 통해 앞으로 몇 달 이내에 전쟁이 끝나게 될 것이었다.

한편 아인슈타인은 시간과 공간, 중력의 관계를 설명하는 자신의 일반상대성 이론을 전자기학 및 양자역학의 이론들과 통합하기 위해 오랜 시간 노력해왔다. 광년 단위의 거시세계부터 원자 이하 단위의 미시세계까지 하나의 원대한 원리로 설명하는 것이 목표였다. 아인슈타인은 1933년에 독일을 탈출했고 이제는 프린스턴 대학의 고등연구소에서 연구하고 있었다. 최근에 그는 미분

방정식보다는 이중 벡터bivector를 이용하여 공간의 곡률을 설명하는 새로운 수학적 접근법을 연구했다. 그는 필리핀에 주둔한 병사들을 그토록 당혹스럽게 만든 잡지 기사에서 이 연구에 대해 설명한 바 있었다. 이중 벡터 방정식은 임의의 두 지점 사이의 거리를 측정할 때 각 지점(x, y, z, t)을 설명하기 위해 4차원을 사용한다. 하지만 아인슈타인이 이 다소 추상적인 발상을 설명한 방식 때문에 그 기사는 아인슈타인이 4차원이 아니라 8차원(변수)이라는 엄청난 변수들이 있다고 생각하는 것 같은 뉘앙스를 풍겼다.

플리거 하사는 1945년 4월 17일에 아인슈타인에게 편지를 썼다.

> 텐트에서 저희들은 저녁이면 주로 다양한 과학적 주제를 토론하면서 지냅니다. 오늘밤에는 『사이언스 다이제스트』 1944년 11월호의 "아인슈타인이 다시 도전하다"에서 제기된 문제를 논의하기로 했습니다. 선생님의 이론에 따르면 공간은 각각 4차원을 가진 공간 두 개로 구성되었습니다. 공간은 곧 우주의 전 범위지요. 불가입성 법칙law of impenetrability•에 따르면 두 사물은 동시에 같은 공간을 점유할 수 없다고 합니다. 공간이 분할될 수 있습니까. 그 기사는 잘 이해되지 않았습니다. 우리 중의 몇몇은 4차원 공간이 하나만 있다는 입장을 고수했습니다. 나머지는 4차원 공간 둘로 구성되었다고 주장했고요. 왜 차원이 셋이나 넷이 있지는 않을까?

• 두 개의 물체가 동시에 같은 공간을 차지할 수 없다는 원리. 불복존성不複存性 원리라고도 함.

등등의 의문이 있었습니다. 답을 주신다면 감사하겠습니다.

플리거는 그 편지를 V메일('빅토리 메일victory mail'의 약자로, 군대에서 쓰는 우편 체계) 편으로 발송했고 수신인은 프린스턴 대학 알베르트 아인슈타인으로 되어 있었다. 나는 그 병사가 보낸 편지의 자세한 내용뿐만 아니라 그들의 관심에도 놀랐다. 이 병사들은 세계 반대편에서 무얼 하고 있었던 거지? 알베르트 아인슈타인에게 편지를 쓰고는 그가 답장해줄 거라고 생각하다니?

그런데 한 달이 채 안 된 1945년 5월 11일, 아인슈타인이 답장을 보냈다. 답장은 아인슈타인이 소속된 고등연구소의 수학 대학의 명칭이 새겨진 종이에 타자로 친 편지였다. 모두가 깜짝 놀랐다. 거기서 아인슈타인은 변수를 더 많이 사용하는 방법을 고민하기는 했지만 앞으로의 연구는 네 개의 변수를 기반으로 진행될 것이라고 설명했다.

안녕하십니까. 4월 17일에 보내주신 편지를 읽고 내가 지난 잡지 기사에서 밝히려 한 내용이 제대로 전달되지 않았음을 알게 되었습니다. 나는 공간이 4차원의 연속체로 고려되어야만 하는지에 의문을 가진 것이 아니었습니다. 내 질문은 공간의 물리적 속성을 기술하는, 관련된 이론적 개념들이 네 개의 변수를 지닌 함수일 수 있을지 또는 앞으로 그렇게 될 것인지를 묻는 것이었습니다. 가령 관련된 두 점의 거리가 서로에게 극한적으로 근접하지 않는 경우라면 그 거리는 두 점의 좌표의 함수여야 하며, 따라서 여덟 개의 변수를 지닌 함수로 나타내야 합니다. 나는 이런 종류의 가능성들을 지난 몇 년 동안 탐구해왔지만 내가 얻은 각각의 결과는 그다지 고무적이지 않아요. 지금 당장은 [일반상대성 이론의 입장에서] 단순히 네 개의 좌표[공간-시간]를 종속변수로 지니는 상미분방정식으로 돌아왔습니다. 장래에 우리 앞에 무엇이 나타날지는 아무도 예측할 수 없어요. 이것은 성공해야 알 수 있는 문제입니다.

이 사연을 한동안 곱씹어보라. 나도 그랬다. 병사들은 아인슈타인에게 상대성과 관련 과학(평균적 독자들의 수준을 넘어섰다)에 관한 부당하지 않은 질문을 예의 바르게 편지로 물었다. 아인슈타인은 4차원 공간에서 측정된 두 지점을 다룬 복잡한 편지로 답했다. 나는 내용을 이해하기 위해 과학을 전공한 친구에게 설명을 부탁해야 했다. 하지만 그 답장은 분명히 병사들을 기쁘게 했고 군대 신문 『성조기*Stars and Stripes*』에 보도되었다. "군대의 '잡담 시간'은 대개 함께 따라오는 소음 외에는 주목할 만한 점이 없다. 하지만 반딧불이 중대의 프랭크 플리거 하사의 경우 위대한 알베르트 아인슈타인과 편지를 나누는 성과를 얻었다." 기사는 아인슈타인을 천재인데도 아주 인간적이고 상냥한 인물로 묘사했다.

이야기는 그 지점에서 끝났다. 그러다가 프랭크 플리거의 후손이 자기 아버지가 그 편지를 간직하고 있었음을 알게 되었고 그것이 귀중한 것일 수도 있음을 깨달았다. 그는 능숙하게 흥정에 나섰고 우리는 생각보다 훨씬 더 높은 가격을 지불해야 했다. 그래도 그 편지는 우리 손에 들어왔다.

알베르트 아인슈타인 수집가는 전 세계 어디에나 있다. 편지를 되파는 건 전혀 어렵지 않았다. 편지를 누구에게 제일 먼저 알릴지 결정하는 게 힘들었다. 우리는 캘리포니아, 뉴욕, 노스캐롤라이나, 런던, 델리에 있는 방대한 아인슈타인 문서 컬렉션에 도움을 주고 있다. 위대한 물리학자의 편지 가운데 가장 귀중한 것은 과학과 특수상대성 원리에 관한 논의를 담고 있는 편지들이다. 우리는 이 편지를 콜로라도의 테크놀로지 기업가에게 4만 달러에 팔았다. 그 구매자는 20세기의 가장 위대한 과학자, 우리가 공간과 시간에 대해 생각하는 방식을 바꾼 남자가 시간을 내어 행성의 반대편, 위험한 전장에 있던 남자들에게 편지를 썼다는 사실에 감동을 받았다.

역사를 그 맥락에서 떼어낼 수는 없다. 아인슈타인의 편지는 아인슈타인에 대한 것일 뿐만 아니라 그 병사들에 관한 것이기도 하다.

13

이렇게 많은 물건들 중 여성이 남긴 것이 하나도 없다고? : 앤서니의 분노의 편지와 이어하트의 항공 경주 신청서

어느 날 저녁 식사 자리에서 평소처럼 사업에 대해 이야기하던 아버지가 카렌에게 말했다. "난 죽은 사람들을 본단다." 우리는 웃었다. "정말이야." 아버지가 설명했다. "매번 문서를 받을 때마다 과거 그때는 이게 어떤 모양이었을까 상상하곤 해. 어떤 것들이었을까." 나는 명언 하나를 기억한다. 우리 집의 도트 프린터용 구식 소프트웨어 프로그램인 프린트숍Print Shop으로 인쇄되어, 1987년부터 테이프 한 조각에 의지하여 아버지의 침대 옆에 붙어 있던 명언은 이런 내용이었다. 움츠러들지 마라, 지치지 마라, 절망하지 마라.

아버지는 그 명언의 주인공인 처칠에게서 영감을 얻었다. 아버지에게 수집에 대한 열정을 불어넣은 것도 바로 그 감성이었다. 아버지는 문서를 수집하고 있었고, 또 인물들의 성품과 개성을 수집하고 있었다. 그것이 역사 사냥의 본질이었다.

내가 수전 앤서니는 왜 그토록 화가 났을까?라고 자문했을 때 머리에

떠오른 것은 이런 생각이었다. 추측하건대, 이 질문을 던진 사람이 적어도 100년 동안은 한 명도 없지 않았나 싶다. 서부 해안에서 어떤 남자가 우리에게 편지 한 상자를 보냈다. 아프리카계 미국인들의 정신적 지도자 디바인 신부와 마술사 해리 후디니가 쓴 편지, 또 편지에서 잘려 나온 서명이 있었다. 빅토리아 시대에 수집된 물건들 가운데서 흔히 나오는 품목들이다. 대부분이 별 가치가 없었다. 하지만 그 무더기 밑바닥에 앤서니가 쓴 통렬한 편지 한 장이 있었다. 감탄 부호와 밑줄까지 완벽하게 그어진 상태로.

앤서니는 1820년에 어느 퀘이커 교도의 집안에서 태어났다. 퀘이커 교도는 미국 노예제에 대해 일찍부터 반대 입장을 강하게 표명했으며, 평등 이념이 퀘이커교 철학에서 핵심이었다. 그래서 놀랄 일도 아니지만, 그녀는 그 사상을 열일곱 살 때부터 품었고 반노예제 청원을 올렸다. 서른여섯 살에는 반노예제협회 뉴욕 지부장이 되었다. 대략 같은 시기에 여성 참정권 투쟁에서 함께 싸웠던 가까운 친구 엘리자베스 케디 스탠턴과 함께 여성 금주협회를 창립했다. 앤서니는 금주 운동에 참여했음에도 여성이었기 때문에 연단이나 운동에서 발언할 수 없었다. 그녀는 자신의 평등성 투쟁을 여권 운동, 특히 여성 참정권 투쟁으로 확대했다. 앤서니는 지칠 줄 모르고 기금을 모금했고 의회 회의장을 돌아다니며 자신의 명분을 지지해달라고 호소했다. 1872년에는 투표했다는 죄목으로 체포되었지만 벌금 납부를 거부했다. 앤서니는 1년에 100차례 이상 연설을 해냈다. 그녀는 지칠 줄 모르는 활동가였다. 그녀 덕분에 우리 어머니, 누이, 아내, 딸들(자랐을 때)이 투표권을 갖게 되었다. 하지만 앤서니는 1920년 19차 수정 법안이 비준되는 것을 생전에 보지 못했다. 슬프게도 그녀 자신은 전국적 선거에서 합법적으로 투표할 기회를 한 번도 갖지 못했다.

1905년 2월 4일에 워싱턴 D.C.의 희귀 서적과 자필 원고 거래상인 안톤 하이트뮐러가 미국 여성 참정권 연합의 명예 회장이던 수전 앤서니에게 편지를 보냈다. 하이트뮐러는 앤서니에게 19세기의 저명한 역사적 인물들의 사진과 서명 컬렉션을 팔겠다고 제안했다.

그런데 그 저명 인사들은 전부 남자였다. 뭔가가 크게 잘못되어 있었다.

가장 그럴싸한 설명은 "서명/자필 원고, 역사적 광고 인쇄물과 기념물 컬렉션 판매 전문가"로 스스로를 선전하는 하이트뮐러가 영업자로서의 열정은 지나칠 만큼 많았지만 둔감했다는 것이다. 100년이 지난 뒤 역사적 자료를 다루는 동료 거래상의 입장에서, 또 세월이 흐른 뒤라는 약간 유리한 위치에서 말하자면 하이트뮐러가 어떤 잘못을 저질렀는지가 생생하게 보였지만, 나는 그가 그런 잘못을 범한 것이 반가웠다. 그 덕분에 앤서니의 성품이 생생하게 느껴지는, 너무나 그녀답지 않게 통렬한 반응이 편지지에 담겼으니 말이다. 앤서니는 6일 뒤에 답장했다.

> 귀하.
>
> 귀하의 2월 4일자 편지를 받아보았습니다. 나는 당신의 자필 원고들이 매우 훌륭하고 당신이 언급한 저명한 남자들 역시 모두 훌륭

하다는 것을 의심하지 않습니다. 하지만 나는 저명한 여성들의 서명과 사진에 특히 관심이 있습니다. 당신이 지난 세기의 저명한 여성들의 서명과 초상 컬렉션을 갖게 된다면 당신을 후원하는 문제를 논의해보지요. 메리 울스턴크래프트, 프랜시스 라이트, 어니스틴 로즈, 엘리자베스 케이 스탠턴, 폴리나 라이트 데이비스, 루시 스톤 등등의 인물들 말입니다. 하지만 법에 따르면 여성은 그들이 소속된 정부에서 발언하지 못하게 배제되어 있으니 나는 여성의 해방을 위해 노력할 수밖에 없습니다. 난 당신이 여성을 사회의 애완물로 본다는 걸 알고 있어요. 그럴지도 모르지요. 그러나 애완물이 된다는 건 평등한 게 아닙니다. 내가 여성들을 위해 원하는 것은 모든 측면에서 법 앞에 평등한 존재가 되는 것입니다.

당신의 진실한 벗, 수전 앤서니

편지는 참정권 연합의 전용 편지지에 타자되어 있었고, 앤서니는 편지 본문에서 강조할 단어 밑에 펜으로 밑줄을 그었다. "애완물이 된다는 건 평등한 게 아닙니다" 같은 구절 말이다. 그녀의 억눌린 분노가 손에 만져질 듯 느껴졌다.

수전 앤서니는 수많은 편지를 썼고 오래 살았으므로 그녀의 편지는 그리 희귀하지 않다. 하지만 이 편지는 달랐다. 나는 편지를 읽자마자 중요성을 깨달았다. 이 편지는 앤서니의 더 큰 동기, 정치적·감정적 본질을 밝혀준다. 그녀가 왜 애당초 참정권 투쟁을 시작했는가? 오래 생각할 필요도 없다. 편지가 말해준다. 이 외교적 인물, 감정에 휘둘리지 않는 편이라고 알려진 인물의 입에서

"난 당신이 여성을 사회의 애완물로
본다는 걸 알고 있어요. (…)
그러나 애완물이 된다는 건
평등한 게 아닙니다.
내가 여성들을 위해 원하는 것은
모든 측면에서 법 앞에
평등한 존재가 되는 것입니다."

National American Woman Suffrage Association.

MEMBER NATIONAL COUNCIL OF WOMEN.

Honorary President, SUSAN B. ANTHONY, 17 Madison Street, Rochester, N. Y.

President, REV. ANNA HOWARD SHAW, 7443 Devon Street, Mt. Airy, Philadelphia, Pa.
Vice President at Large, CARRIE CHAPMAN CATT, 205 West 57th Street, New York City.
Corresponding Secretary, KATE M. GORDON, 1800 Prytania Street, New Orleans, La.

Recording Secretary, ALICE STONE BLACKWELL, 3 Park Street, Boston, Mass.
Treasurer, HARRIET TAYLOR UPTON, Warren, Ohio.
Auditors { LAURA CLAY, Lexington, Ky. / CORA SMITH EATON, M. D., Masonic Temple, Minneapolis, Minn.
National Press Committee, ELNORA M. BABCOCK, Dunkirk, N. Y.

NATIONAL HEADQUARTERS, WARREN, OHIO.

OFFICE OF HONORARY PRESIDENT, ROCHESTER, N. Y.

February 11,1905.

Heitmuller Art Company,
Washington,D.C.

My dear Sirs--

Your communication of Feb.4th is received. I have no doubt that your autographs are very fine and the portraits of all the distinguished men you mention must be fine also, but I am especially interested in the autograph signatures and the pictures of distinguished women. When you get a collection of autographs and portraits of the distinguished women of the last century,- of Mary Woolstencraft, Frances Wright, Ernestine L. Rose, Elizabeth Cady Stanton, Paulina Wright Davis, Lucy Stone,etc.,etc., I will talk about patronizing you. But while women are by the law excluded from a voice in the government under which they live I can only work for their emancipation. I know you think women are the pets of society. That they may be, but to be a pet is not to be an equal, and what I want is for women to be equal before the law in every respect.

Sincerely yours,

Susan B. Anthony

여성을 '애완물'로 여기는 태도를 비난하는 수전 앤서니의 편지.
강조를 위해 밑줄이 그어져 있다. 위쪽 사진에 앤서니가 있다(중앙의 인물).

쏟아져 나오는 감정이 그렇게 말한다.

하지만 세월이 한참 흐른 지금 돌이켜보면 그 서신과 답장은 전체적으로 두 가지 사실을 집중 조명한다. 첫째, 당시는 사람들이 이런 종류의 물건들을 수집하기 시작하던 때라는 것. 둘째, 수집되고 있던 역사가 전적으로 남성들의 역사라는 것. 앤서니에게 이런 사실은 그녀가 평생 해온 일에 대한 모욕이었다. 여기 여든다섯 살이 된 앤서니에게 생애의 종말이 다가오고 있다. 그리고 그전 세기의 존경받는 인물들(하이트뮐러가 그렇게 홍보했다) 중에는 여성이 단 한 명도 없다. 앤서니가 보기에 이런 사태의 원인은 바로 여성들이 아직 투표권을 갖지 못했다는 데 있었다. 여성들은 존중받고 있지 못하며, 역사에서 아직 동등한 경기자로 인정받지 못했다.

서명 거래상인 하이트뮐러가 파는 것은 역사적 인물들에 대한 감정적 관련성이었다. 이런 자료들은 당신의 영감을 고취시킨 사람, 당신이 찬양하는 삶을 살았고 당신이 닮고 싶어 하는 사람에게 당신을 연결해준다. 그런데 그런 인물들 중에 여성이 단 한 명도 없다고? 시간이 흐르고 온갖 일들을 다 겪었으니, 그런 범주에 들어갈 만한 여성을 적어도 한 명은 찾아내야 마땅하다는 것이 앤서니의 시각이었을 것이다. 사실 특출난 여성은 많이 있었다. 그리고 앤서니는 그들의 이름을 나열한다! 하이트뮐러에게 쓴 답장에 등장하는 여성들은 모두 저명한 참정권 운동가이자 노예제 폐지론자였다. 그 여성들은 자신과 타인들의 권리를 위해 싸웠고, 미국 역사에 기록할 만한 충격을 준 여성들이었다.

하이트뮐러의 잘못은 자신이 팔던 물건이 가진 힘을 충분히 알지 못한 것이었다. 앤서니가 보기에 하이트윌러가 자신에게 제안한 물건들은 감정적으로 상처를 주는, 모욕적인 것이었다. 그녀는 그에게 답장을 쓰지 않을 수도 있었다. 편지를 무시해버릴 수도 있었다. 하지만 앤서니는 그렇게 하지 않았다. 그리고 아이러니하게도 분노한 그녀의 편지는 현재 그 자체로 귀중한 편지가 되었다.

빅토리아 시대에 해리엇 비처 스토, 줄리아 워드 하우, 에비게일 애덤스, 메리 토드 링컨 등 저명한 여성이 쓴 편지가 수집의 대상이 되기 시작했다. 오늘날 여성의 서명을 찾는 사람은 더욱 많아졌다. 우리 고객 중에도 오로지 여성의 서명만 수집하는 사람들이 있다. 마사 워싱턴에서 재클린 케네디에 이르는 퍼스트레이디에 관련된 자료와 유물은 아주 귀하다. 어떤 사람들은 엘리너 루스벨트의 사회적 메시지에 관심이 있다. 그녀는 민권 운동을 초창기부터 지원했다. 그리고 어떤 사람들은 어밀리어 이어하트 같은 여성 탐험가와 모험가들에게 관심이 있다. 수전 앤서니가 투표할 권리를 요구한 지 얼마 지나지 않아 이어하트는 비행 경기에 참가하고 대서양 횡단 비행을 하고 세계일주 비행을 시도하는 등 여성의 전형성을 깨뜨리는 일에 도전했다.

우리에게 수전 앤서니의 편지를 판 사람은 안톤 하이트윌러의 유산 가운데에서 그 편지를 구입했다. 이는 곧 수전 앤서니가 그에게 답장을 쓸 만큼 그의 편지를 중요시했을 뿐만 아니라 하이트윌러 본인도 그녀의 답장을 팔지 않고 간직할 만큼 중요하게 여겼다는 뜻이다. 그는 죽을 때까지 이 편지를 소장했다.

역사는 수수께끼로 말하지 않는다. 은유로 발언할 뿐이다. 타인들이 이룬 업적에서 우리는 자신의 가능성을 본다. 하지만 만약 역사가 당신 것이 아니라면, 당신이 역사라는 책에서 배제된다면 그런 일은 일어날 수 없다. 수많은 소수 집단이 그리고 그들의 자녀들이 역사책 속에 반영된 자신들의 모습을 보고 싶어 한다.

앤서니의 편지를 볼 때마다 또 다른 부분이 내 눈에 뛰어 들어온다. 앤서니의 편지는 우리 집 아래층에 전시되어 있다. 카렌은 그 편지를 복제하여 누구나 볼 수 있게 액자에 넣어 전시했다. 편지가 액자 속에 있든 아버지가 인용한 처칠의 글처럼 테이프에 매달려 있든 메시지는 똑같다.

수전 앤서니는 세상을 헤아릴 수 없을 만큼 크게 바꾸었다. 그녀는 1906년에 세상을 떠났다. 하이트뮐러에게 자신은 여성의 해방을 향한 노력을 절대 멈추지 않을 것이라고 말한 지 1년 뒤의 일이었다. 그런 노력에는 투표할 권리, 전면적 재산권, 의복 개량(여성들이 코르셋처럼 몸을 죄는 옷을 반드시 입어야 하는 것은 아니라는 뜻) 등이 포함되었다. 세상은 바뀌고 있고 그녀가 거기 일조했다. 여성들은 자전거를 타고 자동차를 운전했으며 남성 없이 더 자유롭게 여행했다. 얼마 지나지 않아 여성들은 항공기를 조종했다.

어밀리어 이어하트는 이런 변화된 분위기 속에서 두 딸 중 맏이로 성장했다. 아버지는 변호사였고 어머니는 여자아이의 양육 방식에 대해 비관습적인 견해와 여성관을 가졌다. 이어하트의 어머니는 딸들에게 바지를 입혔을 뿐만 아니라 나무를 타고 사냥을 하는 것을 허락했다. 당시 이어하트는 선머슴애라 불렸고 언제나 성공하려고 애를 썼다. 그녀는 법률, 광고, 영화 제작, 공학 등의 분야에서 개척자적인 활동을 한 여성들을 다룬 기사를 스크랩했다. 그러다가 1920년에 비행에 빠졌다. 캘리포니아 롱비치 비행장에서 10분간 비행을 한 다음 모든 것이 결정되었다. 이어하트는 비행 수업료를 마련하기 위해 저축을 시작했고, 비행의 개척자인 네타 스눅에게 수업을 받았다.

이렇게 비행의 황금시대가 열렸다. 비행기 경주가 대중의 관심을 끌었고 계속 기록이 갱신되었다. 비행은 새롭고 궁극적인 모험이었다. 찰스 린드버그는 1927년 5월에 뉴욕에서 파리까지 단독 비행을 하고 전 세계적 명성을 얻었다. 그의 비행기가 서른세 시간 반의 비행 뒤에 파리에 도착했을 때 15만 명의 군중이 그를 환영했다. 린드버그가 비행으로 끌어 모은 경이로운 관심이 이어하트의 경력에 추진력을 더해주었다. 그다음 해, 그녀는 뉴펀들랜드섬에서 [영국의] 사우스웨일스까지 대서양 횡단 비행에 참가하라는 권유를 받았다. 세 명의 조종사 중 하나이자 유일한 여성 조종사였다. 대서양 횡단 비행을 마치자 곧 명성이 찾아왔다. 이어하트는 책을 썼고 미국 전역으로 강연 여행을 다녔다. 럭키스트라이크 담배 광고에 출연했고, 대륙횡단항공운송Transcontinental Air Transport 회사(나중에 TWA로 명명된 회사)의 항공 여행을 홍보했다.

이어하트는 여러 항공 경주와 경연에도 참가했다. 여성 최초로 북아메리카 단독 횡단 왕복 비행에 성공했는데, 그녀가 서명한 착륙 허가증이 한때 라브 컬렉션에도 있었다. 1929년에는 산타모니카에서 클리블랜드까지 날아가는 여성 항공 더비에 참가해 3위로 들어왔다. 파우더 퍼프 더비Powder Puff Derby라는 별명이 붙은 그 경주는 1920년에 시작된 미국 항공 경주 중의 하나였다. 1920년대와 1930년대에 비행기의 속도와 안전성이 개선되면서 이런 경주는 조종사와 비행기 모두의 발전을 입증하는 무대가 되었다. 장거리 경주, 착륙 경쟁, 낙하산 낙하 경연도 있었다. 유명한 경주들이 1930년대에 추가되었다. 톰슨 트로피Thompson Trophy는 조종사들이 폐쇄 코스에서 약 50피트•의 낮은 고도로 철탑을 돌아가는 정확성 경주였다. 벤딕스 트로피Bendix Trophy는 크로스컨트리 경주였고 셸 트로피Shell Trophy는 속도 경쟁이었다.

최고의 조종사들이 이런 행사에 참여했지만 여성 조종사는 여성만의 경연을 제외하면 대개 경쟁에 초청받지 못했다. 그런 현상은 곧 바뀌게 된다. 어밀리어 이어하트는 99라는 이름의 여성 조종사 모임을 만드는 데 힘을 보탰고 그들은 여성들만의 경주가 아니라 모든 경주에서 경쟁하기를 원했다. 1932년에 여성이 참가 허가를 받은 경주가 여럿 생겼지만 모든 경주가 그렇지는 않았다. 1934년 여성들은 남성들과의 경쟁을 허가받지 못했다. 1935년에는 여성들이 경주에 참가하더라도 상업 면허를 받은 항공기만 타야 했고 시속 150마일••의 한도를 지켜야 했다. 어밀리어 이어하트는 다른 여성 조종사들과 함께 이런 모든 제약에 반대하고 남성들과 함께 대등하게 경쟁하겠다고 했다.

1936년에 여성 조종사들은 소원을 이루었다. 1936년에 열릴 전미 항공 경주는 남녀 모두에게 똑같이 개방되었다.

• 약 15미터.
•• 약 240킬로미터.

그해의 항공 경주는 로스앤젤레스에서 열렸다. 정확성과 속도 경쟁 모두 이곳에서 벌어졌다. 첫 시합은 뉴욕 브루클린에 있는 플로이드 베넷 필드에서 시작하여 로스앤젤레스의 마인스 필드(지금은 LAX라 불린다)에서 끝맺는 벤딕스 에어 콘테스트Bendix Air Contest였다. 최신 기종의 비행기를 조종하는 최고의 재능을 지닌 조종사들이 참가했다. 이어하트는 최신 기종인 록히드 엘렉트라를 탔다. 그 비행기는 그녀의 요구에 따라 제작되었고, 그전에 쓰던 유명 기종인 진홍색 록히드 베가보다 더 컸다. 엘렉트라는 장거리용으로 제작되었다. 이어하트가 이미 세계일주 비행을 구상하고 있었기 때문이었다.

조 제이콥슨은 노스럽 감마 기종을 조종했다. 루이즈 새든은 비치크라프트 스태거윙을, 로라 잉걸스는 록히드 오라이언을 탔다. 조지 포미로이는 DC-2를 탔다. 전해 우승자인 베니 하워드는 아내인 맥신을 공동 조종사로 태웠다.

벤딕스 경주는 위험했다. 조 제이콥슨의 비행기는 캔자스주 스태퍼드 상공에서 폭발했다. 그는 안전하게 낙하산으로 탈출했다. 베니와 맥신 하워드의 비행기는 뉴멕시코에서 추락하여, 두 사람은 비행기 엔진 아래에 오랜 시간 갇혔다가 구조되었다. 이어하트 역시 어려움을 겪었다. 탈출용 해치가 공중에서 날아가버리는 바람에 그녀와 공동 조종사는 거의 죽을 뻔했다. 그들은 헌옷가지로 해치를 간신히 닫아놓았고 재급유를 위해 캔자스시티에 도착했을 때 철사로 문을 걸어 잠갔다. 이 때문에 귀중한 시간을 낭비했지만 그래도 이어하트는 5등으로 들어왔다. 정말로 여성들은 스스로의 가치를 증명해냈으며 경주를 지배했다. 루이즈 새든

이 우승하여 벤딕스 트로피를 수상한 최초의 여성이 되었다. 로라 잉걸스가 2등이었다. 그리하여 여성들이 상위 5등 안에서 세 자리를 차지했다.

여러 해 뒤 나는 로버트 존스턴이라는 남자의 연락을 받았다. 1965년에 그는 픽업트럭을 한 대 샀다. 그의 친구의 말에 따르면 존스턴은 라스베이거스 외곽의 오래된 오두막을 청소하는 일을 맡았다고 했다. 오두막은 그들의 또 다른 친구가 소유한 것이었다. 그는 친구들에게 오두막에서 원하는 것은 무엇이든 가져가도 좋고 나머지는 존스턴의 새 픽업트럭에 실어 쓰레기장에 내다버리라고 했다.

존스턴은 오두막을 치우던 다른 친구처럼 항공 산업에 종사하는 사람이었다. 낡은 0.22라이플 외에는 가져갈 것이 하나도 없었고 두 사람은 그 총을 친구인 집주인에게 돌려주었다. 하지만 존스턴은 쓰레기장에 가서 폐기물을 짐칸에서 끌어내다가 파란색 종이 뭉치를 보았다. 거기에는 미셸 데트르와이야라는 이름이 있었다. 그는 그 이름을 알아보았다. 데트르와이야는 1930년대의 유명한 프랑스 조종사였다. 존스턴이 종이 뭉치를 바닥에 던져놓고 보니 그다음 페이지에서 또 다른 이름이 눈에 들어왔다. 역시 그가 아는 이름이었다. 바로 재클린 코크런. 1930년대의 또 다른 위대한 조종사였다. 그녀는 1938년에 벤딕스 트로피를 따냈고 그때까지도 서던캘리포니아에 살고 있었다. 코크런은 존스턴의 친구이자 오랜 고객이기도 했다.

존스턴은 파란색 종이 뭉치를 쓰레기장에서 갖고 나와 트럭 조수석에 놓아두었다. 나중에 찬찬히 살펴볼 생각이었지만 그러지 못하고 집 안의 옷장 선반 뒤쪽에 쌓아두었다. 그 뭉치는 50년 동안 그곳에 남아 있었다.

이제 존스턴이 옷장을 청소하다가 발견한 것은 굉장했다. 파란색 종이는 1936년 미국 항공 경주의 공식 참가 신청서였다. 각 신청서는 여섯 페이지였는데 그중 네 장에는 규칙과 제약에 관한 설명이 인쇄되어 있었다. 조종사들이 남은 두 페이지를 채워 넣었다. 각각의 비행기, 엔진, 프로펠러, 정비 업무에 관한 자세한 정보와 허가 정보 등이 그곳에 기록되었다. 서류 양식에 조종사가 서명하고 공증을 받았다.

그 컬렉션은 비행의 황금시대 속 한 장면을 찍은 스냅 사진과도 같았다. 과감한 남녀 모험가들이 속도와 여행에 관한 인간 지각의 한계를 깨뜨리고 바꾸어나가던 시절이었다. 몇 주일이 아니라 며칠, 몇 시간 안에 전 국토와 대양을 횡단하여 세상을 바꿀 것이었다.

그중에서 큰 흥미를 끈 것은 이어하트의 신청서였다. 그녀는 미국적 낙관주의와 야심의 아이콘이었고 많은 사람에게 영감을 주었으며 두려움이 없었다. 1937년, 이어하트는 미국 항공 경주 신청서에서 자세히 설명했던 바로 그 비행기(록히드 엘렉트라)를 타고 세계일주를 하던 중에 세상에서 사라졌다.

이어하트는 신청서에 기종이 "랜드 모노플레인" 록히드이며, 비행시간이 고작 50시간에 불과한 "새" 비행기라고 썼다. 모터는 프라트와 휘트니 제품으로 어떤 사고도 겪은 적이 없었다. 최대 회전수는 2200rpm. 그녀는 자신이 시무어 호텔에 묵고 있다

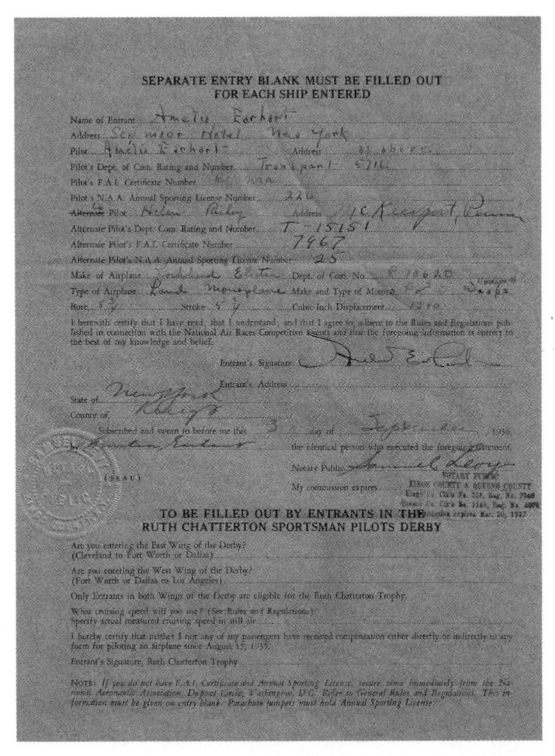
SEPARATE ENTRY BLANK MUST BE FILLED OUT
FOR EACH SHIP ENTERED

Name of Entrant Amelia Earhart
Address Seymour Hotel New York
Pilot Amelia Earhart Address as above
Pilot's Dept. of Com. Rating and Number Transport 5716
Pilot's F.A.I. Certificate Number
Pilot's N.A.A. Annual Sporting License Number 226
~~Alternate~~ Co Pilot Helen Richey Address McKeesport, Penn
Alternate Pilot's Dept. Com. Rating and Number T-15151
Alternate Pilot's F.A.I. Certificate Number 7467
Alternate Pilot's N.A.A. Annual Sporting License Number 25
Make of Airplane Lockheed Electra Dept. of Com. No. R 16020
Type of Airplane Land Monoplane Make and Type of Motors
Bore Stroke Cubic Inch Displacement 1340

I herewith certify that I have read; that I understand; and that I agree to adhere to the Rules and Regulations published in connection with the National Air Races Competitive Events and that the foregoing information is correct to the best of my knowledge and belief.

Entrant's Signature

Entrant's Address

State of New York
County of Kings
Subscribed and sworn to before me this 3 day of September, 1936,
by Amelia Earhart the identical person who executed the foregoing statement.
Notary Public
(SEAL)
My commission expires
NOTARY PUBLIC
KINGS COUNTY & QUEENS COUNTY

TO BE FILLED OUT BY ENTRANTS IN THE
RUTH CHATTERTON SPORTSMAN PILOTS DERBY

Are you entering the East Wing of the Derby?
(Cleveland to Fort Worth or Dallas)

Are you entering the West Wing of the Derby?
(Fort Worth or Dallas to Los Angeles)

Only Entrants in both Wings of the Derby are eligible for the Ruth Chatterton Trophy.

What cruising speed will you use? (See Rules and Regulations)
Specify actual measured cruising speed in still air

I hereby certify that neither I nor any of my passengers have received compensation either directly or indirectly in any form for piloting an airplane since August 15, 1935.

Entrant's Signature, Ruth Chatterton Trophy

NOTE: *If you do not have F.A.I. Certificate and Annual Sporting License, secure same immediately from the National Aeronautic Association, Dupont Circle, Washington, D.C. Refer to General Rules and Regulations. This information must be given on entry blank. Parachute jumpers must hold Annual Sporting License.*

우리는 1936년 벤딕스 경주에 제출한
어밀리어 이어하트의 신청서 양식을 찾아냈는데,
사진의 이 서류에는 그녀의 비행기를 묘사하는 내용이 들어 있다.

고 쓰고 자신과 공동 조종사의 조종 허가증 번호를 기록했다. 간단히 말해, 이어하트는 다른 참가자들처럼 자신의 비행기 그리고 조종사의 삶을 묘사하고 있었다. 우리에게 연락한 그 남자가 이런 놀라운 문서를 갖고 있었다. 그 시대의 모든 위인들로부터 온 자료였다.

세계일주에 나선 이어하트는 거의 완주해가던 중이었다. 남아메리카, 대서양, 아프리카, 인도, 동남아시아를 지나갔는데, 그러다가 남태평양에서 길을 잃었다. 그녀가 실종되자 당대 가장 광범위한 수색과 구조 작업이 실시되었다. 해군과 해안경비대도 수색에 참여했다. 이어하트와 공동 조종사인 프레드 누넌 그리고 비행기인 엘렉트라호의 어떤 자취도 발견되지 않았다.

로버트 존스턴은 쓰레기 더미에서 역사를 구해냈다. 그는 자신이 찾으려던 것도 아닌 역사를 발견했다. 신청서는 세상의 빛을 본 지 거의 반세기 뒤, 우리 앞에, 내 책상 위에 올라왔다.

이 무렵 존스턴은 너무 늙어서 골동품상을 대리인 삼아 일을 맡겼다. 그리고 대리인이 우리에게 먼저 연락했다. 그런 일은 드물지 않았다. 역사적 문서를 주로 다루지 않는 일반 골동품상도 가끔은 그런 일을 맡는다. 그리고 인터넷을 살펴보다가 우리에게 찾아온다. 우리는 존스턴에게 1만 2000달러를 제안했다. 그는 약간 실망하여 1만 8000달러를 요구했다. 우리는 처음에는 거절했지만 나중에 좀더 생각한 뒤 1만 6500달러를 제안했고 존스턴은 이를 받아들였다. 그는 출처를 증명하는 편지에 썼다. "약 50년 뒤 윌마[존스턴의 아내]가 죽었습니다. 아내의 옷장을 청소하던 중에 맨 위 선반에서 그 파란색 종이들을 찾아냈어요. 그래서 50년도 더 넘게 쓰레기 취급을 받던 것이 이제는 귀중한 유물이 되었습니다. 다시 생각하니 나는 이 자료를 아주 잘 보관하고 보호했더군요."

그다음에 그 문서는 나와 함께 해외로 건너가서 우리의 오랜 고객 중 한 명에게 소개되었다. 그의 아버지는 독립한 지 얼마 되지 않았던 그의 고국에서 공군 조종사로 복무했었다. 그 수집가는 이제 텔레콤, 테크 산업, 투자 사업에 종사하고 있으며, 억만

장자다. 그는 과학과 관련된 물건들(아인슈타인의 편지 중 여러 장을 구입했다) 또 우주와 비행에 관련된 물건들을 아주 좋아한다. 두 번째 관심사는 아마 그의 어린 시절과 성장기의 기억에서 나왔을 것이라고 나는 짐작한다. 그 수집가는 어느 날 아침 식사를 하면서 비행에 관한 문서들을 살펴보고 자신의 관심에 부합하는 물건들을 선별하여 골라냈다. 같은 자리에서 그는 처칠이 1945년에 유럽에서 제2차 세계대전이 끝나고 수상 직에서 내려올 때 조지 6세에게 낸 사직서를 구입했다. 또 발명가 새뮤얼 모스가 자신의 가장 큰 발명인 전신에 관해 쓴 편지도 구입했다.

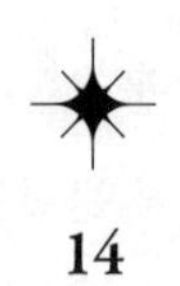

14

각자의 육감이 만들어낸 공동 작업 시너지 : 토머스 제퍼슨이 작성한 도서 주문 목록

지금으로부터 200년도 더 전에 몇 년간 백악관을 차지하고 있던 사람은 미국 최고의 계몽주의 화신이라 할 만했다. 그는 대규모 만찬을 주최하고 상원의원, 하원의원, 명사들, 발명가들을 초대했다. 그들은 제퍼슨이 가장 선호하는 유럽 구매상으로부터 수입한 와인과 음식을 먹었다. 그가 프랑스 주재 대사로 있는 동안 작성된 식단 목록도 있었다. 만찬 식탁에서 오간 대화는 분명 거창했을 것이다. 당대 사람들이 전하는 소식을 통해 우리는 그 자리에 차려진 이국적이고 흔치 않은 요리들, 넘쳐흐른 와인 품목 그리고 대통령의 광범위한 지성에 대해 조금이나마 알게 된다. 대통령의 서재는 유럽 대륙에서 수입하고 구매한 영어, 독일어, 라틴어, 프랑스어 책들로 가득 찼다. 제퍼슨은 모든 역사를 현재에 구현하여 생활화하는 데 집착한 것 같았다. 혹은 미국의 서진 운동을 상징하는 작가인 프레드릭 잭슨 터너가 썼듯이, "각 세대는 과거에 대해 자신들만의 관점을 형성하려 노력한다. 각 세대는 자신들의 시대에 최상으로 여겨지는 조건을 기준으로 과거의 역사를 새롭게 쓴다." 이는 제퍼슨만이 아니라 과거 위대한 공화국을 바탕으로 미국의 비전을 형성하려 했던 미국 건국자들의 임무이기도 했다. 존 애덤스도 과거의 상징적인 공화국들과 미국이 직면한 위협 사이의 연관성을 내면화했던 것 같다. 그는 이렇게 썼다. "외국이 간섭하고, 그들이 행위와 대리인을 통해 당파와 분파를 초래하고 조장하면, 그런 간섭과 영향력은 저항을 통해 종식되어야 한다. 고대 그리스, 현재의 유럽에서 그러했듯이, 공화정부와 독립된 권력을 가진 우리 미국에 의해 그 세력들은 파멸되고 종말에 이를 것이다."

제퍼슨의 눈은 서쪽, 바다에서 빛나는 바다로 뻗어나갈 새 나라를 향해 있었다. 제퍼슨의 궤도 속으로 야외 활동이 적성인 젊은 장교가 들어왔다. 그의 개인 비서를 맡기 위해서였다. 오늘날 역사에서 기억되는 그의 이름은 바로 메리웨더 루이스다. 제퍼슨은 루이스에게 보좌관 자리를 제안하는 편지에서 그가 그 직위를 통해 얻게 될 귀중한 경험을 암시했다. 제퍼슨은 루이스가 제안을 받아들인다면 "우리나라의 주요 업무를 담당하는 유력 인사들과 서로 알게 될 것이고, 그들이 당신에게 도움이 될 지혜를 줄 것"이라고 설명했다. 제퍼슨의 가문과 루이스의 가문은 둘 다 버지니아 출신으로 친한 사이였고, 루이스가 워싱턴 D.C.와 몬티첼로의 제퍼슨 집 벽난로 곁에서 보낸 시간도 헤아릴 수 없이 많았다. 루이스는 군복무를 통해 서부의 지식을 쌓았는데, 제퍼슨이 그를 선택한 것도 일차적으로는 서부에서의 경험 덕분이었다. 두 사람의 관계에서 역사가 만들어진다.

터너는 말했다. "미국 민주주의는 이론가의 꿈에서 나온 것이 아니다. 수전 콘스탄트Susan Constant호•에 실려 버지니아에 온 것도, 메이플라워Mayflower호••에 실려 플리머스에 온 것도 아니다. 그것은 미국의 수풀에서 헐벗은 모습 그대로, 생명력이 가득한 강력한 형태로 태어났으며, 새 프런티어에 닿을 때마다 새 힘을 얻었다." 이러한 터너의 인식을 루이스와 제퍼슨만큼 강력하게 증명해준 사람은 없었다.

헨리 렘젠 주니어는 뉴욕시의 금융가이자 은행가였다. 그의 아버지는 식민지 시대에는 애국자였고 이후에는 국왕에게서 자유를 얻기 위해 사람들을 선동했으며 그다음에는 전쟁을 지지한 상인 집단의 한 명이었다. 헨리 렘젠 주니어는 공직자이자 사업가로서 1789년에 국무부 선임 서기chief clerk로 근무했으며, 그다음에는 미국은행 뉴욕 지부의 제1금전출납계원first teller으로 근무했다. 또한 그는 제퍼슨 대통령의 비서로도 근무했다.

두어 해 전에 헨리 렘젠의 4대손이 우리에게 연락해왔다. 그는 식민지 시대의 역사적 문서를 다수 물려받았는데, 일부는 인쇄된

• 1606년에서 1607년, 제임스 1세로부터 특허를 받은 영국 버지니아 회사가 미국 동해안에 식민지를 개척하기 위해 보낸 선박 세 척 중 하나로, 이때 온 사람들이 버지니아주 제임스타운을 세웠다. 포카혼타스 이야기에 나오는 유명한 존 스미스도 그들 중에 있었다고 한다.

•• 1620년 11월, 영국 이주민들을 싣고 뉴잉글랜드에 도착한 배. 원래는 수전 콘스탄트호처럼 버지니아주로 가려 했으나 악천후로 케이프코드에 내렸다가 12월 26일에 플리머스로 이동하여 그곳에 식민지를 건설했다. 이 배를 타고 온 사람들을 미국 건국의 아버지, 필그림 파더스라 부른다.

것이고 일부는 손글씨로 쓰인 것이라고 했다. 1700년대 이후 그의 가문이 소유해온 것들이었다. 한 가문에 그런 자료가 그토록 오래 보관되는 일은 아주 드물다. 렘젠 일가는 식민지 시대, 독립전쟁 시대 그리고 연방 시대를 거쳐오는 동안 저명한 상인 가문이었다. 그동안 친척들 중의 누군가가 그 자료를 팔거나 기증하거나 잃어버리거나 내버릴 가능성이 충분히 있었다.

아버지는 메인주에 있는 그의 집에 가보았다. 아버지 집에서 멀지 않은 곳이었다. 원본을 볼 수 있는 즐거운 방문이자 기회였다. 컬렉션의 물건 대다수는 대자보, 즉 건물이나 교회에 붙이는 종류의 종이였다. 이 아름답게 인쇄된 물건 중에는 국가가 무장할 것을 호소하는 애국적 대자보도 몇 종 있었다. 다른 것들은 미국 독립전쟁 기간 동안 지역 의회의 의원 후보자들에 관한 내용이었다.

자료를 살펴보는 도중에 아버지는 토머스 제퍼슨이 서명한 편지 한 통을 발견했다. 처음 아버지가 내게 하신 말씀에 따르면 전체가 제퍼슨의 글씨로 된 편지라고 했다. 주로 프랑스어로 제목이 적힌 긴 도서 목록이었다.

아버지는 내게 연락하여 그 이야기를 했다. 우리는 편지를 구입하기로 했지만 판매자는 우리가 제안한 액수보다 더 많은 돈을, 훨씬 더 많은 돈을 원했다. 그때는 협상이 무산됐지만 우리는 그와 이따금씩 연락했다. 펄펄 끓이는 대신 약하게 중탕하는 스타일의 협상이었다. 그는 그저 그 물건으로 돈을 많이 벌고 싶었고 특별히 서두를 이유도 없었으므로 이런 상황은 계속되었다.

마침내 아버지는 그 남자가 부른 돈을 줘야 할 것 같다고 말했다. 아버지는 그 편지가 그만한 가치가 있다고 확신했다.

나는 확신하지 못했다. "아버지, 제퍼슨의 도서 주문 목록이 실린 편지는 많이 있어요. 제퍼슨은 책을 대규모로 수집했고 이런 저런 책의 주문서를 썼어요. 그리고 사실 지금 당장만 해도 우리 웹사이트에 그런 종류의 편지가 두 통 올라와 있어요. 그중 어느 것도 2만 달러를 넘지 않아요." 나는 이 편지를 그처럼 높은 가격에 구입하여 어떻게 추가 수익을 얻을 수 있을지 알지 못했다. "저는 도저히 자신이 없어요."

그러나 우리의 사냥은 육감을 믿는 데 달려 있었다. 우리 중 한 명이 단호하게 거부하면 물건을 구입하지 않는다. 그래도 한 명이 그 물건의 가치를 강력하게 믿는다면, 그것이 어떤 물건인지, 어떤 물건이 될 수 있는지 비전이 보이는 '블링크'의 순간이 있다면, 그 판단에는 무게가 더해진다. 그리고 내가 일찌감치 배운 수업이 머리 뒤쪽에서 계속 울렸다. "그냥 짐작만 하지 말고 자세히 들여다봐." 아버지가 말했다. 자료의 이면을 좀더 파고들 필요가, 자리 잡고 앉아서 꼼꼼하게 주의를 기울일 필요가 있다는 말이었다. 그래서 그런 생각을 머릿속에서 굴리면서 나는 더 자세히 들여다보고 그 자료를 한 줄씩 읽었다. 수십 권의 책이 열거되어 있었다. 대부분이 여러 권짜리 책이었고, 목록은 주제별로 나뉘어 있었다. 역사, 법률, 자연법과 국가 법률, 해양법, 정치, 지리학, 디드로의 저서, 라틴어·스페인어·프랑스어·그리스어 고전들. 제목을 보니 사전과 참고문헌도 많았다. 아드보카 신부가 쓴 역사와 서지학 사전Dictionnaire historique et bibliographique par l'Avocat, 도덕·정치·외교의 로비네 사전Robinet dictionnaire morals, politique et diplomatique, 에노가 쓴 프랑스 역사 축약 연대기Abrege chronologique de l'histoire de France par Henault, 마케르가 쓴 로마 연감Annales Romanines par Macquer, 플레이페르의 산술 수열Arithméfique linéaire de Playfair(1787년경 파리에서 출판됨), 스페인 아카데미 사전Spanish dictionary of their academy.

세 페이지에 달하는 목록의 끝에는 메모가 적혀 있었다.

> 두에인 씨는 파리에서 위의 서적을 구입하기 위해 고용되었다. 그는 아래 서명자가 제시한 조언에 따라 도서 구입 비용을 관리하는 윌리엄 쇼트 씨의 감독과 지시를 받고 행동할 것이다.
>
> 토머스 제퍼슨, 워싱턴 D.C., 1802년 7월 19일.

사소한 서적 주문서가 아니었다. 제퍼슨은 대통령으로서 어떤 사람을 파리에 보내어 다량의 희귀 서적을 구입하는 데 거액의 돈을 쓰라고 지시하고 있었다.

호기심이 발동했다. 이 편지는 내가 보아온 제퍼슨의 서적 컬렉션 관련 편지와는 정말 달랐다. 다른 양식의 편지였다. 내가 확실히 건드릴 수 없는 어떤 요소가, 뭔가 정상 궤도를 벗어나 있었다.

우리는 항상 어떤 것을 나머지와 구분하는, 그 역사를 우리가 또 고객들이 좋아할 방식으로 현재로 불러오는 문서의 어떤 요소를 찾아다닌다. 우리가 편지를 통해 이루어진 행동에 의해 또는 거기서 사용된 언어에 의해 마음이 동한다면 다른 사람도 마음이 움직일 것이다. 우리는 모든 자료를 일단 소유한 다음 판매하는데, 이는 곧 우리 자신의 자원을 투입한다는 뜻이다.

우리는 모험을 감행하여 편지를 구입했다. 기본적으로는 아버지의 육감, 그리고 이 편지가 '관심을 끌 수 있겠다'는 나의 느낌 때문이었다.

물건이 도착하자 나는 자세히 살펴보았다. 금방.뭔가가 잘못되었음을 깨달았다. 아버지는 제퍼슨 본인이 편지를 썼고 서명은 분명히 그의 것이라고 말했지만 편지 본문의 글씨에 대해서는 자세히 검토하지 못했다. 그럼에도 자료는 구입할 가치가 있었다. 그러나 자료가 손에 들어왔을 때 나는 그것이 내가 잘 아는 제퍼슨의 글씨가 아님을 금방 알 수 있었다. 그의 글씨에는 일종의 느낌이 있다. 비교적 곧게 서 있고, 각이 지기보다는 커브가 있다. 과장이 없다. 아버지에게 그 이야기를 하게 되어 상당히 실망스러웠다. "서명은 제퍼슨의 것이지만 편지 본문은 거의 전부 그의 글씨가 아니에요. 다른 사람이 썼습니다. 100퍼센트 확실해요."

"빌어먹을." 아버지는 한마디 뱉더니 말했다. "그렇다면 이게 메리웨더 루이스의 글씨인지 대조해봐야겠다. 그럴 가능성은 낮지만 그가 제퍼슨의 개인 비서였잖아. 시기가 맞는지 한 번 확인해보자."

그 시나리오는 확률은 낮지만 가능성이 전혀 없지는 않았다. 제퍼슨 곁에서 수습 생활을 하고 함께 살던 기간에 루이스는 의회와 백악관 사이를 오가면서 아주 중요한 메시지들을 전달했다. 일부는 루이스가 써서 자신의 멘토 역할(무엇을 읽을지, 어떻게 올바르게 쓸지를 가르쳤다)을 하던 제퍼슨의 서명을 받았다. 평소라면 우리는 윗사람 대신 편지를 쓰고 서명을 받은 사람이 누구든 상관하지 않았을 것이다. 하지만 루이스와 제퍼슨의 관계는 좀 달랐고, 그들의 상호작용은 역사의 경로를 바꾸었다.

제퍼슨은 1803년에 나폴레옹으로부터 루이지애나와 서부의 거점들을 구입했고, 1804년에는 루이스를 지휘관으로 하는 탐험대를 파견했다(클라크도 참가했지만 책임자는 루이스였다). 탐험대는 동식물의 표본을 수집했고 미국 원주민 부족들과 접촉했다. 마침내 탐험대는 태평양으로 나가는 길을 발견했다. 루이스는 해안으로 내려갈 단일한 수로가 없다는 사실을 알았다. 해안에 도달하는 임무는 달성했지만 해안까지 원만하게 흐르는 강이 없다는 사실도 입증된 것이다. 탐험대는 적절한 시기에 숙련된 토착민의 안내를 받아 산맥을 넘어가야 했다. 너무 늦으면 겨울이 닥친다. 너무 이르면 눈이 채 녹지 않아 고갯길이 열리지 않는다. 고도가 너무 높기 때문에 여름에 길이 열리기를 기다려야 했다는 뜻이다. 즉 그다음 해의 따뜻한 계절이 와야 귀환길에 오를 수 있었다. 하지만 탐험대의 성공으로 신생국 미국은 서부로 눈을 돌렸고 서부로의 여정이 가능함을 입증했다.

클라크는 나중에 발견의 순간을 이렇게 썼다. "바다가 보인다! 오! 기쁨이여. (…) 그토록 보고자 했던 거대한 태평양이여. 암벽 해안에 부서지는 파도가 으르렁대는 소리든 소음이든 얼마나 듣고 싶었던가."

루이스와 클라크는 귀환 후 성대한 환영을 받았다. 루이스는 일기를 출판했고 미국 탐험사의 새 시대를 열었다. 이런 업적을 통해 루이스는 서부 진출을 상징하는 인물이 되었다. 루이스는 서부로 향하는 직선 경로를 열지는 못했지만 그의 행동은 고대

트로이의 헬렌의 아름다움과 같은 역할을 했다. 즉 1000척의 배를(아니면 수만 대의 포장마차covered wagons를) 출항시킬 만한 아름다움, 그런 행동 말이다.

이제 아버지는 내게 이 문서가 그 관계, 즉 제퍼슨과 루이스의 지적 멘토링 관계에 속하는 것인지를 점검해보라고 부탁했다. 책을 주문하는 이 편지를 실제로 루이스가 쓰고 제퍼슨이 서명했다면, 편지는 중요한 두 인물을 한데 묶어주는 고리로서 엄청나게 귀중하고 흥미로워진다.

나는 조사를 시작했다. 이 편지는 정확하게 무엇인가? 중요한 질문 두 가지가 있었다. 제퍼슨은 왜 이 책들을 주문했는가? 그리고 실제로 편지를 작성한 수수께끼의 인물은 누구인가?

중요한 업적을 남긴 대통령과 역사의 주요 인물들의 경우 서신을 수집하는 단체들이 생기기도 한다. 이런 단체들을 '문헌 프로젝트papers projects'라 부르는데, 주로 대학 소속인 경우가 많다. 예를 들면 워싱턴 문헌 프로젝트는 버지니아 대학UVA에 있고 아인슈타인은 UCLA와 프린스턴, 예루살렘의 히브리 대학에 있으며 제퍼슨 문헌 프로젝트는 몬티첼로와 프린스턴에 있다. 이 중 다수는 원본 자료가 많은 의회도서관을 협력의 중심지로 삼는다. 나는 프린스턴 대학의 토머스 제퍼슨 문헌 프로젝트 편집자인 바바라 오버그, 그리고 의회도서관의 기록 관리자인 줄리 밀러와 연락했다. 두 사람은 내가 던진 두 질문에 답을 얻게 해줄 것이다.

애덤스 대통령은 1800년에 의회도서관을 세웠다. 이듬해인 1801년에 제퍼슨이 취임했을 때 의회도서관의 도서 구입비로 책정된 5000달러 가운데 2200달러만 사용된 상태였다. 애덤스 재임 당시의 도서관은 책 몇 권을 비치한 작은 방으로, 아주 초보적인 상태에 머물러 있었고 기금 마련은커녕 관심도 별로 받지 못했다. 현대적인 의회도서관은 제퍼슨이 대통령으로 재임 중일 때 만들어졌다. 그는 도서관을 의사당 건물로 옮기고 친구인 존 버클리를 제1대 의회도서관장으로 임명했다. 1802년 4월에 제퍼슨은 도서 수집 계획을 이렇게 설명했다. “나는 의회도서관을 위한 카탈로그를 준비했다. (…) 카탈로그의 내용은 정치인으로서 의회 의원들이 고려해야 할 학문 분과로 한정했다. 그리고 신사들이 개인 서재에 비치할 수는 있으나 참고 용도로 소장하기에는 적절하지 않은 고전과 현대 서적들은 배제했다.”

제퍼슨은 각기 다른 구매 도서 목록을 두 벌 만들었다. 하나는 런던에서, 다른 하나는 파리에서 구입할 목록이었다. 윌리엄 두에인이라는 정치적 동지가 도서 구매의 책임을 맡았다. 두에인에게 보낸 편지에서 제퍼슨은 다음과 같이 썼다. “지금 당신에게 의회를 위해 수입될, 그리고 당신이 조달해주었으면 하는 책들의 목록을 동봉합니다. (…) 그 책들을 의회 회의가 열리기 전에, 아니면 최대한 빨리 받을 수 있으면 좋겠습니다.”

이 글을 읽고 내 눈은 크게 떠졌다. 나는 아버지를 불렀다. “이게 뭔지 알겠어요. 이 도서 목록은 의회도서관에서 최초로 대량 구매한 도서들의 목록이에요.”

“누가 썼지?” 아버지가 물었다.

“그것까지는 아직 모릅니다.” 하지만 나는 그 대답에 접근하고 있었다.

메리웨더 루이스가 썼을까? 그럴 것 같다는 짐작이 들었다. 하지만 짐작만으로는 문서를 팔 수 없고 역사가 바뀌지도 않는다.

의회도서관 그리고 토머스 제퍼슨 문헌 프로젝트와 함께 작업하면서 나는 루이스의 글씨 표본을 찾아내어 샘플들을 비교해보았다. 루이스의 글씨는 오른쪽으로 살짝 기울어 있었다. 이런 기울어진 글씨체는 흔하지만 그의 글씨체에는 좀 별난 데가 있었다. 루이스는 글자를 쓸 때 대개 그것에 이어지는 선으로 시작한다. t를 쓸 때 선을 아래로 내리긋는 것이 아니라 먼저 위로 치솟았다가 아래로 움직이는 방식으로 시작한다고 상상해보라. 루이스의 글씨는 그런 식으로 시작하는 경우가 많다. 제퍼슨의 글씨와 막연하게 닮은 점이 있지만, 제퍼슨에 비해 세련됨이 덜하고 어딘가 날것 같은 느낌이 있다.

우리 편지가 루이스가 쓴 것이라는 깨달음이 차츰 와닿기 시작했다. 그 깨달음은 번개가 치듯, "아니, 세상에" 하며 순간적으로 온 것이 아니라 2~3일에 걸쳐 서서히 다가왔다.

나는 바버라 오버그와 줄리 밀러의 도움을 받아, 제퍼슨이 의회에 보낸 메시지들 가운데 루이스의 글씨라고 알려진 것들을 모두 검토해보았다. 별로 많지는 않았다. 또 제퍼슨이 전한 공식 메시지, 의회에서 행한 대통령 연두 교서를 루이스가 정서하고 제퍼슨이 서명한 것도 보았다. 나는 힌트를 찾고 있었다. 각 글자 바로 앞에서 휙 올라가는 삐침 획이나 다른 버릇과 특징들을 찾아다녔다. 의회도서관에는 바로 이 도서 목록의 사본이 있었는데, 전부가 제퍼슨의 글씨로 되어 있었다. 제퍼슨이 직접 쓴 것으로, 내가 가진 편지의 초고임이 분명했다.

제퍼슨은 보좌관에게 자신의 초고를 토대로 공식 정서본을 만들라고 지시하고, 거기에 서명했다. 나는 그 보좌관이 루이스였다고 결론 지었다. 그러니까 이 문헌은 배로 유럽에 갔다가 런던과 파리의 어느 응접실을 거쳐서 그곳에 있는 서점으로 갔다. 거기서 두에인은 희귀 도서 수백 권을 구입하여 의회도서관으로 가져갔다.

나는 의회도서관의 기록 관리자인 줄리 밀러와 통화했다. 우리는 컴퓨터 화면에 자료 세 건을 띄워놓았다. 제퍼슨이 직접 쓴 도서 목록 원래 초안, 루이스가 의회에 보낸 편지 그리고 도서 목록 최종 초안, 즉 내가 가진 자료. 나는 말했다. "이건 루이스의 글씨군요. 동일 인물의 글씨예요!"

나는 아버지에게 연락하여 이 소식을 알렸다. 중요 인물 두 명을 이어주는 뭔가를 발견한 경이로운 '와우'의 순간, 탄성을 자아내는 순간이었다. 그리고 그 자료는 다른 여러 측면에서도 중요했다. 의회도서관이 도서 수집을 시작하게 만든 기록으로서, 제퍼슨의 비전뿐만 아니라 그와 계몽주의 사이의 관련성을 알려주는 상징물로서, 루이스와 그의 멘토 간의 살아 있는 관계를 보여주는 사례로서, 또 목록에 담긴 도서들의 구체적 내용을 알려주는 메모로서 중요하다. 루이스와 제퍼슨이 서부 탐험을 준비하면서 이런 종류의 책들을 읽고 서로 논의하는 모습을 쉽게 상상할 수 있다.

보물이 언제나 숨겨져 있는 것은 아니다. 가끔은 평범한 시야 속에 섞여 있지만 그것을 보려면 대단한 육감과 경험과 지식이 필요하다. 짐작건대 두에인은 귀국한 뒤에 루이스에게 그 편지

192 — the Spanish Dictionary of their academy.
192 — Diccionario della Crusca.
62 — Dictionnaire Espagn. François, et Latin par Sejournant. 2.v. 4to
62 — Dictionnaire Ital. et François d'alberti 2.v. 4to
3.716 —

Mr. Duane is employed to purchase the preceding books in Paris under the controul and approbation of William Short esq. who is desired to pay for them out of the monies remitted to him for that purpose, & according to the advice forwarded him by

Th: Jefferson
Washington July 19. 1802

루이스가 쓴 목록(위). 이 자료의 위쪽은 메리웨더 루이스의 글씨이며,
아래쪽은 토머스 제퍼슨의 글씨다.
토머스 제퍼슨과 메리웨더 루이스(아래).
우리는 두 사람의 손글씨가 한 페이지 안에 함께 담겨 있는 서류 원본을 발견했다.
의회도서관에 소장할 서적을 주문하는 서류였다.
그런 것은 그때까지 시장에 나온 적이 없었고 지금까지도 그렇다.

를 돌려주었을 것이다. 만약 그가 그러지 않고 편지를 버렸더라면 어찌 되었을까? 루이스가 서부로 갔을 때 제퍼슨이 편지를 보관하지 않았더라면 어찌 되었을까? 렘젠 주니어가 편지를 보관하지 않았거나 상속자가 폐기했더라면 어찌 되었을까? 아버지가 편지를 구입하자고 압박하지 않았더라면? 내가 편지의 글씨가 제퍼슨의 것이라고 보는 아버지의 의견에 동의했더라면 어찌 되었을까? 아버지가 나더러 루이스를 조사하라고 제안하지 않았더라면? 이 편지가 제퍼슨의 사무실에서 일하는 하급 보좌관에 의해 쓰인 것이라고 치부하고 넘겼더라면 어찌 되었을까? 내가 더 자세히 들여다보지 않았더라면? 그런 자료가 살아남으려면 전쟁 때문에 분리되었던, 또 여러 세대와 세기라는 시간을 두고 분리되었던 모든 요소들이 공통의 목표하에 한데 모여야 한다. 이런 순간은 역사가 우리를 떠나는 게 아니라 우리의 일부분이 되어 현재에도 살아 있다는 나의 느낌(경험을 쌓는 과정에서 계속 자라난 느낌이다)을 더욱 강화시킨다.

이 문서의 진실과 중요성은 공동 작업을 통해 발견되었다. 또 각자의 기술을 어떻게 발휘하는지 그리고 아버지와 내가 어떻게 대등한 파트너로 함께 일하는지도 발견 과정에서 잘 밝혀졌다. 우리는 각기 다른 방식으로 각자의 육감을 신뢰했고 둘 다 옳은 것으로 판명되었다. 진정한 팀워크가 발휘된 것이다.

우리는 의회도서관에 편지를 구입할 우선권을 주었다. 우리를 크게 도와준 데다, 그 기관의 설립에 직결되는 문건이었기 때문이다. 우리는 몇십만 달러 단위의 가격을 매겼는데, 의회도서관에도 거액이었다. 몇 달 동안의 논의 끝에 우리는 거래를 성사시켰다. 그 편지는 현재 의회도서관에 있다. 나는 거기가 그 편지가 있어야 할 장소라고 생각한다. 의회도서관에는 제퍼슨이 직접 쓴 초고 원본과 루이스가 쓴 최종 버전이 소장되어 있다.

런던과 파리에서 구입한 서적들은 고작 몇 년 뒤인 1814년에 의회도서관이 영국군에 의해 소실되었을 때 사라졌다. 1812년에 벌어진 전쟁이 한창일 때였다. 전쟁이 끝난 뒤 제퍼슨은 이미 몇 년 전에 퇴임한 상태였지만 소실된 도서 컬렉션을 대체하기 위해 자신의 개인 서재를 의회에 팔겠다고 제안했다. 몬티첼로에 있던 그의 서재는 6000권 이상을 보유한 미국 최대의 개인 서적 컬렉션이었다. 1815년에 의회는 소실된 컬렉션의 두 배가 넘는 규모인 그 서적들의 가격으로 2만 3950달러를 제퍼슨에게 지불했다.

15

정부에 맞서다
: 존 F. 케네디 암살 사건 관련 녹음테이프

2011년 11월의 어느 날 오후 전화가 울리더니, 아버지의 모습이 전화 화면에 나타났다. 당시 아버지는 필라델피아 시내에 있는 작은 경매회사에 있었다. 거기서 그다음 날 팔리게 될 JFK 관련 자료들로 가득 찬 상자와 바인더들을 분류하고 있었다. 모두가 JFK의 수석 군사보좌관이던 체스터 클리프턴 주니어 장군이 남긴 자료였다. 클리프턴은 JFK의 사후 1965년 말까지 존슨 대통령[LBJ]의 보좌관으로 있었다. JFK 관련 품목들은 상자에 담긴 채 45년 동안 클리프턴의 집 다락방에 보관되어 있었다. 클리프턴은 1991년에 세상을 떠났지만 그의 아내가 2009년에 사망하고 나서야 부부의 상속자들은 그 자료에 무슨 가치가 있는지, 가치가 있다면 판매할 수는 있는지 알아보기로 했다. 그들은 자료를 어느 경매장에 내놓았다.

아버지는 케네디 대통령을 아주 좋아했다. 아버지가 고등학생일 때 일어난 그 참혹한 암살의 생생한 기억이 역사에 대한 홍미와 수집 열정에 원동력이 되었다. 가끔 아버지는 고객들에게는 거의 가치가 없지만 자신에게는 흥미가 있는 자료를 사고 싶어 한다.

거래상들은 다들 자신만의 개인적 흥미를 갖고 있고, 가끔은 수집가적인 면모에 빠져들 때도 있다. 다행히 아버지와 나는 그 점에 관해 서로에게 솔직하게 털어놓는다.

이 자료의 일부에 대해 나는 확실히 흥미가 있었다. 대통령 스케줄이 담긴 업무일지, 대통령과 퍼스트레이디가 서명한 희귀한 백악관 가이드북, JFK가 극지 잠수함에 제2차 세계대전 영웅인 더글러스 맥아더와 체스터 니미츠•의 이름을 붙이자고 제안하는 편지, 또 자유 훈장••과 관련된 다른 편지들, 암살에 관련된 기사.

"여기 굉장한 것들이 있네." 아버지가 말했다. 아버지가 느끼는 흥분감이 크고 명료한 음성에 실려 나왔다.

나도 동의했다. 그래, 굉장하지는 않더라도 좋은 물건이며 주의해 볼 만한 것들이었다.

"또 JFK 물건을 원하는 좋은 고객들이 있지. 입찰에 대해 이야기해보자."

대화는 좀 이상하고 예상치 못한 길로 접어들었다. "그런데 진

• 제2차 세계대전 당시 더글러스 맥아더 육군 사령관과 함께 태평양 전쟁을 지휘했던 해군 사령관. 진주만 습격 이후 패색이 짙었던 미군이 미드웨이 해전에서 승리하는 데 결정적 역할을 했으며 그 공로로 미 해군 최초의 5성 제독과 해군 참모총장을 역임했다.

•• 1963년 존 F. 케네디가 제정한 상으로 미국 시민이 받는 최고로 명예로운 상이다. 국가 안보와 이익, 세계 평화, 문화 등에 공로가 큰 시민에게 주어지며 대통령이 수상자를 직접 뽑는다.

짜 보물은 우리가 평상시에는 다루지 않는 것들일 수 있어." 아버지가 말했다. "여기 테이프 상자가 있는데, 모두 케네디와 존슨 행정부에서 나온 것들이야. 몇 개는 아주 재미있어 보이네."

테이프라고? 나는 생각했다. 장난하시는 거죠?

구식 릴 타입의 오디오테이프와 비디오테이프였다. "이름표가 붙은 게 몇 개 있군." 아버지가 말했다. JFK 취임식, 더글러스 맥아더의 연설, 백악관에서 있었던 첼리스트 파블로 카잘스의 연주 등등. 획기적인 자료는 아니었다. 아버지와의 대화에는 젊은 케네디 지지자의 열정이 슬금슬금 스며들어왔고, 전화로 이야기하는 중에도 나는 눈을 데굴데굴 굴렸다. 카잘스의 연주는 케네디 시절 백악관의 클래식한 스타일(재키 덕분에)을 보여주는 본보기였지만 우리 사업의 목적에 비추어본다면 '그래서 뭐 어쩌라고요?'라고 묻고 싶은 물건이었다. 우리는 종이와 펜이 만들어낸 역사적 문서를 전문으로 다루고 있으니, 이런 테이프는 좀 부수적인 영역으로 보였다. 어떻게 팔지 전혀 감이 오지 않았다. 그러다가 아버지가 오디오테이프 두 개를 언급했다. 둘 다 1963년 11월 22일에 녹음된 것으로 하나는 "에어포스원 승선자 교신", 다른 하나는 "텍사스 댈러스에서 앤드루스 공군기지로 비행 중인 에어포스원의 교신 내용, 1963년 11월 22일"이라는 이름표가 붙어 있었다. 아버지는 특히 이 테이프들을 보고 흥분했다.

"알았어요. 하지만 아버지, 그 테이프들로 우리가 뭘 하겠어요?" 나는 아버지의 흥분이 저 혼자서 훨훨 날개를 달고 날아가기 전에 억눌러야겠다고 생각했다. 아버지는 크세르크세스가 이끄는 페르시아 군대와 테르모필레 전투에서 싸웠던 스파르타인

300명에 대해 이야기해주곤 했다. 그 남자들처럼 내가 할 수 있는 일은 불가피한 충돌을 늦추는 것 뿐이었다.

아버지가 에어포스원의 녹음에 관심을 가졌던 이유는 클리프턴이 백악관을 떠나기 전, 즉 암살 직후에 녹음된 것이라는 점 때문이었다. 암살에 관한 공식 발표 버전이 풀리기 한참 전인 게 분명하다. 그날 저녁, 다양한 품목들을 조사하다가 귀가한 아버지는 케네디가 암살된 날에 에어포스원에서 녹음되어 세상에 공개된 내용을 자세히 읽었다. 비행기에서, 백악관에서, 앤드루스 공군 기지에서 그날 행해진 모든 대화가 한마디 한마디 포착되고 녹음되었다. 그 녹음은 그날을 기록한 몇 안 되는 실시간 자료 중 하나로서 에어포스원에 승선한 사람들에 대한 그리고 그들이 내린 결정(JFK의 시신을 어디로 가져가야 할지, 부검을 어떻게 할지, 업무 지원을 누가 어떻게 담당할지 등)에 관한 정보의 주요 출처였다. 그러나 거기에는 곤란한 문제가 있었다. 유일하게 남아 있는 그 테이프는 현재 오스틴에 있는 LBJ도서관에 소장되어 있는데, 심하게 편집되었고 1968년까지는 공개되지 않았다. 에어포스원은 거의 네 시간 동안 공중에 떠 있었지만 오스틴에 있는 테이프의 길이는 고작 한 시간 40분이다. 잔존 테이프를 누가 그처럼 심하게 편집했는지, 왜 편집했는지는 아무도 모른다. 공식적으로는 편집되기 이전의 원본 버전이 그냥 없어졌다고 알려져 있다. 국립기록보관소 직원들, 또 의회 의원들도 무편집 원본을 찾아다녔지만 거의 반세기 가까이 성공하지 못했다. 1992년에 의회 위임을 받은 암살기록리뷰위원회Assassination Records Review Board가 연방 기관들이 소장하고 있는 암살 관련 기록들, 다시 말해 일반에 공개된 기록들을 조사하고 수집하고 재검토하는 임무를 맡았다. 그러나 에어포스원 오디오테이프는 찾지 못했고, 내가 보기에는 아무도 그것을 더 이상 찾지 않았다.

아버지는 클리프턴이 아마 댈러스의 차량 퍼레이드에 참여했고 그다음에는 에어포스원에 탔을 것이라고 (올바르게) 추측했다. 클리프턴이 비행기에 타고 있었고 1965년에 은퇴했다면 (…) 글쎄, 이 테이프가 완전한 무편집 테이프일 수 있을까? 그렇지 않다면 다른 테이프일 가능성이 있을까? 아버지는 테이프 상자를 원했다. 끝. 나는 회의적이었다. 물론 이 테이프 두 개가 수십 년 동안 대중에 공개되어 있던 것과 같은 테이프 사본에 불과할 수도 있었다. 게다가 오디오테이프는 우리가 주로 다루는 분야가 아니었다.

그럼에도 아버지는 테이프를 사고 싶어 했다. 그리고 나는 가격이 괜찮다면 구매를 시도해보겠다고 동의했다. 아마 테이프를 우리 웹사이트에 방문객들을 끌어오는 미끼로 쓸 수도 있겠다는 생각이 들었다. 이런 식으로 나는 아버지가 개인적인 호기심에 매몰되는 것을 정당화했다. 말은 하지 않았어도 내가 테이프 몫으로 책정해둔 예산은 그리 높지 않았고 입찰은 내가 직접 전화로 진행할 계획이었다.

다음 날, 대부분의 품목에 대해 입찰이 활발하게 진행되었다. 판매는 많은 관심을 끌었다. 많은 품목들이 수만 달러 단위로 낙찰되었지만 테이프가 든 상자는 사람들의 레이더망을 빠져나갔다. 아마 카탈로그에 설명이 부족했고 아무도 살펴볼 생각이 없었기 때문이었을 것이다. 입찰은 2분도 걸리지 않았고 테이프는 금세 내 손에 들어왔다. 아버지는 기분이 좋았고, 아마 나도 그랬던 것 같다. 그저 아버지가 만족한 것이 좋았다.

다음 날, 나는 시내로 가서 우리가 구입한 상자 두 개를 가져왔다. 테이프가 든 상자와 다른 잡다한 물건이 든 상자였다. 아버지는 그 테이프, 아니 우리 테이프가 특이하지는 않을 것이라는 데 동의했지만 다른 가능성이 전혀 없지는 않았다. 아버지의 호기심을 채워줄 준비는 되어 있었지만, 물론 실천이 말처럼 쉬운 일은 아니었다. 지금은 21세기이고 릴 테이프는 쓰기가 쉽지 않다. 나는 테이프의 내용을 간편하게 재생하고 저장할 수 있는 디지털 파일로 바꾸어줄 전산화 전문가를 고용해야 했다. 며칠 뒤 나는 테이프를 페덱스로 전산화 전문 회사에 보냈다. 피츠버그에 있는 그 회사는 테이프를 돌려주기까지 시간이 좀 걸린다고 했다. 나는 다른 일에 신경을 쏟느라 테이프에 대해서는 곧 잊어버렸다. 몇 달이 흘렀다.

피츠버그의 전산화 회사 기술자가 내게 전화를 걸었다.

"끝났어요. 테이프를 곧 보내겠습니다." 그가 말했다.

"보내주세요." 그리고 내 주소를 불러주었다. 그러다가 나는 생각을 바꿨다. "에어포스원이라고 표시된 테이프 두 개의 디지털 파일만 먼저 보내줄 수 있어요?" 아마 아버지의 열정이 내게도 스며든 모양이었다.

나는 컴퓨터에서 그가 보내온 파일을 열었다. 파일이 다운로드되었다. 나는 테이프의 실행 시간이 예전 LBJ 테이프의 길이처럼 대략 한 시간 40분 정도 될 거라고 예상했다. 그러나 내 컴퓨터에 있는 오디오 플레이어로 실행해본 결과 파일의 길이는 각각 두 시간이 넘었다.

내가 절대 잊지 못할 순간이었다. 손이 저릿저릿했다.

테이프는 아직도 200~300마일• 떨어진 피츠버그에 있는데, 나는 컴퓨터를 보면서 우리가 역사를 바꿀 어떤 것을 만났음을 알았다. 여분의 길이가 테이프 본체에 원래 있던 단순한 공백 부분이 아니라고 추정하면 여기에는 음모론자들, 진지한 연구자들, 역사가들, 수많은 일반 대중들을 끝없이 매혹시키는 폭발력 있는 내용이 담겨 있을 것이다. 나는 기술자에게 다시 전화를 걸어, 테이프가 이송 과정에서 손상될 위험에 관해 상당히 길게 대화를 나누었다. 나는 테이프가 우편물 분류 기계를 지나면서 훼손될 수 있다고 생각했다.

"그럴 가능성은 별로 없어요." 기술자가 말했다.

"어느 정도지요?"

"손상 확률은 1퍼센트 이하입니다." 그가 나를 안심시키려고 했지만, 내 기준에서는 그것도 너무 높았다.

"잠깐만요. 그냥 갖고 계시겠어요?"

그 뒤 이틀 동안 나는 새 테이프 두 개를 1분 1분, 1초 1초, 한 단어 한 단어 꼼꼼하게 비교하여 듣고 멈추기를 반복하며, 주석을 달고 색깔별로 표시했다. 테이프 파일 두 개는 동일했다. 각 테이프는 두 시간 22분 길이였다. LBJ 도서관 버전보다 42분 더

• 약 320~480킬로미터.

길었다. 나는 전화기를 집어 들었다.

"아버지, 에어포스원 테이프를 둘 다 전부 들었어요."

"그런데?"

"똑같아요."

2, 3초 동안 침묵이 이어지다가 핵심 질문이 나왔다. "이번 테이프들이 더 긴가?"

"네. 지금까지 알려진 내용이 다 있고, 훨씬 더 명료해요."

이제 나는 결단코 그 테이프를 배송 서비스에 맡기고 싶지 않았다. 며칠 뒤 나는 차를 운전하여 피츠버그로 가고 있었다. 그들의 사무실에는 하이테크 오디오와 비주얼 장비 그리고 옛날 기계 박물관이 갖추어져 있었다. 거의 한 세기 정도 된 물건이며 모두 여전히 작동되는 기계들이었다. 나는 테이프들을 차 뒷자리에 싣고 집으로 돌아왔다.

그리고 우리가 가진 동일한 두 테이프의 녹취록을 더 짧은 버전인 옛날 테이프의 녹취록과 비교해보았다. 새로운 디지털 오디오 파일, 국립문서고의 오디오 파일, LBJ 도서관의 오디오 파일을 사용하여 각 버전의 정확한 녹취록을 만들었다. 듣고 멈추고 다시 돌리고 비교하면서. 새로운 자료를 찾아다니는 열성적인 조사자들이 많기 때문에 녹취록을 완벽하게 만들어야 했다. 내가 무슨 일을 하든 모두 검토의 대상이 될 것이다. 얼마 지나지 않아 나는 여분의 42분이 새로운 내용임을 분명히 알게 되었다.

아버지가 알아보지 못했더라면 그 테이프들은 지금 당장 어딘가 매립지에 파묻혔을 것이다. 역사의 파편들이 얼마나 덧없고 부서지기 쉬운지 알 수 있다. 또는 그 경매장의 다른 누군가가 에

"앤드루스는
월터 리드[병원]로 시신을
싣고 갈 앰뷸런스를 준비하라.
제발, 반복한다,
제발, 반복한다.
월터 리드는 시신을
받을 준비를 하라,
월터 리드."

TAPE NO. ______ FOR General Clifton HALF TRACK 3 3/4 IPS

Subject	Date	Recording Time
Radio Traffic involving AF-1 in flight from Dallas, Texas to Andrews AFB on November 22, 1963		

Recorded by
White House Communications Agency
THE WHITE HOUSE
Washington 25, D. C.

사라졌던 JFK 에어포스원 녹음테이프가 담겨 있던 상자.

어포스원 테이프를 알아보고 진지하게 입찰에 응했다면, 나는 아마 초반에 포기하고 빠졌을 것이다. 시간을 들여 차이를 확인하는 노력을 하지 않았다면, 우리가 무엇을 가졌는지, 그게 얼마나 중요한지 아무도 몰랐을 것이다. 이 이야기는 사냥의 범위를 잘 보여준다. 역사 사냥꾼은 그 가능성을 인식하고, 역사를 이해하고, 사냥감을 손에 넣고, 조사를 하고, 거기 담긴 의미를 이해한다. 이 종잡을 수 없는 우여곡절의 미로에서, 일관성 없는 처리 과정에서 그 끝이 어디일지는 절대 아무도 모른다.

우리는 스스로에게, 또 미래의 사냥꾼들에게 도전 과제를 하나 남겼다. 똑같은 두 개의 새 테이프, 현재 클리프턴 테이프라 불리는 두 개의 테이프 중 어느 하나도 원래의 마스터 테이프가 아니다. 마스터 테이프는 여전히 사라진 상태다. 원래의 무편집 테이프 원본에서 거의 두 시간이 여전히 빠져 있다. 하지만 이 새 버전도 역사가들에게 새로운 도발적 정보를 수없이 제공한다. 수십 년 동안 사람들은 그 운명의 날에 커티스 르메이 장군이 보인 행적에 대해 궁금해했다. 르메이는 미국과 소련이 동맹국으로 함께 싸웠던 제2차 세계대전이 끝난 지 10년도 채 지나기 전부터 언제라도 소련과의 전쟁에 뛰어들 태세가 되어 있던 공군 참모총장이었다. 르메이는 기자들에게 '발포광trigger-happy'이라는 별명으로 불렸다. 그리고 피그스만 침공•과 쿠바 미사일 위기•• 이후로

• 1961년 4월 케네디는 취임 직후 카스트로 정권을 전복하기 위해 CIA의 도움을 받아 쿠바 난민들을 피그스만에 무장 침투시켰으나 카스트로의 군대에 의해 무참히 패배했다. 미국 외교사의 재앙으로 남아 있는 사건이며, 이를 계기로 쿠바는 소련과의 관계를 더욱 강화했다.

그가 신중한 총지휘관[즉 케네디 대통령]을 경멸했다는 것은 널리 알려진 사실이었다. JFK는 심지어 르메이 장군이 자기 권한 내에서 전쟁을 벌일 계획을 세울까 봐 걱정하기까지 했다. 르메이는 이론가들이 JFK 암살 사건의 배후로 꼽을 만한 인물이었다. 에어포스원 테이프의 짧은 버전에서는 어떤 밝혀지지 않은 이유로 르메이와 관련된 언급이 모두 삭제되었지만 우리가 가진 더 긴 버전에서는 르메이의 수석 보좌관이 매우 절박하게 르메이와 연락하려고 노력한다. "[여기는] 르메이 장군의 보좌관인 도먼 대령입니다. 르메이 장군은 C140기에 있습니다. 마지막 세 숫자는 497, SAM C140입니다. 그의 암호는 손자Grandson입니다. 그와 통화하고 싶습니다. (…) 그를 설득하지 못한다면 너무 늦어질 거예요. 30분 안에 그는 착륙할 테니 말입니다."

무엇에 '너무 늦어진다'는 건가? 맥락상 무슨 의미인지 잘 드러나지 않지만 어쨌든 르메이 장군이 JFK가 암살된 직후에 비행 중이었다는 사실, 그리고 그의 보좌관이 그의 위치를 확인하고 통화하고 싶어 했다는 사실만은 분명하게 드러난다. 심지어 대통령 전용기 에어포스원의 교신 통제에 끼어들면서까지 말이다.

테이프에는 어디로 향할 것인지에 대해, 시신 부검의 목적에 대해, 시해된 대통령의 유해에 대해 비행기상에서 논의된 새 정보가 많이 담겨 있다. 그전 테이프에는 목적지가 원래는 베데스

•• 1962년 10월, 미국의 정찰기가 소련이 쿠바에 설치한 핵 탄도미사일을 발견하면서 2주간 미국과 소련 사이에 핵전쟁 직전의 군사적 위기 상황이 지속됐다. 케네디는 소련에 대한 침공 대신에 쿠바 해상 봉쇄와 외교적인 협상을 통해 소련의 미사일을 철수시켰다.

다 해군 병원이 아니라 월터 리드 병원이었음이 빠져 있었다. 새 버전은 시신 부검 과정에서 무슨 일이 있었는지를 여전히 알아내고 싶어 하는 조사자들에게 추가적 세부 사항을 제공해주었다. 또 대통령의 시신을 운구할 차량에 대한, 또 재키가 함께 갈지(함께 갔다)에 대한 긴 논의도 들어 있다. 비행과 도착 그리고 다른 지원 조치와 관련된 새로운 이름들, 암호명, 광범위한 대화 역시 등장한다. 이 모든 것이 1968년에 공식 버전이 발표되기 전에 삭제되었다.

두 달 동안 우리는 우리가 발견한 것에 대해 누구에게도, 심지어 정부에도 전혀 알리지 않았다. 나는 테이프를 우리 집의 작은 금고 안에 보관했다. 정부 요원들이 우리 사무실에 쳐들어오는 상상이 떠올랐다. 미친 생각이었는지 몰라도 당시 나의 정신 상태가 그랬다. 아버지의 육감, 아버지의 노획물이던 것이 내 것이 되었고, 나는 그것을 열성적으로 다른 포식자들로부터 지켰다.

* * *

그 발견물은 우리 라브 컬렉션이 새 역사의 관리자라는 역할을 받아들이도록 등을 떠밀었다. 또 사업가이자 역사의 보관자라는 두 역할을 억지로 갈라놓았다. 아니, 그 둘을 화해시키도록 강요했다. 대중에게 경고할 의무가 우리에게 있었는가? 만약 그 테이프의 구매자가 공개하지 말라는 조건을 건다면 어떻게 할 것인가? 우리가 테이프를 구입했지만 정부가 어떤 권리를 갖지는 않을까? 최종 구매자가 정부이고 테이프를 없애는 것이 그들의 목표라면 어떻게 해야 하나? 변호사가 이 지뢰밭을 헤쳐 나가는 데 도움이 될까?

가격 결정 또한 그에 못지않게 복잡한 문제였다. JFK의 서명이 있는 취임사가 75만 달러에 팔렸으니, 새 테이프는 그보다 훨씬 더 가치가 있을 것으로 보였다. 하지만 그 문헌이 우리의 테이프와 유사한가? 별로 그렇지는 않다. 우리가 조사한 다른 아이템들은 어떤가? 역시 그렇지 않다. 새 테이프들은 어떤 면에서는 값을 매길 수 없었다. 이런 종류의 것이 이제껏 한 번도 팔린 적이 없는데 어떻게 값을 매기겠는가? 우리는 가격을 매길 때 흔히 그렇듯이 모든 것을 조사했고 논쟁도 좀 있었다. 아버지는 더 높은 값을 밀었고 나는 낮은 쪽을 지지했다. 최종적으로 우리는 50만 달러면 적정선이라고 합의했다.

그다음 달 우리는 단독 웹사이트를 만들어, 새 자료의 짧은 발췌 영상을 포함한 사진과 오디오를 올리고 발견물을 공개할 준비를 했다. 어떻게 홍보하든 우리에게는 신뢰성이 열쇠일 것이다. 나는 홍보 전문가로 변신하여 조앤 로빌리오를 필라델피아 리튼하우스 스퀘어에 있는 커피숍에서 만나기로 했다. 그녀는 테디 루스벨트가 옐로스톤에서 퀜티-퀴에게 보낸 메모에 관한 기사를 쓰는 등 계속 우리의 역사적 발견물을 보도해준 기자였다. 이 대화가 완전히 오프더레코드임을 확인한 뒤 나는 말했다. "알려줄 게 있어요. 굉장할 겁니다." 나는 우리가 가진 것을 설명하면서 테이블 위에 원본 테이프를 꺼냈다.

"큰 건수인 것 같군요." 조앤이 말했다. "정부는 왜 이걸 갖고 있지 않았을까요?"

"우리도 계속 그 질문을 던져왔어요. 조앤, 이 기사를 당신에게 독점으로 줄게요. AP 외에 누구도 이에 대해 알면 안 됩니다. 난 당신 말고는 아무에게도 이 이야기를 하지 않았어요. 우리가 웹사이트에 정보를 올리기 전까지는 보도하지 마세요. 우리가 웹사이트에 공개하는 동시에 당신도 보도하는 거예요. 다른 언론에는 알리지 않을 겁니다."

조앤은 동의했다. 하지만 그녀의 편집장도 동의해야 했다. 기자와 편집장이 우리 사무실에 은밀하게 모인 것은 두어 주일 지난 뒤였다. 테이프를 구매한 날로부터 거의 4개월이 지났다. 우리는 작은 커피 테이블 주위에 둘러앉아서 발견한 내용을 설명했다. 조앤의 흥분에 편집장이 공감했다. 대형 기사가 될 수 있는 소재였다. 우리가 홍보 전문을 발표하고 전용 웹사이트를 열 때 조앤은 이 기사를 다루는 첫 번째 기자가 될 것이며, 우리 발언도 거기에 인용된다는 데 합의했다. 이주일 뒤 모든 것이 준비되었다. 우리는 공식 발표를 했다. 동시에 조앤의 AP 기사가 "사라졌던 JFK 암살 사건의 테이프가 판매대에 오르다Lost JFK Assassination Tapes on Sale"라는 제목을 달고 나왔다.

반응이 금방 오리라고 예상은 했지만, 그래도 다른 업무를 위한 미팅들이 예약되어 있었다. 나는 점심 식사를 할 시간은 나겠지, 필요한 전화 몇 통은 할 수 있겠지, 이렇게 계산했다. 그러나 뭘 모르는 예측이었다. 우리는 과거에도 전국적이거나 국제적인 홍보를 한 적이 있었지만 이건 상황이 달랐다. 크고 조용한 회의실에 앉아 있는데, 몇 분 안에 열 통이 넘는 음성 메일이 도착했다. CNN, 폭스 뉴스, 『뉴욕 타임스』, BBC 등이었다. 다들 즉시 통화를 요청했다. 한꺼번에 여러 가지 일을 할 만한 상황이 아니었으므로 나는 잠시 미팅에서 빠져나와 길모퉁이에서 택시를 잡아타고 사무실로 돌아왔다. 그곳에 저녁 늦게까지 붙들려 있으면서 부재중에 들어온 전화를 처리하고 새로 걸려온 전화들을 받고 있었다. 무엇보다 마지막으로 받은 전화가 주목할 만했다.

"여보세요. 케네디 테이프를 담당하시는 분과 통화할 수 있을까요?"

"저와 이야기하면 됩니다." 내가 말했다.

"저는 국립기록보관소의 자문관인 게리 스턴입니다. 그 테이프는 우리 것입니다."

그는 우리(그리고 내 회사)가 심각한 문제에 빠졌다고 단호하게(그리고 효과적으로) 설명했다. 우리가 중요한 인물들을 곤란하게 만들었다는 것이다. 나중에 알게 된 바에 의하면 의회의 의원들이 스턴에게 연락하여 무슨 일인지 물었다고 한다. 1990년대의 조사팀은 이 테이프를 찾아내지 못했는데 어떻게 지금 필라델피아의 거래상이 그걸 갖고 있느냐는 것이다. 그리고 그 테이프를 50만 달러에 팔겠다고? 스턴의 음성은 공손했지만 단호했고, 그의 메시지는 냉정함을 넘어 위협적이기까지 했다. 그의 주장으로는 테이프의 소유권이 분명 정부에 있었다. "테이프를 팔고 싶다면 팔아도 좋습니다. 하지만 우리는 테이프가 우리 거라고 믿고 있어요. 그리고 우리가 항상 이길 거라는 사실을 기억해두십시오."

어찌 대응해야 할지 난감했다. 우리는 온갖 상황에 대비했지만 이런 요구는 예상하지 못했다. 그러나 그토록 많은 시간과 노력,

이제는 많은 돈까지 들였는데, 간단하게 포기할 생각은 없었다. 또 그냥 알았다고 답하는 것만으로는 문제가 끝나지 않으리라는 것도 알고 있었다. 정부와의 싸움에 말려들 가치가 있다고도 생각하지 않았다.

나는 숨을 들이쉬고 앞으로 몸을 기울였다. "당신 말은 잘 들었습니다. 나중에 연락하지요."

우리는 정신없는 며칠을 보낸 끝에 게리 스턴에게 다시 연락했다. 그 며칠 동안 연구자와 다큐멘터리 작가들이 자세한 내용을 요구했다. 의회 의원들이 연락했다. 나는 15회가량 인터뷰를 했다. 테이프 전용으로 개설된 새 웹사이트의 트래픽이 급증했고, 그중 다수가 미합중국 대통령 행정부라는 이름표가 달린 서버에서 접속한 것이었다.

법적으로 대응하기 위해 우리는 게리 스턴의 전화를 받은 날 변호사를 찾기 시작했고, 한 시간 이내에 누군가를 찾아냈다. 그는 즉시 일을 시작하여 그다음 날 좋은 소식을 가져왔다. 우리가 가진 두 녹음테이프의 날짜는 1978년 대통령 기록물법과 1992년 존 F. 케네디 대통령 암살기록수집법에 앞서며, 두 법령 제정 이전의 행정부 기록물은 공공에 속한다는 소식이었다. 결정적으로 두 법령 제정 이전에는 대통령이 기록물을 마음대로 처분할 권한이 있었다. 따라서 백악관 공보실에서 테이프를 포함한 자료들을 클리프턴 장군에게 선물로 주었다면, 그 자료들은 클리프턴의 소유이며, 그의 후손이 파는 것은 합법이다. "정부 측은 그렇지 않음을 입증할 수 없어요. 그러니 그들이 이 자료의 소유권을 주장하려면 애를 좀 먹겠죠." 변호사가 결론지었다. 하지만 나는 그의 어조에서 이것이 끝이 아님을 알 수 있었다. "그렇다고 해서 정부가 당신 삶을 힘들게 하거나 판매를 방해하는 일을 못할 거라는 뜻은 아닙니다." 나는 온갖 소동이 정부의 홍보 실패 탓임을 지적했다. 우리는 정부가 수십 년 동안 찾지 못했던 것을 맨눈으로 찾아냈다. 왜 조사자들은 클리프턴에게 테이프가 있을 거라는 생각을 하지 못했을까? 아니면 조사는 했지만 다락방에서 아무것도 찾지 못했던가? 정부가 놓친 다른 것들이 또 있지 않을까?

이 모든 것이 우리에게 도움이 되지 않을까? 이것이 지렛대가 아닌가? "아마 그렇겠지요." 변호사가 말했다. 그렇다고 해도 정부는 판매를 여러 달씩, 혹은 몇 해씩 묶어둘 수 있고 법률 비용으로 예상치 못한 돈을 쓰게 만들 수 있다.

우리는 또 하나의 중요한 요소를 들고 나왔다. 정말로 우리에게 유리한 요소일 수 있었다. 정부는 물론 누구도(피츠버그의 전산화 기술자를 제외하면) 우리가 클리프턴에게서 똑같은 원본 테이프를 두 개 받았다는 사실을 모른다.

"있잖아요. 우리에게는 테이프가 두 개 있어요." 내가 말했다.

"정부는 그건 상관하지 않을 겁니다. 정부는 원본을 원해요."

"아니요. 그런 뜻이 아닙니다. 원본이 두 개 있어요. 두 개가 똑같아요. 동시에 만들어진 거예요."

변호사가 침묵했다.

마침내 변호사가 대답했다. 분쟁을 원만하게 해결할 방법이 있겠다고. 그 뒤 며칠 동안 우리는 협상 내용을 논의하며 세밀하게 다듬었다.

정부와의 협상이 진행되는 동안 나는 난생처음 스튜디오에서 생중계로 인터뷰했다. CNN의 피어스 모건, 역사가 더글러스 브링클리와의 인터뷰였는데, 브링클리와는 이후 친구가 되었다. 방송에서 모건이 말했다. "그 테이프는 역사의 한 조각입니다. 미국 현대사의 가장 악명 높은 순간 무슨 일이 있었는지 지금껏 아무도 들어본 적이 없습니다. 그런데 지금 당신에게 모든 열쇠가 있어요." 브링클리가 말을 보탰다. "케네디 암살에 대해 쓰려면 이 테이프의 내용을 알아야 합니다. 이건 굉장히 중요한 발견물입니다." 아주 듣기 좋은 말이었다. 15분 후에 나는 무대 뒤에서 모건과 하위 맨델•의 방송 대화를 엿들으며 눈을 굴렸다. 모건은 맨델에게 내 말을 믿는지 물어보았다. 맨델은 한마디로 대답했다. "아니요." 그는 '상자 속에서 찾아냈다'라는 따위의 말을 항상 의심한다고 했다. 나는 사람들이 이와 비슷한 회의적 태도 쪽으로 기울어지는 것이 당연하다고 생각했다. 하지만 사냥이란 원래 그런 것이다. 그리고 보물은 실제로 상자 밑바닥에 묻혀 있다. 나는 그 순간에 더 큰 그림을 숙고할 처지에 있지 않았다. 국립기록보관소와 협상을 하다 보니 마치 외줄타기를 하는 것 같은 기분이 들었다.

기록보관소의 자문관에게서 첫 전화가 온 지 2~3일이 흐른 뒤 우리 변호사가 그에게 전화하여, 동일한 복제 테이프가 있음을 알려주고 이렇게 제안했다. 테이프 하나를 기록보관소에 기증하겠지만 다른 테이프에 관한 소유권(판매할 권리도 포함하여)은 우리가 갖겠다고.

• 캐나다 출신의 미국 방송인이자 코미디언.

이만하면 양쪽 모두에게 좋은 윈윈 게임이 아닐까? 우리는 그렇게 생각했고, 며칠 뒤 워싱턴에 있는 변호사 사무실로 갔다. 우리는 회의 테이블의 한쪽 끝에 앉았다. 당시 나는 30대 초반이었다. 테이블의 반대쪽 끝에는 국립기록보관소에서 나온 자문관과 직원 네 명이 앉았다. 그들은 시청각 동영상 자료와 역사의 전문가들이었다. 우리 측은 골동품 오디오 장비를 가진 한 회사를 고용하여 회의장에 장비를 설치했다. 네 시간 동안 그곳에 모인 모든 사람이 테이프 두 개를 처음부터 끝까지 주의 깊게 들으면서 우리가 힘들여 준비한 녹취록을 검토했다. 처음부터 우호적이던 분위기(어쨌든 테이프 하나를 기증하겠다는 제안이 그들의 문제를 해결해준 것은 사실이었기 때문이다)는 점점 더 나아졌다. 기록 관리자들은 긴장감을 풀고는 정부의 그 누구도 찾지 못한 것을 우리가 찾아내는 바람에 얼마나 울화통이 터졌는지 말해주기도 했다. 오후 중반쯤 되자 테이프들이 진짜이고 둘이 동일한 내용임이 분명해졌다. 라브 컬렉션과 국립기록보관소는 홍정을 했다. 그 방에 있던 사람들은 모두 진심이 담긴 악수를 나누었다. 아마 내가 특히 그랬을 것이다. 우리가 느낀 안도감은 정말 대단히 컸다.

판매는 계속 교착 상태에 빠져 있었지만 이제 해결되었다. 테이프 하나는 현재 국립문서고 케네디 암살 기록 분과에 소속되어, 보스턴의 존 F. 케네디 도서관에 소장되어 있다. 역사적으로 중요한 자료를 수집하라는 의회의 명령은 충족되었다. 그 테이프는 온도가 조절되는 금고 속에 계속 보존되어 다시는 햇빛을 보지 못할 것이다. 그러나 국립문서고 웹사이트에 가면 오디오 내용 전체를 들을 수 있고, "이 중요한 역사적 오디오테이프를 발견하여 국립기록보관소에 기증한 [우리의] 대단한 봉사"를 언급하는 요약문도 읽을 수 있다.

반세기 전에 대략 50센트 정도의 가격이었을 오디오테이프 하나에 지금 50만 달러의 가격이 매겨지는 것은 오로지 역사가 가진 감정적 힘 덕분이다. 또한 똑같은 테이프가 완전하고도 영구적인 보안 속에서 정부에 의해 보관되는 유일한 이유도 거기 있다. 우리는 케네디 암살 사건에 관련된 새 책, 기사, 웹사이트, 연구에 그 테이프가 참고 자료로 거론되는 것을 기쁘게 지켜보았다. 그리고 언젠가 누군가가 편집되지 않은 네 시간짜리 에어포스원 테이프 원본을 찾아내게 될지도 모르는 일 아닌가? JFK의 암살과 관련된 최종적인 결정타가 또 다른 다락방에서, 또 다른 상자 밑바닥에서 우리를 기다리고 있을지도 모르는 일이다. 불가능한 일은 아니다.

내가 이 일화를 들려주는 것은 앞서 말한 이유들, 즉 호기심에는 보상이 있고, 얼핏 하찮아 보이는 것들이 무한히 귀중한 것일 수도 있다는 그런 이유들 때문만은 아니다. 그보다는 이 일화가 내 여정에서 갖는 의미 때문이다. 이번 건은 우리의 사냥에서 가장 큰 관심을 끌었던 발견이었다. 나는 30대 초반에 미국 정부와 맞서야 했고, 그 결과 좀 늙어버렸지만 더 현명해졌다. 고작 며칠이었지만 나는 미국 전체가, 아니 전 세계가 나의 사냥에 합세했다고 느꼈다. 막강한 권력을 가진 미국 정부가 우리를 뒤쫓는 상황에서 말이다.

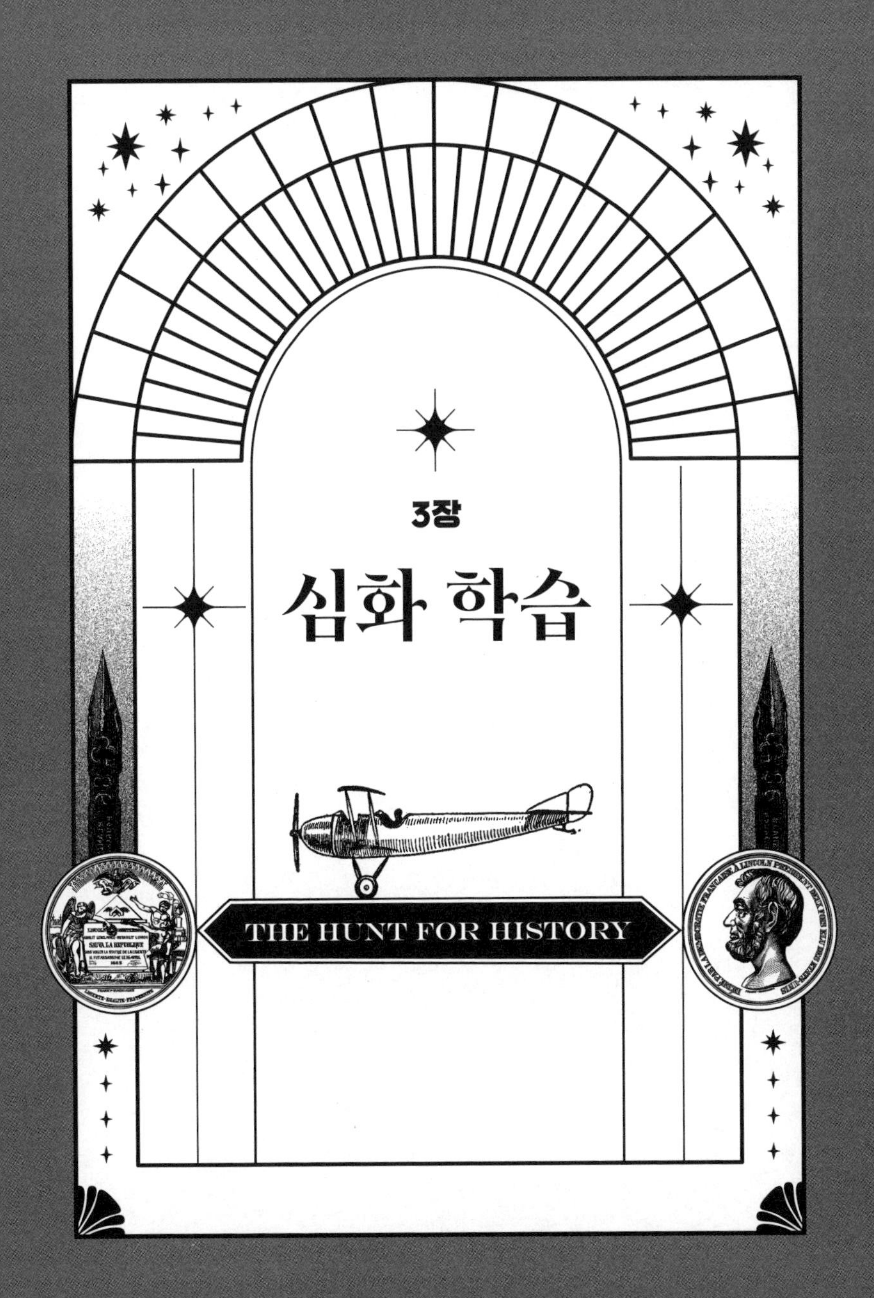

3장

심화 학습

THE HUNT FOR HISTORY

✦

16

"저는 이 편지를 공개하지 않겠습니다" : 마틴 루서 킹이 감옥에서 보낸 연애편지

"최근에 라브[컬렉션]가 MLK/코카콜라 편지를 팔았다는 소식을 들었습니다. 판매 가격은 얼마였는지, 혹시 구매자에게 연락하여 그 문서를 구할 수 있을지 알고 싶습니다." 코카콜라사의 기록 관리자가 연락해왔다. 그렇다, 코카콜라사에도 기록보관소가 있어서 나름대로 회사 역사와 관련된 사냥과 수집을 한다. 코카콜라사가 여러 세대에 걸쳐 이런 작업을 해온 데는 잘 알려지지 않은 이야기가 있다. 코카콜라사가 민권 운동에서 중요한 역할을 했던 사연 말이다.

연락을 받고 그가 언급한 매매 사례를 기억해내기까지 잠시 시간이 걸렸다. 그러다가 기억이 났다.

우리가 편지와 유물을 사들이고 판매하는 역사적 인물들 중에서 내가 가장 존경하는 사람이 바로 마틴 루서 킹 주니어 박사다. 그런 위치에 있으면서 그와 같은 희망의 메시지를 전하기란 헤아릴 수 없이 힘들었을 것이다. 당신을 거부하는 편견에 젖은 시스템에 맞서 난 여기 속한 사람이고 우리 모두 이 안에서 함께한다고 말하는 것은 위대한 행동이다. 영웅적인 절제력과 낙관주의가 있지 않으면 그렇게 할 수 없다.

킹이 젊은 나이에 높은 위치에 오르고 국제적 명성을 얻었다는 사실을 모르는 사람들이 많다. 젊음의 불길이 좀더 강하게 타오르는 사람들이 있는데, 킹도 그런 사람이었다. 킹은 서른다섯 살이던 1964년에 노벨평화상을 수상했다. 당시로서는 역대 최연소 수상이었다. 아이러니하게도 토머스 제퍼슨은 노예 소유주이면서도 서른세 살에 만인의 인권을 보장하는 문헌인 독립선언문을 썼다.

그렇다면 킹이 코카콜라사에 보낸 편지를 사람들이 왜 갖고 싶어 하는지 궁금할 것이다. 애당초 킹은 왜 그 편지를 썼을까?

킹에게 노벨평화상 수상은 그가 겪은 수많은 시련에 대한 놀라운 보상인 동시에, 평화 속에서 하나가 되는 나라라는 그의 도덕적 비전을 정당화해주는 것이기도 했다. 간디의 비폭력주의 전략과 그가 가진 더 나은 미래에 대한 꿈을 포용하는 비전이었다. 킹은 노벨상 수상 소식을 들었을 때 잠자리에 들어 있었다. 그는 아내와 함께 노르웨이로 날아가서 기쁨에 넘치는 오슬로 페스티벌홀에서 상을 받았다. 킹은 메달을 받은 후 테이블에 앉아 자신이 두고 온 남녀들의 고통에 대해 생각하며 혼자만의 세계로 빠져들었다. "저는 미합중국에 사는 2200만 흑인들이 긴 암흑과도 같은 인종 차별을 끝내기 위해 창조적인 투쟁에 나서고 있는 이 순간에 노벨평화상을 받아들입니다. 저는 자유와 정의의 원칙을 확립하기 위해 위험과 위협에 맞서 결단력 있게 행동하는 민권 운동을 대표하여 이 상을 받아들입니다." 킹은 이렇게 선언했다. 아마 그 젊은 나이에 자기 어깨 위에 얹힌 엄청난 무게를 생각하고 있었을 것이다.

내게 윌리엄 컬런 브라이언트•를 알려준 사람도 킹이었다. "진실은 땅에 짓밟혀도 다시 일어설 것이다. 신의 영원한 시간은 진실의 것이므로. 그러나 거짓은 상처입고 고통으로 몸을 뒤틀며 거짓의 숭배자들 가운데 사멸할 것이다."

그리고 킹은 다시 성서 구절을 인용한다. "뿌린 대로 거두리라."

토머스 칼라일의 말을 인용한다. "거짓은 절대 영원할 수 없다."

제임스 러셀 로웰의 말도 인용한다. "진실은 교수대 위에 영원하고, 거짓은 왕좌 위에 영원하네. / 교수대가 흔들리면 미래가 흔들리네. / 미지의 어둠이 깔려 있을지라도 / 신은 그 어둠 속에서서 백성을 지켜보시네."

킹은 영어를 쓰는 백인 미국인들의 문학적 유산을 가져다가 인종주의가 우리의 가치에 반하는 것임을, 민권 운동이 미국의 진정한 유산임을 보여주었다.

킹은 독립전쟁 기간 내내 잠을 잤던, 워싱턴 어빙의 소설 주인공 립 반 윙클을 당시 사람들과 비교했다. "너무 많은 사람들이 사회 변혁의 시대에 살고 있으면서도 새로운 상황이 요구하는 새로운 태도, 새로운 정신을 개발하지 못하고 있다. 그들은 혁명이 진행되는 동안 내내 잠들어 있다."

• 미국의 자연 시인, 편집자. 『뉴욕 이브닝 포스트』, 『뉴욕 리뷰』의 편집자로 활동했다.

노벨상을 수상한 킹은 환호를 받으며 미국으로 돌아왔다. 하지만 모두가 축하해준 것은 아니었다.

애틀랜타 시장인 아이번 앨런 주니어는 애틀랜타의 영웅인 킹을 환영하는 만찬을 열고 싶어 했다. 앨런은 예전에는 인종격리주의자였지만 이제는 입장을 바꾸어 짐 크로 정책•을 종식시키고 1964년 민권법을 지지했다. 남부에서 선출된 공직자 중에는 유일했다.

그러나 킹을 위한 만찬을 열고 싶어 하던 시장은 곧 난관에 봉착했다. 백인 사회에서 논란이 일자 앨런은 애틀랜타의 저명한 사업가인 로버트 우드러프에게 도움을 청했다. 우드러프는 1923년부터 1954년까지 코카콜라사의 회장이자 대주주였고 이사였다. 애틀랜타의 대표적 엘리트였던 우드러프는 백인 사회가 킹을 위한 만찬을 보이콧하는 것은 애틀랜타에 대한 모욕이며 수치라는 것을 잘 알고 있었다. 우드러프는 만찬 개최를 지원해야 할 도덕적 의무감도 느꼈다. 그는 당시 코카콜라사의 회장이던 폴 오스틴에게 연락하여 지역 사업가들을 모아 지지를 요청해달라고 부탁했다. 오스틴은 강한 어조로 말했다. "킹 박사의 노벨상 수상을 축하하지 않는 도시에 코카콜라사가 존재한다는 것은 수치입니다. 우리는 국제적 기업입니다. 코카콜라사는 애틀랜타가 아니어도 좋습니다. 애틀랜타가 코카콜라사를 꼭 필요로 하는지 판단해야겠습니다."

• 남북전쟁(1861~1865년)에서 노예해방을 내건 연방군(북군)에 패한 남부 주에서 흑인을 지속적으로 차별하기 위해 만든 짐 크로 법에서 나온 정책. 분리되었지만 평등하다separate but equal는 논리를 기반으로 한다.

이 행사의 준비 작업은 코카콜라의 부회장인 에드거 포리오가 맡았다. 기업 공동체는 빠르게 움직였다. 만찬은 큰 성공을 거두었을 뿐만 아니라 애틀랜타에서 인종 관계의 전환점이자 세계시민주의의 신호가 되었다. 1965년 1월 27일 딩클러플라자 호텔에서 열린 행사에서는 다양한 시민 지도자들이 흑인을 공개적으로 축하하는 모습을 보여줌으로써, 통합을 홍보하는 유명한 모범이 되었다. 참석자 1500명 중에는 앨런 시장과 전임 시장인 윌리엄 하츠필드가 있었다. 그 외 가톨릭 대주교 폴 할리난과 랍비 제이콥 로스차일드 같은 종교 지도자들, 『애틀랜타 콘스티튜션*Atlanta Constitution*』 편집장인 랠프 맥길 같은 언론인들, 모어헤드 칼리지 학장인 벤저민 메이스 등 학계 지도자들, 그리고 애틀랜타의 수많은 기업인들이 참석했다.

연설과 모어하우스 칼리지 합창단의 공연이 있었고, 그날 저녁의 마지막 순서로 참석자 전체가 "우리는 극복하리라We Shall Overcome"를 합창했다. 킹의 연설은 감동적이었다. "한 인간이 치러야 할 최종 시험은 안락하고 편리한 순간이 아니라 도전과 분쟁의 순간에 어디에 서느냐 하는 것입니다."

킹은 승리의 순간을 맞았지만 시민권을 쟁취하기 위한 전투는 아직 끝나지 않았다.

바로 나흘 뒤인 2월 1일, 킹은 앨라배마주 셀마에서 흑인의 참정권을 위한 행진을 하고 다른 200명의 참가자들과 함께 투옥되었다. 셀마에서 몽고메리로 가는 행진은 그다음 달에 진행됐다. 3월 7일에는 행진자들이 에드먼드 피터스 다리에서 폭행을 당했다. 이는 미 전역에 보도된 사건으로 당시 하원의원이던 존 루이스도 체포되었다. 며칠 뒤, 민권운동가 제임스 립이 백인 인종주의자들에게 폭행당해 목숨을 잃었다. 행진은 3월 25일 몽고메리에서 킹의 연설로 끝을 맺었다. 그리고 몇 시간 뒤 큐클럭스클랜KKK의 야간 행동조가 행진자들을 셀마로 태우고 가던 비올라 리우초를 살해했다.

에드먼드 피터스 다리에서 사건이 있은 지 일주일 뒤인 3월 15일, 킹은 코카콜라의 부회장 포리오에게 편지를 썼다. 그는 자신의 고향 사회를 하나로 통합시킨 포리오의 노력을 잊지 않았고, 만찬을 지원해준 것에 대해 감사를 표했다. 킹은 말을 이어갔다.

> 고백하건대 그날의 만찬만큼 제 마음이 따뜻해진 행사가 없었습니다. 저에게는 물론 위대한 애틀랜타시와 남부에도, 그 만찬은 우리 국가가 예전 세대의 갈등을 넘어 모든 차이가 조화를 이루며, 모든 사람의 심장이 우리 민주주의의 위대한 원리 및 유대-그리스도교 유산의 교리와 어우러지는 사랑의 공동체를 진정으로 체험할 수 있는 능력을 가졌다는 증언입니다.

킹이 인종주의의 폭력과 살인에 맞서 싸우고 있는 상황에서도 이 편지의 따뜻함과 열린 마음은 강력한 위력을 발휘했다.

여러 해 뒤, 에드거 포리오의 손자가 내게 연락해왔다. 그는 킹이 쓴 편지와 함께 만찬의 공식 초청장과 프로그램을 팔겠다고 제안했다. 나는 그 문서를 즉시 구입해, 감정적·종교적으로 자신을 감동시킨 물품을 중심으로 광범위하게 수집하는 어떤 남자에게 되팔았다. 그는 나중에 수집을 그만두었고 나도 그 편지에 대해 잊어버렸다.

그러다가 코카콜라사가 내게 연락하면서 기억 속에 그 사건 전체가 다시 밀물처럼 밀려들어왔다. 노벨평화상, 만찬, 유혈 투쟁, 킹의 품위 등. 코카콜라사는 그 편지를 절실하게 원했다. "우리 컬렉션에서 매우 중요한 품목"이라면서 말이다. 킹의 편지는 애틀랜타가 민권 운동에서 지도적인 위치를 얻게 된 그날 밤을 상징하며, 코카콜라사가 그 최전선에 서 있었음을 보여준다는 것이다.

수집가를 달래어 귀중한 품목을 내놓게 만드는 일은 우리의 사업 계획 중에 없었다. 열성적인 수집가들은 품목들에 감정적 애착을 갖게 되며, 당시 그 편지의 소장자도 그랬다는 사실을 나는 알고 있었다. 소장자는 자신이 가진 자료에 대해 종교적인 애착을 느꼈고, 그의 수집 품목들이 "자신과 대화한다"고 말하곤 했다. 그는 "그걸 가져야겠어요"라는 말을 자주 했다. 하지만 이제는 수집을 그만두었고, 판매할까 하는 생각을 하고 있었다.

나는 소장자에게 연락했지만 그는 완강했다. 나는 그에게 그 품목의 역사와 함께 코카콜라사가 자신들의 컬렉션에 그 편지를 넣고 싶어 하는 사연을 설명했다. 그런 다음 나는 이 화제를 처음 꺼내는 것이 아니라 그가 예전에 나이가 들면 문서들을 팔지도 모른다는 의사를 보였던 일을 상기시켰다. 그러자 그는 (2만 달러에 구입했던) 그 품목으로 돈을 벌면 좋겠다고 했고, 그가 받으려는 액수는 적절했다. 그래서 나는 중개 수수료를 포기하겠다고 했고 그는 동의했다.

이제 킹이 포리오에게 보낸 편지가 집으로 돌아가고 있었다.

노벨상 수상 만찬을 진행하는 과정에서 코카콜라사는 정치적·재정적으로 도움을 주었고, 이런 사실이 코카콜라의 자랑스러운 유산의 일부라고 느꼈다. 그것은 킹의 가족이 참여한 주요 학회에서 가장 중요하게 다루어진 안건이었고, 코카콜라사 웹사이트에 눈에 잘 띄게 소개되어 있다. 거기에는 "우리 회사가 킹 박사에게 인정받았다는 것이 아주 중요한 결론"이라고 쓰여 있다.

이제 그 편지는 애틀랜타의 코카콜라 본점에 소장되어 있다. 아마 다시는 되팔리지 않을 것이다. 기록 관리자의 사냥이 보답을 받은 것이다. 그의 사냥을 통해 나는 다시 그 편지와 인연을 맺었고 내게 너무나 큰 의미를 갖게 되었다. 새뮤얼 테일러 콜리지가 여러 세대 전에 말했듯이, "기만하지 않는 교사를 찾으라. 그들 속에는 영원의 언어가 들어 있다."

한동안 바로 그 노벨상이 약간의 논쟁거리가 되었다. 킹의 유산을 처리할 방법을 두고 자녀들이 상당히 공개적으로 싸움을 벌이면서 머리기사를 장식한 것이다. 돈을 놓고 벌어진 싸움으로 인해 "킹의 노벨평화상이나 그가 개인적으로 썼던 성서를 최고가 입찰자에게 파는 것이 적절한가?" 같은 물음이 제기되었다(그 성서는 버락 오바마의 취임식 때 사용되었다). 분쟁은 법정으로 갔고, 킹의 노벨상이나 성서 등을 팔고 싶어 한 자녀들이 승소했다. 몇 년 전인 2006년에 킹의 문서 다수가 소더비 경매장에 나왔지만 판매에 대한 비난이 광범위하게 일어나 판매가 중지되었고, 여러 사람이 돈을 모아 그 문서들을 구입한 다음 킹의 모교인 애틀랜타의 모어하우스 칼리지에 기증했다. 그런 분쟁 때문에 유물과 문서의 도덕적 무게가 훼손되었다. 엄밀한 화폐적 의미에서의 소유권과 가치의 문제로 본질이 바뀐 것이다.

킹의 문서는 우리의 역사와 도덕사의 교차 지점에 놓여 있다. 시장에서 이 정도로 주목받는 대상은 킹의 물건 외에 별로 없다. 킹은 가장 많은 찬사를 받는 인간적 자질들의 화신이기에, 그의 유산은 모두의 것이며 모두의 것으로 보호받아야 한다.

그러니 사랑받는 역사적 인물을 비호감으로 그려내는 편지나 문서를 발견하면 어떻게 해야 할까? 단순한 추상적인 질문이 아니다. 나는 그런 상황을 아주 구체적이고 극적으로 마주했다. 그 경험을 통해 나는 역사의 관리자로서 라브 컬렉션의 역할에 대해 생각하게 되었다. 내가 이제껏 만난 가장 중요한 도덕적 딜레마였다.

어느 날 데릭이라는 남자가 전화를 했다. 자기 어머니인 폴린이 1962년에 마틴 루서 킹으로부터 받은 편지가 있다면서 구입 의향이 있는지 물어보았다. 그는 그 편지가 킹이 직접 쓴 것이라고 했는데, 킹의 손글씨 편지는 희귀하다. 또한 감옥에서 발송된 것으로, 여전히 조지아주 올버니의 감방 주소가 쓰인 반송용 편지 봉투에 들어 있다고 했다. 이건 진짜예요, 데릭이 장담했다. 그건 내가 판단할 문제지요라고 나는 생각했다.

데릭은 좋은 사람 같아 보였다. 대화는 짧았지만 솔직했다. 나는 데릭을 내 사무실로 초대했다. 데릭과 그의 아내는 사무실에서 가까운 필라델피아 권역에 살고 있었다. 두 사람은 주말에 사무실로 찾아왔다. 방금 교회에 다녀온 듯싶었다. 아프리카계 미국인 중년 부부로서, 남자는 좋은 양복 차림이며 여자는 원피스에 모자를 썼다. 두 사람과 달리 아버지와 나의 차림새는 확실히 너무 단출했다.

데릭은 가죽으로 만든 오래된 서류 가방을 들고 있었는데, 그 안에는 서류가 있는 것 같았다. 그는 가방을 천천히 열어 자기 어머니의 천연색 사진을 보여주었다. 다소 이국적인 차림새의 그녀는 프릴 투성이의 긴 실크 드레스를 입고 머리를 틀어 올렸다. 민망할 정도는 아니었지만 그래도 내 어머니는 그런 차림으로 사진 찍는 일이 결코 없다.

데릭은 자기 어머니와 킹이 5년 동안 사귀었다고 말했다. 킹이 여행을 다닐 때 만났다는 것이다. 데릭은 그의 가족이 킹과 함께 찍은 사진을 보여주었고 킹이 서명하여 자기 할머니에게 선물한 책 한 권을 갖고 왔다. 내가 놀란 것은 이 남자가 우리를 찾아온 일차 목적이 결코 편지를 파는 것이 아닌 듯하다는 점이었다. 실제로 데릭은 30분이 지나서야 우리에게 편지를 보여주었다. 우리를 찾아온 목적은 아마 편지의 진위성 판정이었을 것이다. 데릭과 가족들은 킹과의 관계를 자랑스러워했다. 자기 가족의 사연을 이야기하기 위해 찾아온 것이었다.

1961년 11월에 주간상업위원회Interstate Commerce Commission는 모든 주간 버스터미널에서 인종차별을 금지했다. 민권 운동 지도자들은 조지아주 올버니에서 그 조치를 시험해보기로 했다. 표면상으로는 민권 운동이 승리한 것으로 알려졌지만 실제로도 성과가 있는지 판단하려는 것이었다. 처음에 용감하게 나선 것은 아홉 명의 학생들이었다.

체포된 사람은 없었지만 호소는 퍼져나갔다. 얼마 지나지 않아 올버니는 저항의 허브가 되었고 최초로 대중 선동, 투옥, 앉아서 버티기, 보이콧, 고소 등 온갖 방법이 사용되었다. 12월경에는 수백 명이 체포되었다. 그때 킹이 도착하여 미국 전역의 관심을 끌어 왔다. 그는 체포 투옥되었다가 석방되었다. 그 뒤에 허가 없이 시가행진을 벌인 혐의로 재판을 받고 7월 중순에 다시 감옥에 들어가야 했다. 킹은 또다시 석방되어 저항 활동을 좀더 하다가 다시 체포되었다. 그는 그 운동의 정신과 회복력의 상징으로서 감옥에 남아 있기를 원했다. 킹은 나중에 이렇게 썼다. "일흔 살이 넘은 여성들, 10대 청소년들, 중년의 성인들 — 일부는 의학과 법학 그리고 교육학 학위를 가진 사람들이며, 또 다른 일부는 가정주부와 노동자들 — 이 감방을 가득 메우고 있던 것을 나는 절대 잊지 못할 것이다."

나중에 킹은 올버니의 감방을 묘사한다. "감방은 더러운 때에 찌들어 있었다. 감방에 비치된 매트리스들은 돌덩이처럼 딱딱하고 이제껏 본 어느 것보다도 상태가 나빴다. 바퀴벌레와 개미가 기어 다니는 건 예사였다. 매트리스가 아예 없는 감방도 여러 곳이었다. 수감자들은 단단한 철제 골조에서 자야 했다."

킹은 일기에 이렇게 썼다. "8월 2일, 목요일. 케네디 대통령이 올버니의 감독관들에게 흑인 지도자들과 대화해야 한다고 말하는 것을 들었다. 나는 매우 솔직담백한 발언이라고 여겼고 대통령의 행동을 칭찬하는 성명서를 즉각 구술했다." 그다음 날 킹은 이렇게 썼다. "8월 3일, 금요일. 법정 청문이 화요일로 연기됐다. 너무 오래 걸리고 질질 끄는 것 같다. 무슨 일이 벌어지든 사람들은 시위를 계속해야 한다."

그날 오전 아내와 함께 우리 사무실을 찾은 데릭은 가족사진과 책이 뒤죽박죽으로 섞인 기념물 파일의 맨 밑바닥까지 보여주었다. 대부분의 기념물을 팔 생각이 없었지만 그냥 자기 가족의 역사를 이해하는 데 도움이 되도록 가져온 것이었다. 내 맞은편에 앉아 있던 데릭은 커피 테이블 위로 손을 뻗어 처음에는 봉투 하나를, 그다음에는 편지를 내게 건네주었다.

편지에는 날짜가 없었지만, 봉투에 찍힌 스탬프는 1962년 8월 3일자였다. 반송 주소는 "조지아주 올버니, 올버니 시립 교도소"였다. 봉투가 없다면 그리고 그 시기에 벌어졌던 저항운동에 관한 역사 기록이 이미 존재하지 않았다면 그 편지의 날짜 확인은 불가능했을 것이다. 그런 중요한 힌트를 염두에 두고 나는 편지를 집어 들었다. 글씨는 뚜렷이 알아볼 수 있었고 명백히 킹이 쓴 것이었다. 오른쪽으로 기울어지는 각진 글자체와 휘어진 각 단어의 첫 글자, 그리고 킹이 쓴 여러 서신에 특징으로 남아 있는 전형적인 파란색 잉크 글씨에 주목했다.

서명은 약간 휘갈긴 글씨체였다. 킹은 이름 전체가 아니라 이니셜인 MLK로만 서명했다. 편지의 내용은 다음과 같다.

> 이 더럽고 먼지투성이인 올버니 교도소 감방에서 내 마음은 일종의 본능처럼 자연스럽게 나의 폴린의 아름답고 햇빛처럼 환한 얼굴로 돌아갑니다. 난 당신이 지금쯤이면 내게 편지를 썼으리라고 기대했어요. 내 마음속에서 나는 백만 번이나 썼습니다. 지금에야 종이에 내 마음을 받아쓰고 있는 것이 안타깝습니다.

마틴 루서 킹이 감옥에서 폴린 잭슨에게 보낸 편지의 봉투.

킹은 계획했던 밀회에 늦지 않게 석방될 가능성에 대해 이야기하며, "다정하게 대해줘요, 당신이 아는 그만을 위해"라고 썼다.

나는 편지를 내려놓고 데릭의 눈을 들여다보았다. 이건 단순히 감옥에서 온 편지가 아니라 감옥에서 온 연애편지였다. 자신의 삶을 희생하고 감방에 구속되는 모욕을 감당하는 남자가 쓴 시적인 산문이었다. 킹이 바람을 피웠다는 것은 비밀이 아니다. 나는 지금 바로 그런 바람을 목격한 것이다. 내 맞은편에 앉은 남자는 미소를 지었다. 사실은 미소 이상이었다. 그는 자부심으로 빛나고 있었다. 남자의 어머니는 밀회 상대였던 위대한 마틴 루서 킹으로부터 감방의 연애편지를 받았다. 남자의 가족 내에서 킹과 폴린의 관계는 추문도 아니고 부끄러워할 일도 아니었다. 오히려 그들은 자신들이 킹의 유산에 연결된다고 느꼈고 이를 영광스럽게 여겼다. 놀랍고 감동적이었다.

데릭 가족의 사연은 내가 잘 알게 된 원리를 생생히 구현하고 있었다. 편지는 우리에게 힘을 주는 잠재력이라는 원리, 우리 마음과 삶에 영감을 되살려주며, 소로가 썼듯이 우리가 "과거와 미래라는 두 개의 영원이 만나는 장면에 서 있게" 해준다는 원리 말이다. 데릭의 가족은 킹과 관련이 있다는 사실로부터 힘을 얻었고, 그 사실은 그들의 미래에 대한 전망에 도움을 주었다.

아버지와 나는 데릭 부부와 자리를 함께하며 한 시간 동안 대화를 나누었다. 주로 데릭 어머니의 삶에 대해서, 킹이 어떤 상황에서 그녀를 만나고 찾아가고 그 편지를 썼는지에 대해서였다. 데릭은 편지를 경매에서 팔고 싶었지만 유찰되었다. 가끔 어떤 품목은 경매 카탈로그에 묻혀버리기도 한다. 또 가끔은 누군가가 다른 사람들이 보지 못한 어떤 것을 문서에서 보기도 한다. 이번 경우에는 두 가지가 모두 있다. 때로는 제3자가 들려주는 말이 편지 원본의 본질을 묻어버릴 수도 있다.

나는 편지를 있는 그대로 보았다. 이 편지는 나의 영웅이 그의 생애에서 아주 힘들던 순간에 썼던 아주 사적인 통신이다. 성적 도덕성의 문제를 제쳐두면 이 편지는 내가 찬양했던 한 남자를 부분적으로 가리고 있던 커튼을 열어주었다.

나는 편지의 내용 그리고 킹과 폴린의 관계에 대해 인터넷에서 빨리 찾아보았다. 아무것도 나오지 않았다. 또 하나의 깨달음. 이것은 알려진 편지도 관계도 아니다.

당시에는 내가 개인적인 애정 때문에 다른 사람들보다 이 편지에서 더 많은 것을 기대하는지도 모른다고 생각했지만 기꺼이 기회를 잡고 싶었다. 그래서 우리는 데릭에게 2만 5000달러를 지불했다. 경매에서 받을 수 있는 것보다 더 많은 액수였다. 킹의 편지는 가격이 별로 높게 매겨지지 않는 편이었고 되팔 때도 대개 7000달러에서 1만 5000달러 사이로 가격이 책정된다. 하지만 이건 달랐다. 너무나 많은 측면에서 달랐다.

그 편지를 구입한 것은 신나고 흥분되는 일이었다. 하지만 그건 시작에 불과했다.

나는 곧 이 민감한 내용을 어떻게 다루어야 할지의 문제를 떠안게 되었다. 저작권이라는 법적 문제도 있었다. 걸핏하면 소송을 벌이는 킹 일가가 그 편지 때문에 나를 고소할 것인가? 법적으로 하자면, 당신이 내게 편지를 보내면 그 편지는 내 것이 되고 난 그걸로 무슨 일이든 할 수 있다. 하지만 그 속에 담긴 말은 당신이 쓴 것이므로 여전히 당신에게 속한다. 그게 아니라면 로버트 프로스트가 당신에게 시를 써 보낼 경우, 당신이 그 시를 출판하고 저작권을 가질 수 있다는 말이 된다. 저작권은 저자의 사후 몇십 년간 지켜지고 그 이후에는 소멸한다. 그러니 이 편지의 저작권은 아직 살아 있었다. 그냥 내용을 인용하거나 설명하는 것, 스캔된 부분을 슬쩍 뭉개버리고 올리는 것은 가능했다. 편지 전문을 우리 웹사이트에 그대로 올리지 않는 편이 나을 듯했다.

저작권은 흥미로운 법적 문제지만 주로 업무 지원에 관련되는 영역이며, 나는 그 부분이라면 우리가 처리할 수 있다고 확신했다. 하지만 진짜 문제는 도덕적인 데 있었다. 수감 중인 남성의 불륜이 담긴 내용을 문서 거래상이 공개한다면 어떻게 될까? 거래상이 아무리 킹의 유산에 공감하는 사람일지라도 말이다. 나는 킹의 평판에 얼룩을 끼얹어 이득을 얻는 사람으로 보이고 싶지는 않았다.

당시 우리는 외부 홍보회사를 고용하고 있었으므로 함께 이 안건을 논의했다. 홍보 담당자들은 열렬하게 호응했다. 그들의 말에 따르면 이 내용은 언론의 눈길을 많이 끌 것이라고 했다. 이 건을 활용해야 한다. 아주 입맛 당기는 방식으로. 그럼 무엇을 해야 할까? 언론 보도. 우리와 관련된 기자들에게 적극적으로 연락하고 TV방송국과 접촉할 수도 있겠다.

홍보회사 측은 성공적인 홍보가 될 것이라고, 우리 회사의 이름이 신문에 실릴 것이라고 했다. 나는 그 말이 옳다고 믿었다. 하지만 그로 인해 사람들의 기분이 상하고 후유증이 발생하지 않을지는 자신할 수 없었다. 데릭 가족과의 만남에서 그들은 그런 일을 꺼리지 않으리라는 느낌을 분명히 받았다. 그들은 심지어 자기 어머니의 생애와 킹과의 관계에 대해 책을 쓰거나 영화 판권을 허락하는 이야기까지 했으니까. 하지만 나는 여전히 킹으로부터 영감을 받는 사람들에 대해 생각하고 있었다. 그런 사람들은 어떤 기분을 느낄까?

일주일 동안 우리는 이 안건을 토론했다. 가끔 나는 일을 진행하자는 쪽으로 기울었다. 카렌과 아버지는 반대했다. 홍보팀은 우리를 압박하며, 일을 진행하자고 강력하게 주장했다. 하지만 나는 계속 이의를 제기했다. "그런 일이 잘못이라고 느끼지 않아요?" 그때 카렌이 내게 물었다. "네이트, 이 편지에 대해 기자회견을 한다면 당신은 어떤 기분이 들 것 같아?" "좋지 않을걸." 나는 대답했다. 카렌은 나를 다시 보고 고개를 살짝 숙였다. 이미 답이 나왔음을 암시하는 태도였다.

"들어봐요." 홍보 담당자들이 주장했다. "당신들은 생각이 너무 많은 것 같아요."

나는 간단하게 말했다. "저는 이 일을 진행하지 않겠습니다. 기자들로부터 질문을 받는 사람은 납니다. TV에 얼굴이 나가고 신문에 이름이 나가는 사람도 나예요. 우리 사업의 평판에도 영향이 있을 거예요. 난 그렇게 하지 않겠습니다. 킹의 유산을 끌어내렸다고 비난받고 싶지 않습니다. 그분에 대한 존경심이 너무 커요. 게다가 공개한다고 해서 좋은 결과를 얻을 수 있는 것도 아니에요. 그렇게 할 만큼 가치 있는 일이 아닙니다."

우리는 편지를 발표하지 않았다. 나는 그 배후의 역사를 가치 있게 여기는 사람들과 대화를 나누었고, 그중 한 명에게 편지를 팔았다. 우리는 그 편지가 중요하며 의의가 있다고 생각했고 데릭 가족의 사연을 좋아했기 때문에 편지를 샀다. 그 편지는 마틴 루서 킹이 당시의 아프리카계 미국인 공동체에 미친 감정적인 영향력에 대해 많은 것을 가르쳐주었다. 불륜도 자부심을 갖고 바라보았다는 사실, 그리고 편지가 그 상징으로서 소중하게 간직되었다는 사실 말이다. 그 편지는 킹이 아프리카계 미국인에게, 그러니까 아프리카계 미국인들을 위해 죽음까지 불사했던 킹이 그들에게 얼마나 큰 의미를 가진 존재였는지 많은 이야기를 해준다. 덕분에 아프리카계 미국인들은 백인 남자가 역사를 이끌어가는 환경 속에서도 역사에 눈을 뜨게 되었다. 그들은 비로소 역사책을 펼치고 자신들의 얼굴이 반영되는 것을 보았다.

이번 거래는 내가 하는 일이 어떤 인물의 대중적 인식을 바꿀 수도 있음을 알게 해준 첫 경험이었다. 내가 어떤 사람의 유산에 미칠 수 있는 영향을 알게 된 것이다. 킹의 여성 편력은 유명하다. 그러나 우리는 우리 모두에게 직접 영향을 끼친 킹의 행동들의 영역에서 그가 남긴 유산을 고양시키는 쪽을 선택했다.

그렇다면 지금은 왜 이 일에 대해 글을 쓰는가? 내가 그 편지를 더 이상 소유하지 않는다는 사실, 또 지금 이런 이야기를 하는 동기가 돈이 아니라 철학의 문제라는 사실 이외에도 이 일화가 주는 교훈 때문이다. 우리는 미래에 닥쳐올 일을 마음대로 선택하지 못한다. 하지만 위대한 인물의 위대한 행동을 우리 삶 속으로 가져올 수는 있다. 데릭의 가족 역시 그랬다. 그들에게 킹의 행동은 일상의 삶에 깊숙한 의미를 지닌 것으로 바뀌어 있었다. 킹이 이 편지를 쓴 맥락을 생각하면 역사는 결코 단순하지 않다. 역사 속에 사는 것이란 미래와 과거 사이에 줄다리기를 하는 복잡한 여정이다. 그 여정에서, 토머스 칼라일의 말처럼, "호기심을 품지 못하는 사람, 호기심을 습관으로 갖지 않는 사람은 그저 안경일 뿐이고 그 뒤에 눈이 없다."

17

갈가리 찢긴 채로 나타난 자료
: 앤드루 잭슨이 촉토족과 치카소족에게 보낸 편지

1829년 가을, 미시시피주의 군인인 데이비드 할리 중령은 미시시피와 아칸소주를 가로질러 인디언 부족인 촉토족Choctaw과 치카소족Chickasaw이 사는 지역으로 들어갔다. 할리는 부족의 지도자와 원로들을 만나 토착 미국인 수백 명에게 확실한 메시지를 전했다. 미국 대통령 앤드루 잭슨이 보낸 제안이었다.

제안은 경악할 만했다. 두 부족이 대대로 살아온 광대한 땅을 떠나서 미시시피강 서쪽으로 이동한다면 보상으로 아칸소에 새 땅을 주겠다는 것이었다. 떠나지 않는다면 땅의 지배권을 잃고 각 주의 법뿐만 아니라 미합중국 연방법의 처분을 받을 것이라고 했다. 할리는 두 부족이 그곳에 계속 남는다면 안전을 보장하지 않겠다고 암묵적으로 위협한 것이다.

촉토족 족장인 데이비드 폴섬에게 전달된 대통령의 메시지는 부족회의에 전달되어야 했다. 할리는 자신이 잭슨 대통령에게 직접 받아온 편지를 부족민들 앞에서 큰 소리로 낭독해야 한다고 폴섬에게 설명했다. "친구이자 형제인 그들에게, 아버지 그리고 친구의 목소리에 귀 기울이라고 말하라." 잭슨의 편지는 이렇게 되어 있다. 자신을 토착 미국인들의 '아버지'라고 지칭하는 것은 토머스 제퍼슨에게서 시작된 관례로서 미국 대통령의 흔한 화법이었다. 편지는 계속 이어졌다.

> 그들이 지금 있는 곳에서 내 백인 자녀들과 평화롭고 조화롭게 살아가기에는 서로 너무 가까이 있다. 사냥터는 파괴되고, 많은 사람들이 땅을 갈고 경작하지 못할 것이다. 미시시피강 너머, 그들 민족의 일부가 떠나간 곳에서, 그들의 아버지는 모두가 살기에 충분한 큰 나라를 마련했다. 또 그들에게 그곳으로 가기를 권한다. (…) 그곳에서 백인(…)은 그들을 힘들게 하지 않을 것이고 그 땅을 요구하지 않을 것이다. 그들과 그 자녀들은 풀이 자라고 물이 흐르는 한은, 평화롭고 풍족하게 그곳에서 살 수 있다. 그곳은 영원히 그들의 것이 되리라. 그들이 지금 사는 곳에서 이루어낸 발전에 대해, 또 그들이 함께 갖고 가지 못할 재산에 대해 그들의 아버지는 그들과 맺을 협약에 따라 공정한 가격을 책정하고 지불할 것이다.
>
> 내 홍인 촉토 자녀들에게 말한다. 내 치카소 자녀들은 들으라. 미시시피의 내 백인 자녀들은 그들[홍인들]의 땅에까지 법률을 확장했다. 그들이 지금 현재 있는 곳에 남는다면 그 법률에 따라야 한다. 그들이 미시시피강 너머로 이주한다면 그런 법률에 구속되지 않을 것이며, 그들 자체의 법과 아버지 대통령에게만 종속될 것이다. 현재 그들이 있는 곳에서 아버지 대통령은 미시시피 법률의

시행을 미리 막을 수 없다. 그들은 그 주의 경계 안에 있으니, 나는 그대가 그들에게 이 점을 설명해주기를 바란다. 그 주의 영토에 대한 주 정부의 권위를 규제할 연방은 너무 멀리 있으므로, 그들은 주 정부의 권위에 복종해야 할 것이라고. 족장과 전사들에게 말하노니, 나는 친구이며 친구로서 행동하기를 바란다. 그러나 내가 그런 권한을 갖기 위해서는 그들이 미시시피와 앨라배마의 영역에서 떠나가야만, 또 내가 제안한 땅에 정착해야만 한다.
족장과 전사들이 이 담화를 충분히 이해한다면 그대는 그들에게 설명하기를 바란다. 또 그것이 내 입에서 나온 말임을 그들에게 말해주기를. (…) 나는 결코 한 입으로 두 말 하지 않는다고.
그들이 땅을 (…) 미시시피강 서쪽의 땅과 교환하기로 한다면 나는 그들과 협약을 체결하라고 지시할 것이고, 그 협약에 따라 공정함과 자유로움이 모두 그들에게도 베풀어질 것이라고 보장한다. 그들이 이룬 발전의 대가가 주어질 것이고, 남은 가축에 대해서는 값을 치를 것이며, 시민으로 남고 싶은 자들에게는 그들의 발전을 지원해줄 보호구역이 할당될 것이다. 또 아버지는 그의 홍인 자녀들에게 마땅한 정의를 베풀 것이다. 다시 내가 간청하노니, 귀를 기울이라고 그들에게 말하라. 여기 제안된 계획은 그들이 한 민족으로 영구히 존속할 수 있는 유일한 제안이다. (…) 그들이 자체의 법률을 보존하고 미합중국의 보호와 인간적 관심의 혜택을 받기를 기대할 수 있는 유일한 제안이다.

그대들의 충실한 친구, 촉토와 치카소 형제들의 친구,

앤드루 잭슨

정책의 영역에서 토착 미국인 부족들과의 관계만큼 분명하고도 논쟁적인 잭슨의 유산은 없을 것이다. 1820년대에 그가 미국 전역에 이름을 알리고 대통령 후보로서 입지를 굳히고 있을 때 토착 미국인 문제는 한창 들끓던 쟁점이었다. 잭슨은 토착 미국인들이 선천적인 토지 소유권을 갖지 않으며, 다른 사람들과 똑같이 사법 관할 구역의 거주민일 뿐이라는 입장을 취했다. 이 입장은 한 주나 영토의 지역민들의 손에 권력과 지배권을 쥐어주면서, 올드 히코리Old Hickory•의 포퓰리즘이라는 표현을 낳았다. 이런 주의 주민들이 특정 이웃들을 몰아내길 원하면 얼마든지 가능했다. 1828년 선거에서 잭슨은 이 공약을 기반으로 넉넉히 승리했다.

폴섬이 잭슨의 편지를 촉토와 치카소 인디언들에게 전했을 때는 정치적 긴장이 팽팽해진 상태였다. 미시시피는 1817년 연방의 주로 가입했고, 앨라배마도 1819년에 그 뒤를 따랐다. 나라가 팽창하면서 두 주에 정착민이 계속 유입되었고, 동남부의 토착 미국인과의 갈등도 수년간 격화되었다. 조지아 같이 일찍이 연방에 가입한 주에서도 상황은 마찬가지였다. 이러한 주들은 소위 문명화된 다섯 부족이라 불리는 촉토, 치카소, 체로키, 크리크, 세미놀족의 인디언 자치국autonomous Indian nations••의 경계를 인정하

• 완고한 아버지, 앤드루 잭슨의 별명.

•• 인디언 자치국이란 미국으로부터 독립된, 정치적·군사적 주권을 가진 나라가 아니라 인디언 보호구역과 비슷하게 부족들의 자치가 어느 정도 인정되는 행정조직을 말한다. 법률적으로 인정된 것은 1832년의 우스터 대 조지아 Worcester vs. Georgia 판례 이후의 일이다.

지 않았다. 토착 미국인들은 이전 협약에서 이미 넓은 땅덩이를 포기했는데도 또다시 추방당하게 되자 합의를 거부해왔다.

하지만 잭슨은 촉토족이 1812년 전쟁에서 자신과 함께 싸웠던 만큼 자기 말을 들어줄 것이라고 어느 정도 기대했다. 실제로 폴섬 본인도 잭슨과 유명한 촉토족 추장 푸시마타하 밑에서 복무했었다. 폴섬은 토착 미국인 어머니와 백인 아버지 사이에서 태어나 기독교를 받아들였고, 1820년대에는 촉토족 아이들을 위해 선교사들이 학교를 세울 수 있게 허용했다.

하지만 폴섬은 지금은 미시시피주가 된 자신들의 고향을 떠나는 데는 완강하게 반대했다. 더욱이 그는 촉토족에게 약속된 아칸소 영토에 백인 정착민들이 이미 가득 들어와 있다는 소식을 친한 선교사로부터 들어 알고 있었다.

잭슨의 발언을 의논하기 위해 부족회의가 열렸다. 원로들은 대결에 지쳤고 공정한 해결책을 받아들일 준비가 되어 있었다. 젊은 대표단을 이끄는 폴섬은 부족회의에서 분개하여 모두 제자리를 지키며 싸워야 한다고 주장했다. 이곳은 그들의 땅이었다.

폴섬은 잭슨의 제안을 거부했다. "홍인들의 의견은 미국이 몇 년 안에 미시시피 서쪽의 땅도 요구하리라는 것입니다." 그가 말했다. "우리가 이동한다고 해도 또다시 백인들에 의해 옮겨가야 할 겁니다. 우리는 우리나라를 팔 생각이 없습니다. (…) 여기는 우리의 집이고 우리가 거주할 장소입니다. 우리의 들판이자 학교이고, 우리 모두의 친구입니다. 우리 발밑에는 흙과 우리 선조들의 뼈가 있습니다."

하지만 잭슨의 발언은 제안이 아니라 명령이었다. 어떤 것도 잭슨을 막지 못했다. 바로 며칠 뒤에 발표된 의회 연두 교서에서 그는 이 문제의 유일한 해결책은 인디언 종족들을 미시시피 서쪽으로 보내는 것뿐이라고 주장했다. 잭슨 대통령은 그의 행정부의 인디언 정책을 확정했다. 그 정책은 며칠 전 그의 대리인 데이비드 할리가 전달한 지시 내용을 토대로 했다.

이듬해 봄에 잭슨은 의회를 압박하여 인디언 이주법에 서명했다. 동남부의 토착 미국인 부족들을 현재 오클라호마주에 해당하는 미시시피강 서쪽의 연방 영토로 강제 추방하는 법안이었다. 그 뒤 몇 년 동안 인디언 부족들은 서쪽으로 떠났다. 종종 총구가 그들을 강제로 떠밀었다. 그들이 지나간 길은 '눈물의 여로'라고 알려졌다.

촉토족과 치카소족에게 보낸 잭슨의 편지 원본은 역사에서 사라졌다고 여겨져왔다.

여름철이면 카렌과 나는 항상 딸과 함께 메인주 바하버에 있는 가족의 별장에서 머문다. 그곳에서는 바닷가의 시원한 기온을 최대한 오랫동안 즐길 수 있다. 어느 해에 우리는 더운 열기 외에도 그곳으로 빨리 가야 할 이유가 하나 더 생겼다. 전날 페덱스를 통해 도착한 커다란 상자가 우리를 기다리고 있었기 때문이다. 무게가 약 18킬로그램쯤 되는 상자를 보낸 사람은 저명한 남북전쟁 지휘관의 후손이었다. 그는 다락방에 있던 일가의 유물들을 뒤져보고, 오래된 상자에 담긴 역사적 '물건들'을 살펴보는 중이었다. 문서와 깃발 한 조각이 있었다. 우리가 필라델피아를 떠나기 일주일 전에 아버지가 그 남자로부터 첫 연락을 받았다. 그는 자기 일가에 여러 세대 동안 전해 내려오던 물건을 몇 개 갖고 있다고 설명했다. 그는 토머스 유잉의 직계 후손이었는데, 유잉은 미국의 9대 대통령인 윌리엄 헨리 해리슨 밑에서 재무장관으로 일했고, 그 뒤에는 미국의 12대 대통령인 재커리 테일러 밑에서 내무부 제1장관으로 일했다. 유잉의 아들 셋이 남북전쟁 때 연방 장군이었고, 한 명은 윌리엄 티컴서 셔먼이 가장 신뢰하는 지휘관이었다. 1864년 끝 무렵 조지아를 침공하고 '바다로의 행군'을 지휘하여 남부에 전쟁의 고통을 안긴 성질 급한 북군 장군 셔먼은 1850년에 유잉 시니어의 딸과 결혼하여 그의 사위가 되었다. 유잉 일가는 19세기의 저명한 가문이었다.

"난 이걸 경매회사에 보여주었어요." 유잉의 후손이 아버지에게 설명한 바에 따르면, 경매회사는 그다지 흥미를 보이지 않았다. 다만 상태가 별로 좋지 않고 찢어진, 앤드루 잭슨이 서명한 것으로 보이는 편지 한 통의 가격을 5000달러로 추산했다. 흥미 있는 내용이 별로 없고 중요하지 않은 잭슨의 편지 한 통으로는 적절한 가격이었다. 아버지는 스캔본을 볼 수 있을지 물어보았다. 그들이 보낸 스캔 사진으로는 잭슨 편지가 무엇인지 알아보기 쉽지 않았다. 하지만 다른 품목들은 흥미로워 보였고, 빅스버그가 탈취되었을 때 연방군 본부에 휘날렸던 전쟁 깃발 한 조각도 들어 있었으므로, 나름의 값어치는 있을 거라고 판단했다. 우리는 경매회사가 제안한 것보다는 훨씬 많은 만 달러 단위의 가격을 제시했다. 그리하여 그 남자는 애리조나에 있는 그의 집에서 메인주에 있는 우리의 방갈로까지 미국을 가로질러 모든 것을 보냈다.

필라델피아에서 바하버까지는 긴 시간을 운전해야 했고, 내 마음은 곧 시작될 휴가에 맞춰져 있었다. 카약이 집 아래층에서 나를 기다리고 있다. 우리가 아직 이동 중일 때 아버지가 전화했다. 아버지는 이미 메인주에 도착하여 평소와 같은 열정으로 유잉의 상자를 열고 무엇이 있는지 찾아보았다. 상자 밑바닥에 무엇이 있을지 아무도 모른다. 그리고 뭔가가 배달될 때는 항상 예기치 못한 것이 나오게 마련이다. 아버지는 깃발에 대해, 장군 본부의 스케치에 대해, 빅스버그 작전 지도에 대해, 또 남군이 1863년 7월에 빅스버그에서 항복했다는 소식을 아내에게 전한 휴 유잉의 편지에 대해 약간 흥분했다. 빅스버그 함락은 그 전쟁의 전환점 중 하나였다.

상자 밑바닥에서 아버지는 찢어진 종이 아홉 가닥이 흩어져 있는 것을 보았다. 제일 큰 가닥은 아무렇게나 구겨진 색인카드 정도의 크기였다. 그중 하나에는 앤드루 잭슨의 트레이드마크라 할 만한 멋 부린 글씨체로 쓴 서명이 담겨 있었다. 이것이 아마 경매회사가 5000달러의 가격을 매긴 편지일 것이다. 이게 다 뭐지? 무얼 의미하는 거지? 남북전쟁 이후 유잉 가문을 제외한 그 누구도 이 자료를 본 사람이 없을 것이다. 이런 것이 존재한다는 것조차 몰랐을 것이다.

"그냥 종잇조각이 한 뭉치 있어." 아버지가 설명했다. "모두 맞춰질 수 있을지도 의문이야. 네가 여기 오면 살펴보기로 하자. 그런데 조각들만 볼 때 뭔가 중요한 물건일 것 같아."

우리가 집에 도착하니 상자가 기다리고 있었다. 수수께끼의 편지 조각들은 지퍼백에 들어 있었다. 아직 짜맞춰지지 않은 상태였다. 유잉 일가는 조각들이 같은 문서의 부분들이라고는 깨닫지 못했다.

나는 편지 조각들을 들고 서재로 갔다. 서재는 19세기 후반 스타일로 지어진 우리 집 앞쪽에 자리 잡고 있었다. 바로 이 방에서, 한 세기도 더 전에 그로버 클리블랜드 대통령이 내각 회의를 열었고 J. P. 모건, 존 제이콥 애스터, 제임스 루스벨트(FDR의 아버지), 조지 도어, 올리버 웬델 홈스, 버튼 해리슨 같은 그 시대의 저명 인사들이 앉아서 술을 마셨다. 버튼 해리슨은 남북전쟁 기간에 제퍼슨 데이비스의 개인 보좌관이었다. 당시 우리 집은 주택이 아니라 회원제 클럽인 마운트 데저트 리딩 룸Mount Desert Reading Room이었고 바하버의 황금시대에 지적 사유의 허브 역할을 하던 곳이었다. 묵직한 밤색 커튼이 드리워져 어둑어둑했다. 부모님은 가구를 복원하여 역사적으로 빅토리아 시대 후반에 어울리는 분위기로 만들었다. 진한 월넛색과 밝은 오크색이 엇갈려 짜인 마룻바닥은 이 집의 고유한 특징 중 하나다. 방 전체가 약간은 도금시대Gilded Age•의 남성 전용 클럽 같은 분위기를 띠고 있다.

나는 1829년에서 온 편지 아홉 조각을 퍼즐처럼 앞에 늘어놓았다. 우리가 가진 게 무엇인지 알려면 이 퍼즐을 조합해야 한다. 힘든 도전이었다. 조각들을 내 앞에 모두 늘어놓으니 펜과 잉크 표시의 동일성, 종이에 묻은 강도와 색조의 동일성이 눈에 띄었다. 조각들은 모두 동일하게 어두운 갈색이었고, 색이 바랜 정

• 또는 금박시대. 미국 역사에서 남북전쟁 이후 엄청난 물질주의와 정치 부패가 일어난 1870~1880년대를 일컫는 말.

도도 다르지 않았다. 모두 동일한 문서의 일부분이었다. 서명은 잭슨의 것이었다. 굵고 뚜렷하고 크고 자신감 있는 글씨체. 본문의 다른 글씨보다 더 큰 경우가 많았다. 이런 특징은 그의 성격과 역사적 유산에 어울렸다. 나는 아버지를 불러 탁자에 앉아 퍼즐 조각을 맞추기 시작했다. 서명이 밑에 가고, 1829년 10월 15일이라는 날짜는 맨 위로 간다. 오케이. 시작이군. 나머지에 대해서는 도무지 종잡을 수가 없었다. 글씨는 종횡무진이었고, 어떤 가장자리는 직선으로 잘려 있었다. 이건 여기에 가는 것 같고, 저건 저기에…… 조각들의 자리를 잡아주고, 빈곳이 어디로 가는지 알아내기까지 45분 정도 걸렸다. 우리 앞에 있는 것은 리걸패드• 크기인 원래 종이의 약 4분의 3 정도인 것 같았다. 비서 노릇을 했던 잭슨의 조카가 손으로 쓰고 앤드루 잭슨이 서명한 편지였다.

올드 히코리라는 별명으로 불린 잭슨은 한 세대가 넘는 세월 동안 정치적 거인이었고, 동시대인들에게는 애증의 대상이었다. 지금까지도 그에 대한 평가는 다양하게 엇갈린다.

포퓰리스트이자 군인인 잭슨은 나폴레옹이 죽은 지 80년 뒤에 권력을 잡았고, 휘하의 병사들과 다른 많은 사람들로부터 영웅인 동시에 악한, 독재자인 동시에 민중의 사람으로서 반엘리트적인 존경심을 불러일으켰다. 그는 자신의 권력과 영향력을 곤봉처럼 휘둘렀고 그 이전의 나폴레옹처럼, 한 인간의 이상이 다른 사람들에게서 헌신을 끌어낼 수 있음을 알았다. 두 사람은 완전히 다른 인간이지만 어떤 격언의 실제 사례로서는 손색이 없다. 세상

• 가로 15.5센티미터, 세로 21.5센티미터 크기의 패선이 그어진 법률 용지철.

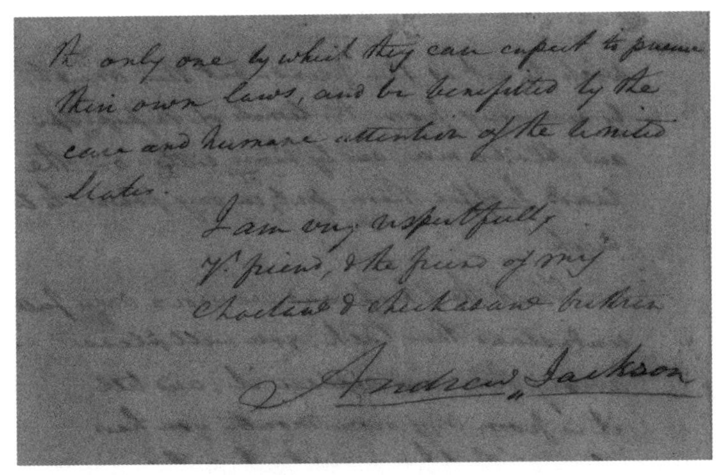

the only one by which they can expect to preserve
their own laws, and be benefitted by the
care and humane attention of the United
States.

I am very respectfully,
Yr. friend, & the friend of my
Choctaw & Chickasaw brethren

Andrew Jackson

상자에서 발견한 앤드루 잭슨 편지의 첫 번째 조각.

의 위대한 인물들에게서 그들이 대표하는 이상을 꿰뚫어보지 못한다면 당신은 그들을 이해하지 못한 것이라는 격언 말이다.

요즘 수집가들 중에는 잭슨 전용 보관 선반을 갖고 있는 사람들이 많다(트럼프 대통령도 어떤 의미에서는 그런 부류다. 그는 2017년에 올드 히코리의 초상화를 백악관의 오벌 오피스 안으로 옮겨 걸었다). 잭슨이 서명한 것은 모두 중요했지만, 세부 사항에 따라 가격 단위가 한 등급 이상 올라갈 수도 있고, 대단한 내용을 담은 편지라면 10만 달러 이상에 팔릴 수도 있다. 일반적으로 잭슨의 자료 가운데 행정부에 대한 장악력을 보여주는 것, 1812년 전쟁 중 뉴올리언스 전투에서 영웅다운 모습을 보여주는 것, 토착 미국인 문제에 관련된 것들이 가장 가치가 높다. 사람들은 잭슨에게서 힘을 보고 싶어 한다. 그가 뭔가에 대해 사과하는 편지는 진지한 구매자의 구매 의욕을 불러일으키지 못할 것이다. 그러나 상대방에게 책임을 떠넘기고, 자신에게 다시 도전해보라고 상대를 도발하는 내용이 담긴 편지는 소장 가치가 있는 멋진 편지가 된다. 여담이지만, 조지 워싱턴이 쓴 편지에 대해서는 상반된 기분을 느낀다. 나는 그가 제멋대로 오만하게 구는 모습보다는 사람들이 의외라고 여길 만한 수줍고 소심한 모습 그리고 철학적인 모습을 보여줄 때가 더 좋다.

퍼즐이 한 조각 한 조각 맞춰지자 우리는 이것이 그냥 일상적인 편지가 아니라는 사실을 차츰 깨달았다. 심각하게 손상되기는 했지만 뭔가 좀 다른 것 같았고, 진정한 역사를 대면할 때 발생하는 특징적인 감정이 느껴졌다. 전체를 짜맞추는 데 시간이 좀 걸렸기 때문에 그동안 감정이 더 고조되었다.

어떤 구절은 크고 명료하게 소리친다. 잭슨은 토착 미국인들에게 자발적으로 남동부 주에 있는 그들의 땅을 떠나서 미시시피 서쪽에 다시 터를 잡으라고 요구하고 있었다. "그들이 지금 있는 곳에서 내 백인 자녀들과 평화롭고 조화롭게 살아가기에는 서로 너무 가까이 있다." 전쟁을 일으키겠다는 다짐처럼 들린다. 데이비드 할리와 데이비드 폴섬의 이야기 그리고 1829년의 부족회의에 관해 내가 처음 안 것이 이때다. 역사가 우리에게 몰려왔다. 이것은 잭슨 대통령이 지시한 내용을 담아 할리가 촉토족에게 전달한 바로 그 편지임이 분명했다. 그리고 한 세대 내내 열린 적이 없는 상자 밑바닥에 찢어진 채 남아 있었다. 이 편지의 내용은 잭슨이 생전에 남겨둔 초고 사본들을 통해 알려져 있었지만, 원본은 소실된 것으로 여겨졌었다. 그런데 비록 찢어진 상태이기는 하지만, 그 편지가 지금 여기서 편지를 거쳐간 많은 손과 거의 200년 전에 편지 속 메시지를 들은 수많은 사람들에 대해 우리에게 말해주고 있었다.

어떤 자료가 찢어진 채 나타났다면 당신은 어떻게 하겠는가? 제멋대로 처리해버릴 문제가 아니다. 다시 짜맞춰야 한다.

나는 프랭크 모우리에게 연락했다. 그는 위대한 폴저 셰익스피어 도서관Folger Shakespeare Library의 보존실장이며 오랫동안 보존 전문가로서 우리를 도와주었다. 문서들은 접혔던 곳이 갈라진 상태로 우리에게 오는 경우가 많다. 보통 그렇다. 편지나 문서는 접히는 순간부터 종이의 결합이 약해지기 시작한다. 그런 정도는 대개 비숙련자가 손상을 알아볼 수 없을 정도로 쉽게 복원된다. 하지만 이번 것은 극단적으로 손상된 상태다. 편지는 착오로 상자에 던져지고, 몇 조각이 사라진 상태로 오래 방치되어 있었다. 애당초 편지가 살아남은 것 자체가 놀라운 일이다. 망가지고 상실되는 경우가 워낙 많다. 복원가들의 작업은 놀랍다. 모든 조각을 한데 짜맞추고, 조각들을 바탕 종이 위에 늘어놓아 찢어진 자국이 보이지 않게 원본을 복원하며, 종이를 손상시키는 산성 성분을 제거하고, 재질을 안정화한다. 최대한 복원시킬 수만 있다면 무슨 일이든 한다.

하지만 이렇게 심각한 경우는 어떨까? "프랭크, 이건 특별한 물건인데 상태가 엉망이에요. 진짜 심각해요." 내가 말했다. 우리가 찾아내어 짜맞춘 것의 상태를 자세히 묘사했더니 프랭크는 리프캐스팅leaf-casting이라는 비교적 새로운 기법에 대해 설명하면서 효과가 있을지도 모르겠다고 말했다. 리프캐스팅은 틈새를 메워줄 특별한 종이를 사용한다. 내가 프랭크에게 조각들의 사진을 보냈을 때도 그는 여전히 낙관적이었다. 그래서 나는 각 조각을 별도의 마일러 투명 파일Mylar sleeve•에 넣고 상자에 담은 다음 그에게 보냈다.

프랭크는 편지 조각들을 수용성 용액에 띄워서 용액이 종이의 빈틈을 메우게 했다. 그 결과 조직들이 연결되고 붙어서 하나의 종이가 되었고 편지를 썼을 당시와 유사한 모습으로 바뀌어 있었다. 원래 편지에서 분실된 부분들은 그냥 빈칸처럼 보였다.

나는 프랭크가 보내줄 소포를 대단한 기대감을 품고 기다렸다. 이주일 뒤 상자가 오자 조심스럽게 다루었다. 그 안의 내용물이 매우 손상되기 쉬웠기 때문이다. 리프캐스팅은 성공했다.

이 자료는 미국 역사에서 복잡하고 불안정했던 시간의 유물이며, 토착 부족에 대한 백인 지배를 알려주는 유물이다. 19세기 초반 이 나라의 서쪽을 향한 팽창은 토착 미국인 부족들에게 엄청난 고통을 안겨주었고 이산을 초래했다. 그 모든 고통이 이 편지에 내장되어 있다. 우리는 압도되었다.

역사는 항상 아름답거나 감동적인 것이 아니다. 언제나 해피엔딩이 오지도 않는다. 하지만 역사를 보존하고 이런 문헌이 들려주는 진실에 귀를 기울이는 것에는 진정한 가치가 있다. 촉토족과 치카소족이 1829년에 받은 잭슨의 편지는 두 문명이 갈등을 빚게 되고, 토착 미국인들이 굴복하는 순간을 조명한다.

• 마일러는 미국의 뒤퐁사에서 개발한 전기 절연 재료로서 1950년대 후반부터 발매된 강화 폴리에스테르 필름의 상품명이다. 얇은 막으로 만들 수 있고, 기계적인 강도와 내열성이 있으며, 전기 기기의 절연이나 콘덴서의 유전체 등에 널리 사용된다.

나는 두 경쟁 문명, 즉 두 국가가 아닌 두 문명의 지도자들이 직접 소통하는 문서를 소장해본 적은 한 번도 없다. 이 편지가 마지막이기를 기대한다. 왜냐하면 우리가 가진 지도자와 군주들의 편지, 예를 들면 영국 국왕이 적수인 프랑스 국왕에게 보낸 편지 같은 것은 문명의 충돌이 아니라 문명 내에서의 다툼을 보여주기 때문이다. 그러나 할리와 폴섬의 대면은, 흔히 그렇듯이 두 문명 중 하나에 나쁜 결과를 가져왔다. 문명의 충돌은 대개 어느 한쪽의 흡수나 패배로 끝난다. 이번 사냥은 우리에게 아주 특별한 만남의 순간을 보여주었고, 잭슨의 편지를 복원하는 작업은 소소하게나마 우리가 그 투쟁에 참여하면서 투쟁이 가진 힘을 느끼게 해주었다.

이 편지를 이해하는 것은 나 자신의 사냥을 더욱 잘 이해해가는 여정의 일부분이었다. 그래, 이건 종이 한 장이야. 하지만 이건 한 사람만이 아니라 한 종족에게, 내 가족이 1600년대 초반에 여기 오기 이전에 이미 이 대륙에 살고 있던 종족들에게 더 많은 것을 상징했다. 그들의 굴복과 유랑은 일차적으로 수용과 동화를 특징으로 하는 내 가족의 경험과는 근본적으로 다르다.

나는 많은 사람들에게 고통을 안겨준 이 순간을 민감하게 느낀다. 우리 회사에는 율리시즈 S. 그랜트가 위임한 굉장한 편지가 있다. 잭슨 편지보다 40년 뒤에 쓰인 것으로, 토착 미국인 문명의 종말에 대한 언급이 담겨 있다. 그는 토착인들의 생활 양식은 거의 죽었다고 썼다. 잭슨의 편지는 토착인들의 생활 양식을 소멸로 몰아간 창끝이었다. 자부심이 강한 토착 미국인 부족의 대표자들은 우리가 발견한 것을 긍정적으로 평가했다. 잭슨 편지는 그들이 소유한 역사의 발견이며, 그들의 역사에 관심을 끌어올 기회, 미국사의 이야기에 참여할 수 있는 기회였다.

기분이 좋지 않았던 단 한 사람은 앤드루 잭슨 문헌 프로젝트의 책임자였다. 그는 그 편지로 인해 잭슨이 불필요하게 나쁜 평가를 받게 되었다고 느꼈다.

역사가 스스로를 되풀이하는지는 모르겠지만 역사적 행동은 그렇지 않다. 그 편지는 유일무이한 것이며, 중요성은 부정할 수 없이 확실하다. 그렇기 때문에 상태가 좋지 않았음에도 편지의 가치나 우리가 매긴 가격이 낮아지지는 않았다. 오히려 그런 상태가 편지가 겪은 여정의 일부분이 되었다. 잭슨의 펜 끝에서 나와, 남부의 토착 부족들에게 전해졌고, 이후 여러 세대 동안 상실되었다가 갈가리 찢긴 채로 우리 집 문 앞에 왔다. 그리고 재조합되어 대중 앞에 나서고 국가적인 전시물이 되었다.

편지는 어느 개인 수집가에게 10만 달러에 팔렸고, 필라델피아의 국립헌법센터에 1년간 전시되었다.

18

역사를 보존하고 그들의 이야기를 알리라는 명령
: 나치 독일에서 빼내온 서재

"네이트, 어떤 남자와 통화를 했어. 알베르트 아인슈타인이 상대성 이론에 대해 이야기하는 편지 두 통을 갖고 있다는구나. 그의 선조가 아인슈타인과 동시대에 독일에서 연구한 과학자였대. 다음 주에 그 사람 한번 만나볼 수 있겠니? 시내에 나온다는데." 아버지가 통화 중에 여담처럼 덧붙였다. "집안에 다른 문헌들도 좀 내려온다더구나." 나는 전화를 끊고는 그 남자가 보낸 문헌의 스캔본이 첨부된 이메일을 보았다. 아인슈타인 편지는 진품인 것 같았다. 굉장한 물건이었다. 그의 가장 위대한 발견인 상대성 이론을 논의하는 내용이었다. 하지만 이 두 편지는 우리를 훨씬 더 깊은 역사 속으로 끌어들이는 첫 번째 반짝임에 불과했다. 그렇게 하여 내게는 큰 보상을 안겨주었지만 한편으로 고통스럽기도 했던 여정이 시작되었다. 아인슈타인으로 시작된 이야기는 천천히, 돌이킬 수 없이 성장하고 변하고 어두워졌다. 이 역사적 발견 과정에서 나도 변하게 되었다.

게오르크 브레디히는 저명한 독일 과학자였지만 우리는 그의 이름을 한 번도 들어본 적이 없었다. 그는 촉매화학의 아버지였으며, 물리화학이라는 분야를 발명해낸 사람들 중 하나였다. 그는 라이프치히, 암스테르담, 하이델베르크, 취리히에서 공부했고 나중에는 고향인 카를스루에로 돌아갔다. 브레디히가 취리히의 연방공과대학ETH에 있던 시기는 아인슈타인이 있던 시기와 겹친다. 브레디히는 제2차 세계대전 이전, 과학과 수학 분야의 위대한 사유자들이 왕성하게 활동하던 독일어권 지적 생태계의 일원이었다. 그는 아인슈타인, 막스 플랑크, 로베르트 코흐, 파울 에를리히, 프리츠 하버, 에른스트 코헨, 발터 네른스트 등 여러 사상가들과 함께 연구하고 서신을 교환했다. 브레디히는 제1회 노벨화학상 수상자인 야코부스 반트 호프의 제자가 되어 암스테르담에서 공부했다. 라이프치히에서는 역시 노벨상 수상자인 프리드리히 빌헬름 오스트발트와 스반테 아레니우스와 함께 세계 최초의 물리화학 실험실을 설립하는 데 힘을 보탰다. 아레니우스와는 가까운 친구가 되었다. 아레니우스는 당시 스웨덴 최고의 저명한 과학자이자 노벨 재단 이사회의 이사였다. 그는 현대 기상과학의 아버지로 받들어진다.

이렇게 과학과 수학적 발견이 역동적으로 이루어지던 시대, 즉 20세기 초의 몇십 년간 여러 분야들 사이의 경계선은 흐릿했다. 물리학, 수학, 열역학, 양자물리학, 물리화학, 상대성 이론, 이 모두가 서로 연결되어 있었고, 과학자들은 모두 최신 이론과 발전에 대해 서로 편지를 주고받으며 논의하곤 했다.

저명한 독일 과학자의 직계 후손이 아내와 함께 내 집 거실의 소파에 앉아 있었다. 그는 낡은 검은색 여행 가방을 열고 아인슈타인의 편지 두 통을 꺼냈다. 나는 진품임을 금방 알아볼 수 있었다. 브레디히와 아인슈타인은 모두 취리히에서 가르쳤고, 아인슈타인은 그곳에서 박사학위를 받았다. 브레디히는 자신보다 젊은 동료의 연구에 깊은 관심을 보였다.

아인슈타인의 첫 편지는 취리히가 발신지이며 "친애하는 동료여!"라고 시작한다. 폭이 넓은 종이 한 면을 다 채운 긴 편지였다. 왼쪽에는 다른 편지와 서류들을 함께 묶기 위해 뚫어놓은 펀치 구멍이 나 있었다. 날짜는 1913년 1월 20일이었다. "난 당신이 나의 버릇없는 침묵을 원망하지 않은 것을 매우 감사하게 생각합니다. 나는 뭔가 중요한 이야깃거리가 있지 않으면 편지를 쓸 수가 없어요(내가 뻣뻣한 사람이어서 그래요)."

아인슈타인은 특수상대성 이론을 1905년에 발표했다. 유명한 $E=mc^2$ 공식으로 에너지를 질량 및 빛의 속도와 대등하게 보고, 진공 속에서 빛의 속도가 항상 균일하며, 시간과 공간이 독립적인 것이 아니라 관찰자의 위치에 의존한다고 본 이론이다. 그로부터 8년 뒤, 아인슈타인은 나중에 일반상대성 이론으로 알려질 연구를 하며 중력과 가속도에 관한 이해를 자신의 원래 이론에 병합하고 있었다. 그 주제에 관한 여러 세기 동안의 사유를 변모시키게 되는 발걸음이었다.

아인슈타인의 편지는 브레디히가 보내준 마이클 폴라니•의 엔트로피에 관한(혹은 과학 시스템에서의 무질서 문제에 관한) 논문을 다루고 있었다. 하지만 아인슈타인은 편지의 절정을 마지막까지 미루었다. 편지를 읽으면서 내가 지금 알고 있는 것을 당시 아인슈타인은 알지 못했다는 사실을 깨달았다. 위대한 발견의 전조였다.

> 과학적으로 나는 오로지 중력의 문제만 파고들면서 스스로를 괴롭히고 있어요. 그런데 그것을 다루려면 불행하게도 내 수준을 뛰어넘는 수학적 기술이 필요합니다. 하지만 그 문제를 손에서 놓을 수가 없군요.

이 놀라운 아인슈타인 편지를 통해 우리는 아인슈타인이 그의 가장 위대한 돌파구인 제2상대성원리를 향해 다가가는 과정에서 스스로를 위대하게 만든 끈질긴 결단력을 본다. 편지를 읽고 나는 델라웨어강을 건너는 조지 워싱턴 혹은 달을 향해 떠나는 닐 암스트롱과 함께 있는 것 같은 느낌을 받았다. 몇 달 안에 아인슈타인은 사과를 나뭇가지와 분리시키고 달을 지구 주위의 궤도에 묶어두는 중력에 대해 생각할 새로운 방도를 고안하게 된다. 이런 대상을 끌어당기는 힘은 존재하지 않는다고, 그는 보았다. 그것들은 그저 시간과 공간이라는 바탕 재질의 곡률에 반응할 뿐이다. 이 수학적 실재를 나타내는 시각적 은유는 트램펄린의 바탕 재질을 누르면서 더 작은 공을 자기 쪽으로 끌어들이는 볼링공이다. 같은 방식으로, 예를 들면 태양은 공간을 휘게 만들고 지구와 다른 행성들을 궤도에 붙들어둔다. 이 충격적이고 심오한 이론으

• 헝가리 부다페스트에서 태어난 물리화학자이자 과학철학자. 카이저 빌헬름 연구소에서 연구하다가 나치의 등장 이후 영국으로 망명했다.

로 아인슈타인의 명성은 더욱 확고해졌다.

나는 녹다운되었다. 아직 첫 편지였는데 말이다.

나는 두 번째 편지를 마닐라 봉투에서 꺼냈다. 1920년에 쓰인 그 편지 역시 아인슈타인이 1915년에 발표한 일반상대성 이론에 관한 내용이었다. 편지의 주제는 그의 혁명적 이론을 어떻게 입증하느냐 하는 문제였다. 중력이 공간-시간에 미치는 예견된 효과를 어떻게 시험할 것인가? 일반상대성 이론에 따르면 태양에서 떠난 빛은 태양 자체의 거대한 중력적 인력을 벗어나면서 고주파 영역으로 들어가야 한다. 즉 적색편이 현상이다. 브레디히는 아인슈타인에게 쓴 편지에서, 적색편이가 지구에서 관측될 수 있는지 물어보았다. 그리고 대답은 '아니요'였다. "진짜 문제의 해답을 얻고 싶다면 '진짜' 중력장을 가지고 작업해야 합니다." 아인슈타인은 썼다. "그 문제의 천문학적 타당성에 관해 말하자면, 그 질문에 대한 대답은 약간 희망적입니다. 사진 건판을 측정하는 광합성 기법photosynthetic method을 발견한 덕분이지요." 편지에는 수학 공식과 함께 정지 상태의 시계보다 움직이는 시계가 더 느리게 간다는 논의가 들어 있었다. 아인슈타인이 상대성 문제를 연구하는 모습을 다시 보면서 이 편지가 귀중한 자료라는 것을 알 수 있었다. 한 천재가 본인이 상상할 수 있는 가장 어렵고 추상적인 현상을 붙들고 씨름하는 모습이었다. 그가 편지에서 언급한 '광합성' 기법은 결국 수십 년 뒤에 그의 이론이 옳다는 것을 증명했다.

나는 돌아서서 브레디히에게 말했다. "굉장한 편지군요. 두 통 모두 사고 싶습니다."

“두 번째 것도 내놓을 수 있을지는 잘 모르겠습니다.” 그가 말했다.

“남편이 개인적으로 애착을 갖고 있는 것이라서요.” 그의 아내가 말했다. “그래도 팔 거예요. 시간이 좀 필요할 뿐이지요.”

“마음의 준비가 되지 않았다면 팔지 마세요.” 내가 대답했다. “때가 되면 한 통이든 두 통이든 그때 사겠습니다.”

“보여드릴 게 몇 가지 더 있습니다.” 브레디히가 잠시 생각하더니 말했다.

브레디히는 함께 가져온 두 번째 가방에 손을 뻗었다. 하룻밤 자고 가기 위한 짐이겠지 짐작했다. 그러나 그는 자기 할아버지가 라이프치히의 첫 물리화학 실험실 개소식 때 동료 과학자들과 함께 찍은 사진과 물건 두어 가지를 꺼냈다. 스케치용 컴퍼스와 물건을 담는 상자였다. 브레디히는 과학자들의 두 번째 사진을 꺼냈다. 여장을 하고 카메라 주위에서 장난을 치는 모습이 찍혀 있었다. 그는 막스 플랑크가 보낸 편지와 노벨 물리화학 연구소 초대 소장인 스반테 아레니우스가 보낸 또 다른 편지를 꺼냈다.

“이런 게 우리 집에 많이 있습니다. 와서 보시면 좋겠네요.” 브레디히가 소심하게 말했다. 나는 아인슈타인의 편지 때문에 황홀경에 빠진 터라 그의 말에는 신경 쓰지 않았다.

우리는 브레디히가 확실하게 팔 의사가 있었던 첫 번째 편지를 샀고 나머지는 그냥 두었다. 그에게는 다른 것을 팔 마음이 없었고 우리는 설득하려 들지 않았다.

시간이 흘러 그 컬렉션은 내 머리에서 사라졌다. 그러다가 몇 달 뒤, 브레디히가 다시 연락했다. 그는 두 번째 편지를 팔 준비가 되었다고 했다. 얼마를 줄 수 있나요? 우리는 금액을 제안했고, 그는 5000달러를 더 받고 싶어 했다. 우리는 요구를 받아주었다. 우리가 편지 두 통에 대해 지불한 돈은 5만 달러를 살짝 넘는 액수였다.

아인슈타인이 평생 교환한 서신은 크게 몇 개의 범주로 나뉜다. 과학(특히 상대성 이론), 철학과 종교, 생명의 본질과 우주에서 우리의 역할, 핵융합 문제와 인류에게 미치는 위험도에 대한 경고, 그리고 유대교. 그는 이스라엘 국가의 지지자였고, 미국 최초의 유대인 대학인 브랜다이스 대학을 위해 기금을 모았다. 엄밀하게는 종교계 인물이 아니었음에도 아인슈타인은 유대인들이 홀로코스트를 피해 유럽에서 넘어오도록 돕는 일에 깊이 관여했다.

일반적으로 말해 아인슈타인의 편지 가운데 가장 가치가 높은 것은 첫 번째 범주다. 그리고 이 남자는 첫 번째 범주에 속하며 예전에 한 번도 팔려고 내놓은 적이 없는 편지 두 통을 갖고 있었다.

"직접 오셔서 두 번째 편지도 가져가시고 우리가 가진 다른 것들도 보시지 않겠어요?"

어쩌면 막스 플랑크의 편지가 많이 있을지도 모르겠네. 나는 생각했다.

브레디히 가족은 테네시주 오크리지 핵시설에서 멀지 않은 남부의 시골에 살고 있었다. 편지를 가져온 남자의 아버지인 막스가 그 시설에서 일했다. 막스는 그의 아버지인 게오르크처럼 과학자이자 화학자였다. 그 남자는 아버지와 내가 묵는 호텔에 찾아와 그들 일가가 사는 목장 스타일의 단층 주택으로 우리를 데려갔다. 식물들이 마구잡이로 웃자란 언덕 위에 서 있는 약간 낡은 집이었다. 그와 아내는 젊지 않았다. 그의 아내는 거실에서 TV를 보고 있었다. 마치 1970년대 빈티지 스타일 장식의 일부처럼 보였다.

우리가 거실 의자에 앉자 그 남자는 두 번째 아인슈타인 편지를 가져왔다. 내가 기억한 그대로 굉장한 편지였다. 이 상대성 이론 편지 두 통으로 우리는 10만 달러 이상을 받을 수 있겠다고 기대했다. 이제 우리는 지하로 내려가서 '나머지' 자료가 무엇인지 보기로 했다. 우리가 여기 온 것은 아인슈타인의 편지 때문이었지만 그가 플랑크의 편지를 두 통이 아니라 다섯 통쯤 갖고 있을지도 모른다는 희미한 기대도 있었다.

그는 우리를 두터운 카펫이 깔린 계단을 따라 지하로 데려갔다. 눅눅한 공기가 느껴졌다. 계단을 내려가 오른쪽으로 돌아 회전문을 열고 큰 방으로 들어갔다. 형광등이 있었고 작은 창문 두 개를 통해 자연광이 들어왔다. 오래 묵은 냄새가 강하게 났다. 희귀 도서 서점에서처럼 낡은 종이가 풍기는 냄새가 우리를 압도했다.

나는 먼저 방으로 들어가 둘러보았다. 왼쪽에서 오른쪽으로 가면서 여러 테이블에 쌓인 책, 편지, 사진, 물건들을 눈에 담았다. 그 끝에는 거의 내 키만큼 높이 쌓인 문서 더미가 있었다. 그곳에 있는 물건들의 범위는 충격적이었다. 이건 그냥 편지 묶음이 아니잖아. 나는 생각했다. 브레디히 노인의 서재 전체야.

여기, 테네시주의 어느 집 지하에 방대한 컬렉션이 있었다. 꼼꼼하게 관리된 수천 페이지의 편지. 브레디히가 평생 모은 여러 나라의 언어로 쓰인 과학 팸플릿 수백 권. 카를스루에의 실험실에 있던 브레디히의 과학 장비 컬렉션. 브레디히가 참조했던 수백 권의 책. 그중에는 위대한 출판물의 초판본도 있었다. 아인슈타인의 상대성 이론이나 마리 퀴리의 방사능 연구 같은 것의 초판본 말이다. 브레디히가 알던 위대한 과학자들 혹은 그가 함께 연구한 과학자들과 나눈 편지 수백 통. 알려지지 않고 출판되지 않은 편지들. 우리는 놀라지 않을 수 없었다.

그곳은 보물창고였다. 마치 그 남자(게오르크 브레디히)가 자신의 서재 전체, 생애 전체를 대서양 건너로 가져와 여기 풀어놓은 것 같았다. 나중에 알고 보니 실제로도 정확히 그랬다고 한다. 그럴 수밖에 없었던 상황은 경악할 만했지만.

이런 상황에서는 앞으로 무엇을 만나게 될지, 무엇을 발견하게 될지 전혀 예측이 되지 않는다. 기대가 생긴다. 뭔가를 추적할지 말지는 상대방에 대한 신뢰 그리고 그 물건이 어떤 보상을 가져올지에 대한 일종의 육감을 기반으로 결정된다.

아버지와 나는 즉각 그 많은 자료를 훑어보기 시작했다. 너무 많아서 출장을 며칠 연장해야 하지 않을까 걱정이 되었다. 브레디히 상속자는 수많은 자료 폴더를 꺼내오고 있었고, 우리가 알고 있는 이름들이 눈에 띄기 시작했다. 노벨물리학상 수상자이자 양자역학의 아버지인 막스 플랑크, 노벨화학상 수상자인 프리츠 하버, 그 외에도 중요한 과학자들이 너무 많아서 미처 따라가기도 힘들 정도였다.

브레디히는 화학자이자 기상학자인 스반테 아레니우스와 수십 년에 걸쳐 서신을 교환했고, 그중에는 노벨상의 창설을 논의한 것도 있었다. 1896년의 편지를 보자.

위대한 노벨의 재산은 재단에 귀속될 겁니다. 그 이자로 전 세계의 과학 연구를 지원할 예정입니다. (…) 노벨 사절단이 어떻게 일을 처리할지 신만이 아시겠지요.

두 사람은 각자의 가족에 대해서도, 연구소에서의 작업에 대해서도 썼고, 동료 과학자들에 대한 잡담도 했다. 1900년대 초기 최신 과학의 발전에 대해서도 많은 이야기를 했다. 가령, 그 늙은 악당 플랑크는 항상 자기 이론에 대해 변덕을 부린단 말이에요, 아레니우스가 이렇게 썼다.

에너지 양자의 이론들은 매우 매력적이지만, 따라가기가 힘들어요. 특히 플랑크가 수시로 수정하고 자신의 초기 견해에 대해 의심을 표하기 때문에 더 그렇습니다. 의문점들이 일괄적으로 연구되기 전에는 현재의 가설들이 어느 정도까지 실행 가능한지 혹은 개선시킬 필요가 있는지 말할 수 없는데 말입니다.

1910년경 브레디히는 아레니우스에게 보낸 편지에서 자신들이 수학과 과학의 황금시대에 살고 있다고 주장했다. 좀더 비관적이던 아레니우스는 브레디히에게 답장했다.

플랑크, 아인슈타인 등의 영향권 아래에서 누렸던 수학의 전성기에 관해 난 회의적인 입장입니다. 로렌츠 다음으로는 플랑크가 최고이고, 그의 성취를 나는 대단히 존경합니다. 반대자들이 수학을 미신처럼 맹목적으로 숭배했기 때문에 난 그가 우리를 도와주고

유용한 역할을 맡아주던 시절을 아주 또렷이 기억해요.

브레디히는 팸플릿으로 또 책으로 계속 새로운 과학 이론을 발표했으며, 물리화학이라는 신생 학문에 관해 다른 과학자들과 서신 교환을 했다. 그 기록보관소에는 노벨화학상 초대 수상자인 브레디히의 멘토 야코부스 반트 호프가 쓴 복잡한 공식이 여러 페이지 들어 있었다.

과학 팸플릿들이 어찌나 많은지, 은행 상자(대략 12×10×15인치• 크기의 골판지 상자) 열 개를 가득 채웠다. 책들은 낡은 금속 책장에 느슨하게 정리된 형태로 그 방에 흩어져 있었다.

그날 그 어두운 지하 방에서 하나의 세계가 출현했다. 치열한 토론, 동지애, 세계를 바꾸는 발견이 있던, 잃어버린 세계였다. 취리히의 아인슈타인, 카를스루에의 하버, 스톡홀름의 아레니우스, 암스테르담의 에른스트 코헨과 반트 호프, 베를린의 막스 플랑크, 모두가 글을 쓰고 출판하고 서로를 자극하면서 다툼과 갈등이 끼어들기도 했다. 그리고 모든 것의 중간에 브레디히가 있었다.

하지만 아레니우스가 보낸 불길한 편지 한 통이 브레디히의 생애에서 그다음 장으로 넘어갈 다리를 제공했다. 간략하고 자세한 설명이 없는 그 편지는 알고 보면 상황을 대단히 줄여서 묘사한 것이었다.

"독일에서 과학과 과학자들의 처지가 아주 힘들다는 걸 알아

• 약 30×25×38센티미터.

요.” 아레니우스가 제1차 세계대전 직후에 이렇게 썼다. 독일은 과학 따위의 하찮은 일에 쓸 돈이 없었다. 그리고 유대인인 브레디히와 그의 많은 동료들에게 사태는 더 나빠지는, 훨씬 더 나빠지는 방향으로만 전개되었다.

* * *

과학 관련 문헌들이 지하 방의 4분의 3을 차지했지만, 구석에는 우리가 맨 마지막으로 살펴볼 별도의 그룹이 있었다. 엄청난 분량의 과학 관련 기록물을 우리가 간신히 소화하고 있을 때 남자가 우리에게 와서 늘 그렇듯이 담담하게 말했다. “이민 관련 서류도 있습니다.”

그는 오래된 목제 상판을 올린 식탁으로 몸을 돌렸다. 그러고는 그 아래에서 이민, 비자 등의 라벨이 붙은 은행 상자 열 개를 끌어냈다. 각 상자에는 300~400건가량의 문건이 담겨 있었다. 나는 한숨을 쉬고 아버지를 바라보았다.

“이 남자의 전 생애가 여기 있네요.” 내가 말했다. 그 말은 사실이었다. 게오르크 브레디히와 그의 아들은 자료를 빈틈없이 모으고 분류하고 관리했다. 마치 어떤 예기치 못한 목적에 대비했거나, 그것들이 얼마나 귀중한지를 알고 있었거나, 그것들을 잃을 위험이 얼마나 큰지 알고 있었던 것처럼 말이다.

1933년 4월, 히틀러가 독일 총리가 된 지 두 달 뒤, 히틀러 정권은 조부모 가운데 유대계가 한 명 이상이거나 나치당에 공개적으로 반대한 사람은 모든 공무원직(과학자와 모든 대학의 교수들을 포함하여)에서 해고한다는 법안을 통과시켰다. 벽에 쓰인 낙서를 보고 떠난 사람도 있었다. 아인슈타인도 그중 하나였다.

독일의 유대인 학자 1800명이 일자리를 잃었고 브레디히도 그랬다. 그는 그해 강제로 퇴직해야 했다. 퇴직 직후 같은 해인 1933년에 그의 아내가 세상을 떠났다. 그에게는 참담한 해였을 것이다. 당시 기록물의 분위기는 과학에서 완전히 멀어졌다. 물리화학 분야에서 노벨상으로 가는 길을 걷고 있던 브레디히는 이후 어떤 연구 결과도 발표하지 못했다. 어떻게 할 수 있겠는가? 실험실에 들어가지 못하는데. 학생들은 그와 함께 작업하지 않았다. 혹은 작업할 수가 없었다. 그는 이제 "유대인 교수 브레디히"라 지칭되고 "비독일적이고 국익을 해치는 매우 중대한 발언"을 했다고 비난받았다.

그의 아들 막스는 아버지가 그에게 보낸 편지와 자신이 아버지에게 보낸 편지의 사본을 전부 보관했다. 수백 통에 달하는 편지는 모두 연대순으로 한데 묶여 있었다. 나치 독일 치하에서 유대인들이 겪은 참혹한 역사와 개인적인 비극이 이 방 안에 모두 있음을 나는 깨달았다. 이제 막스의 아들이 1930년대 후반의 사건들이 담긴 폴더를 상자에서 꺼내고 있었다.

1936년 2월, 더욱 강하게 죄어드는 굴레에 대한 초기의 언급. "난 신문과 라디오 구독을 모두 취소하고 있다. 모두 내가 도저히 감당할 수 없는 일이지만 '그 모든 고난에도 불구하고 평정을 유지하려고' 무척 애를 쓰고 있다." 게오르크와 아들 막스는 학자였고 과학 외에 문학에도 깊은 조예가 있었다. 그들은 자랑스러운 독일인이었다. 게오르크는 아들에게 보내는 편지를 저항에 대한 이야기로 끝맺었다. 위대한 독일 작가 괴테를 인용하면서 자신은 "모든 권력에 저항하며 한걸음도 물러서지 않겠다"고 했다. 나중에 독일 유일의 진지한 저항운동이던 백장미단도 1942년 뮌헨에서 이 문장을 인용하게 된다.

1936년 11월에 게오르크는 아들에게 보내는 편지에서 핵심적인 단어에 밑줄을 쳤다. 그는 "너희들 세대는 여기서는 미래가 없으니, 외국으로 가는 게 최선이라고 절실하게 생각한다"고 말했다.

막스는 그를 둘러싼 세상이 변하고 있음을 깨달았다. 그다음 해 6월에 그는 아버지에게 편지를 보냈다.

> 이번주에 HH는[그들은 친구들의 정체를 보호하기 위해 암호와 약어를 자주 썼다] 나와 아는 사이가 아닌데도 내가 다니는 회사에서 유대인을 전부 몰아내려고 하는 몇몇 일당에 대해 알려주었습니다. '모범적인 회사'라는 칭호[나치가 인증한 기업을 지칭하는 용어인 Musterbetrieb]를 얻기 위해서라지요. (…) 어떤 회사가 '모범적 회사'가 되려면 유대인이 없어야 하는가라는 질문에 대해 아버지가 뭔가 아신다면 제게도 알려주세요. HH는 자신의 약한 마음과 관련자들의 비겁함을 감안할 때 1월이나 4월 이후로는 나를 더 이상 고용할 수 없을 것 같다고 해요.

막스에게는 이것이 끝이었다. 그는 미시간주의 어느 가족이 후원하겠다고 하자 고국을 떠나 다시는 돌아가지 않았다. 하지만 아버지와는 계속 편지를 주고받았고 그 편지들은 모두 여기 지하

방에 있었다.

1938년 10월 22일에 게오르크는 여권이 압수되었다는 소식을 전했다. 유대인들이 스크랩해두어야 했던 기사들을 그도 잘라서 보관했다. 그 기사들은 모두 그의 문서고에 있었다. 어느 기사에 따르면 "독일 시민권을 가진 유대인들의 여권은 모두 1938년 10월 7일자로 취소되었다. 그 여권들은 1938년 10월 7일에서 21일 사이에 제출되어야 한다."

그 자신은 몰랐지만 게오르크에게는 이것이 종말이었다. 그는 자신의 독일 생활과 친구들에게 집착했다. 친구들이 자신을 포기했는데도 말이다. 하지만 1938년 11월 독일에서의 생활은 더 이상 유지될 수 없게 되었다. 1938년 11월 10일, 게오르크가 아직 살고 있던 카를스루에에서 최악의 크리스탈나흐트•가 벌어졌다. 그는 딸 마리안나의 남편인 빅토르 홈부르거와 함께 체포되었다. 빅토르는 결국 다하우에서 죽었다. 일흔 살이 된 게오르크는 고테자우에 병영의 마구간에서 머리를 벽에 댄 채 하루 종일 서 있어야 했다.

그 뒤 이어진 몇 주, 몇 달 동안 나치는 유대인들의 삶을 점점 더 괴롭게 만들었고, 점점 더 많은 모욕과 제약을 가했으며, 게오르크는 더 깊은 우울에 빠져들었다.

막스는 아버지를 독일에서 데리고 나오려고 애썼다. 그러다가 구원이 왔다. 막스는 프린스턴 대학을 설득해 아버지를 채용하게

• 1938년 11월 나치대원들이 유대인의 상점과 유대인 사원을 부수고 약탈하며 유대인 학살의 전조가 된 사건이다. 산산이 부서진 상점의 유리 조각들이 거리를 메워 크리스탈나흐트, '수정의 밤'이라 부른다.

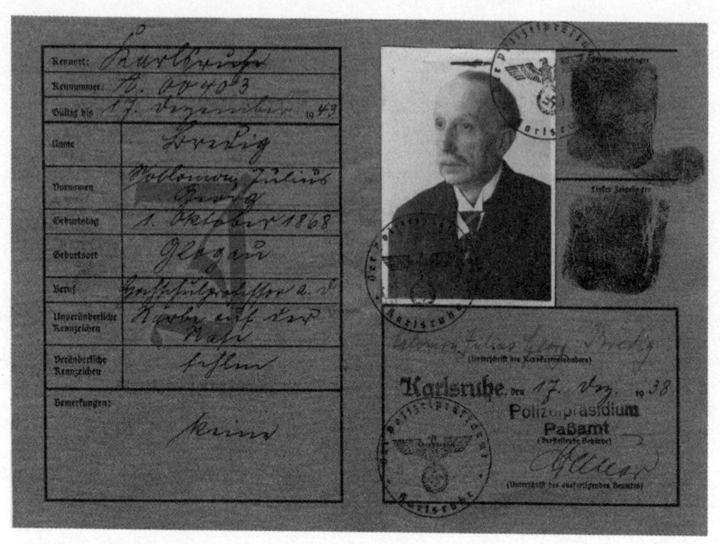
Kennort: Karlsruhe
Kennnummer: A 00403
Gültig bis 17. Dezember 1943
Name Bredig
Vornamen
Geburtstag 1. Oktober 1868
Geburtsort Glogau
Beruf Hochschulprofessor a. D.
Unveränderliche Kennzeichen Narbe auf der Nase
Veränderliche Kennzeichen fehlen
Bemerkungen: keine

(Unterschrift des Kennkarteninhabers)
Karlsruhe, den 17. Dez. 1938
Polizeipräsidium
Paßamt
(ausstellende Behörde)
(Unterschrift des ausfertigenden Beamten)

게오르크 브레디히가 1933년 이후에 사용한 여권.
유대인Juden을 나타내는 'J'라는 글자가 뚜렷하게 찍혀 있다.

했고, 게오르크는 암스테르담까지 올 수 있었다.

프린스턴 대학 화학과에 있던 휴 테일러는 막스에게 편지를 썼다. "도즈 총장이 당신 아버지를 2년 동안 프린스턴의 연구원으로 초청하는 일을 진행 중이라고 전할 수 있어서 기쁩니다."

그 직책이 게오르크의 목숨을 구했다. 그가 프린스턴에서 하루라도 근무했거나 캠퍼스에 발을 디뎠다는 증거는 없다. 월급을 받지도 않았다. 게오르크는 즉시 그 제안을 받아들인다고 전보를 쳤다.

이제 게오르크의 전 생애가 우리 앞에 있었다. 라이프치히에서의 연구, 과학적 기록물 수천 페이지, 그의 책, 자녀들에 대한 사랑, 과학에 대한 사랑, 심지어 독일에 대한 사랑까지도. 그의 절박한 전보, 미국행 비자, 여행에서 받은 영수증 전부.

하지만 기록물 상자와 사연들은 그것으로 끝이 아니었다. 절대 아니었다. 게오르크의 딸 마리안나와 그녀의 가족, 또 다른 많은 과학자와 친구들이 아직 유럽에 묶여 있었고, 대부분은 나치 점령하의 프랑스에 있었다. 막스는 그때까지 항상 아버지로부터 무엇 하나 잘하는 게 없는 사람 취급을 받아왔지만 아버지를 구함으로써 자신을 증명했다. 이제 그는 나치 치하에 발이 묶인 누이와 다른 유대인들을 구하러 나섰다. 막스는 그런 부담을 짊어질 만한 성품이었다. 하지만 멀리서 그런 참상을 봐야 하고, 또 사람들의 생명에 막중한 책임을 져야 했으니 심히 고통스러웠을 것이다.

컬렉션을 두루 살펴보는 동안 나는 그 무게, 그 비극을 느낄 수 있었다. 마리안나의 가족은 다른 많은 사람들처럼 여러 수용소로 흩어졌다. 남부 프랑스의 캠프 드 구르에서 가족은 검열관을 피하기 위해 미친 듯이 부산스럽게, 암호를 써가며 막스에게 계속 편지를 보냈다. 막스는 뉴욕으로 오는 안전한 경로를 마련하려고 애쓰는 중이었다. 단순히 각 가정이 알아서 출구를 찾는 문제가 아니었다. 유대인 난민들을 유럽에서 탈출시키기 위해 수많은 단체가 결성되던 긴급한 상황이었다. 식품과 생필품을 사고 수용소 안으로 들여보내기 위해, 또 관리들에게 뇌물을 주어 그들의 석방을 보장받기 위해 돈이 필요했다.

나는 마리안나가 1941년에 남프랑스의 수용소에서 보낸 편지들을 읽었다. 그 속에는 희망적인 발언과 함께 "사정이 좋지 못한 유대인 계층"을 돕는 이야기가 들어 있었다.

이런 종류의 도움은 돈의 문제가 아니야. 돈은 책임을 지는 문제에 비하면 쉽지. 이건 공감의 문제고, 마음의 무관심과 싸우는 가운데 동료 인간의 고통에 함께하는 문제야.

친구들, 친척들, 그리고 자살의 소식이 있었다.

또 네가 노이뷔르거 부인에게 편지를 써서 발리 아주머니의 소식을 더 알아봐주었으면 좋겠어. 내가 아는 건, 이송될 때 아주머니가 의식을 잃고 마루에 쓰러져 있었다는 소식뿐이야. 음독했다는 군. 노이뷔르거 부인은 3층에서 우리에게 전화했어. 우리는 이송되던 중이었기 때문에 가지 못했지. 아주머니의 친구인 비비와 누이인 라소 그리고 노이만 박사는 모두 자살했어.

나는 한 걸음 물러섰다. 기록물의 시작은 전부 과학이었다. 가장 초기의 노벨상 수상자들 사이에서 오간 편지들, 아인슈타인과 플랑크 그리고 다른 사람들 사이의 서신 교환, 돌파구와 발견을 축하하는 편지들이었다. 기록물의 끝은 살아남기 위한 투쟁이었다. 나는 미소 짓는 화학자들과 수학자들의 사진, 과학 장비, 유대인과 기독교도인 유럽 저명 인사들의 편지를 돌아보며, 브레디히가 서재에 자료들을 모으기 위해 쏟아부은 엄청난 수고를 알아보았다. 그리고 내 앞에 있는 절망과 상실을 보았다.

이 여정은 두 통의 아인슈타인 편지에서 시작됐다가 홀로코스트의 비극, 유대인 과학자 공동체가 사랑하는 나라를 탈출하는 이야기에서 끝났다. 미합중국에 도착한 지 꼭 4년 뒤인 1944년에 세상을 떠난 브레디히가 뒤에 남은 유대인들에게 무슨 일이 닥쳤는지 알았더라면 어떻게 생각했을까. 예를 들면 브레디히가 네덜란드로 가게 도와준 위대한 화학자인 친구 에른스트 코헨에게 무슨 일이 일어났는지를. 코헨은 나중에 아우슈비츠에서 처형되었다.

어렸을 때 만나러 갔던 친척 잭이 생각났다. 그는 홀로코스트를 이기고 살아남았다. 우리는 유월절 축제 때 그의 집에 가곤 했다. 아버지는 잭이 눈앞에서 아내와 아이들이 살해당하는 일을 겪고도 힘들게 살아남았다는 이야기를 여러 번 해주었다. 브레디히의 사연은 내게도 가깝게 느껴졌다.

두어 주일 뒤 브레디히의 손자는 그 문서 자료를 자동차에 싣고 테네시에서 펜실베이니아로 왔다. 그는 우리 사무실 바로 앞에 주차하고 은행 상자 스물다섯 개 분량의 자료를 엘리베이터로 옮겼다. 게오르크 브레디히는 지옥을 겪고 살아오며 그 모든 것을 지켜보았지만 놀랍게도 그의 문서고 전체는 잘 보관되어 있었다.

이제 그 자료를 힘들여 분류 정리하고 이해하는 과정이 시작되었다. 우리는 문서들을 과학 컬렉션과 유대인 홀로코스트 컬렉션, 둘로 나누었다. 과학적 자료는 아주 흥미로웠지만 나는 홀로코스트 이야기에서 눈을 뗄 수 없었다. 그 이야기는 나를 계속 더 깊이 끌어당겼다.

어떤 사연 하나가 특히 내 마음을 끌었다.

에바와 알프레드 슈넬은 브레디히 일가의 친구였다. 젊은 알프레드는 화학자였다. 막스는 슈넬 부부가 손으로 쓴 일련의 메모들을 적십자를 통해 전달받았다. 그들은 가명을 써서 네덜란드의 어느 농장에 숨어 있었다. 검열관이 내용을 읽을 수 있었으므로 부부는 모호한 언어로 썼고, 적십자는 일체의 정치적 발언을 하지 못하게 금지했다.

> 1942년 9월 30일, 불행히도 아직 당신에게 줄 소식이 없습니다. 엄마는 암스테르담의 요양원에 있어요. (…) 아직도 희망을 붙들고 있는 거지요.
>
> 1943년 8월 11일. 당신과 막스가 별일 없기를 바랍니다. 당신에게서 아무 소식도 듣지 못했지만 말이에요. 어려움에 빠져들지 않기 위해 작은 마을에 살면서 친구들의 도움을 받고 있어요. 알프레드와 에바 에스케이퍼.
>
> 1943년 9월 22일. 상태가 아주 좋아요. 잠수증•으로 괴롭기는 해요. 생명의 위협은 별도로 해야겠지만, 천천히 회복하고 있습니다. 앞으로 겨울을 또 한 번 겪어야 하니 인내심을 유지하세요. 알프레드와 에바 크빅.

막스는 그들을 빼내오려고 미친 듯이 노력했지만 성공하지 못했다. 알프레드와 에바는 1944년 11월에 죽었다. 알프레드는 마흔세 살, 에바는 서른 살이었다. 목격자의 말에 따르면 나치에 충

• submergeritis. 물에 잠기다, 잠수하다를 뜻하는 submerge를 사용하여 만든 용어. 숨어 지내는 생활을 지칭하는 것으로 보인다.

성하는 네덜란드 군인들이 그들을 발견했다고 한다. 두 사람은 건초더미 아래에 숨겨진 작은 방에서 살고 있었다. 알프레드는 아내의 무덤을 파도록 강요당했고, 그다음에는 자기 무덤도 파야 했다. 그런 다음 그가 보는 앞에서 아내가 총에 맞았고 그 역시 총살당했다.

1년 뒤, 알프레드의 형제인 페데리코는 알프레드와 에바의 생애 마지막 기간에 함께 숨어 있던 젊은 남자로부터 편지를 받았다. 그 편지의 사본이 막스에게 보내졌고 지금 내가 읽고 있다.

> 1945년 8월 5일. 당신에게 이 편지를 쓰는 게 힘듭니다. 하지만 형제인 알프레드와 그의 아내를 잃은 당신에게 나도 당신과 같은 감정을 갖고 있음을 알려야 할 뿐만 아니라 내게는 두 사람을 기릴 의무가 있다고 느낍니다. 나는 두 사람을 최고의 친구들로 여길 영광을 가졌고, 그들과 친밀하게 함께 살았던 시간에 대해 당신에게 말하려 합니다. 알프레드와 에바의 또 다른 친구인 헤이그의 애니 반 데어 슬루이스에게서 두 사람의 삶이 끝나게 된 참혹한 상황에 대해 들었을 겁니다. 두 사람이 어디서 발각되었고 어디에 묻혔는지에 대해서도.
>
> 난 유트레히트 대학에서 신학을 공부하는 스물네 살의 학생입니다. 1943년 5월 5일에 독일은 나치 정권에 충성 서약을 하지 않은 네덜란드 남자는 모두 5월 6일까지 독일로 가서 강제 노역을 하도록 명령했습니다. 1만 6000명의 학생들 중에서 1만 1000명이 숨었습니다(우리는 그걸 '잠수dive'라고 불렀지요). 1943년 5월 21일에, 나는 나의 마지막 은둔 장소에 도착했습니다. 즈볼러 남쪽 약 15킬

로미터 지점에 있는 올데브루크 마을의 한 농장이었어요. 몇 주 지난 어느 날 저녁, 집주인이 이웃에 사는 늙은 미망인 집에 갔다 와서 내게 말했어요. "블라우 부인과 함께 사는 유대인 부부가 있는데, 그들이 자네더러 자기들을 찾아오라고 부탁하더군. 학생과 대화하고 싶은가 봐."

그것이 내가 영영 잊지 못할 우정의 시작이었습니다. 그들은 기독교식 이름으로 자신들을 소개했어요. 본명이 알려지기를 원치 않았으니까요. 우리는 아주 친해졌습니다. 이야기하고 웃고 질 나쁜 벨기에산 담배를 몰래 피웠습니다.

에바와 알프레드가 살던 방에 우리가 함께 앉아 있던 모습을 나는 다시 봅니다. 길이 6미터가량, 폭은 5 내지 6미터 정도 되는 방이었고, 벽은 희게 칠해져 있었어요. 창문이 하나 있어서 옥수수밭을 내다볼 수 있었지요. 우리는 탁자 주위에 앉았고, 에바와 알프레드는 서로 마주 보며, 창문을 향해 앉았습니다. 우리는 거기 함께 앉아서 몇 시간이든 이야기하고 웃으면서 전쟁과 위험에 대해 잊어버릴 수 있었습니다. 두 사람은 자신들의 사랑에 대해 감상적인 태도는 조금도 보이지 않았지만 서로를 향한 눈길에서 뭔가 완벽한 통합 속에 함께 있음을 느낄 수 있었습니다. 두 사람의 가장 큰 두려움은 서로와 헤어지는 것이었어요. 그런 일은 일어나지 않았습니다.

두 사람을 만나고 나면 언제나 새로운 용기를 얻었습니다. 평화가 오고 정상적인 생활이 가능해지면 우리는 서로를 찾아가고 함께 지낼 것이라고 상상하곤 했습니다. 그런 시간이 오기를 너무나 간절히 원했지요. 우리의 꿈은 끝내 실현되지 않았습니다. 두 사람이 왜 죽었어야 했는지 스스로에게 자주 묻습니다. 내가 경험으로 알게 된 것은 신이 나를 꾸짖는 것처럼 보일 때라도 나를 사랑하신다는 사실뿐입니다. 당신이 이 커다란 상실에서 위안을 찾기를 기도합니다. 에바와 알프레드가 기억 속에서만이 아니라 그들의 우정과 사랑을 경험한 여러 소년들 안에서도 영원히 살아 있으리라고 확신합니다.

나는 이 편지를 읽으면서 울었다. 이 가족이 겪은 상실의 고통, 잔혹함, 사악함에 마음이 산산이 부서졌다. 수많은 이야기 가운데 단 하나에 불과한, 발송된 이후 아무도 읽지 않은 편지, 테네시주의 어느 지하 방 상자에 쌓여 있던 그 편지에 담긴 이야기. 나는 비용이 얼마가 들든 상관없이 이 이야기를 공개하기로 결심했다. 용기와 고통과 희망의 이야기였기 때문이다. 나는 이 자료들이 어떻게 모두 살아남았는지 의아했다. 유대인 과학자가 어떻게 자신의 서재 전체를 나치 독일 밖으로 가져올 수 있었을까? 게오르크가 그 질문에 대답했다.

독일을 떠나기 전인 1939년에 게오르크는 당시 미국에 있던 아들 막스에게 자신의 평생 작업을 지킬 수 있게 도와달라고 부탁했다. 그는 자기 서재를 독일에 두고 갈 수 없었다. 그렇게 하면 모두 파괴될 것이고, 그곳에서 팔 수도 없었기 때문이다. 미국에서 구매자를 찾을 수 있을까? 서적 거래상이 그 자료를 운반하는 화물비용을 낼 수 있을까? 그런 거래상은 없었다. 그러나 다행히 게오르크의 오랜 친구인 네덜란드 화학자 야코부스 반트 호프의 사무실에 있던 동료들이 도움을 주었다. 그[반트 호프]는 유트레히트에 있는 자신의 실험실에 모든 자료를 보관해주었다.

브레디히가 네덜란드를 떠나 뉴욕으로 향했을 때 그의 서재는 나치가 점령한 영토에 남아 전쟁을 견뎌냈다. 가족은 전쟁이 끝난 뒤 그 컬렉션을 가지러 갔다. 컬렉션은 손상되지 않고 배에 실려 바다를 건너왔다. 이제 수십 년 뒤 그것은 여기, 내 사무실에 있다.

이 거래는 내 경력에서 가장 많은 인력과 업무 지원이 필요한 복잡한 일이었다. 현대 독일어와 고대 독일어로 된 수백 통의 편지를 번역하고 과학을 이해하고 수많은 서신을 정리해야 했다. 우리는 이 과정에서 과학자 두 명과 번역가 세 명을 고용했다. 게오르크와 막스 브레디히는 내게 일거리를 떠안겼다. 이 역사를 보존하고 그들과 타인들의 이야기를 해주라는 과제였다. 게오르크는 자신의 기록들이 파괴될까 봐, 평생의 연구가 역사 속에 사장될까 봐 걱정했다. 우리는 그 기록물 전체를 과학 연구에 헌신하는 국제적 기관인 과학사연구소Science History Institute에 팔았다. 이제 슈넬, 홈부르커, 브레디히 가족의 사연은 화젯거리가 되고 잊히지 않을 것이다.

19

광맥의 본류를 발견하다 : 미국의 건국과 크로퍼드 컬렉션

[이제 다시 이 책의 처음으로 돌아가자.] 나는 빌 크로퍼드가 캐비닛의 자물쇠를 풀고 문을 열기를 기다리면서 숨을 깊이 들이쉬었다. 빌의 6대조 할아버지는 미국의 정치가 윌리엄 H. 크로퍼드였다. 오늘날에는 대체로 잊혔지만 당대에는 정치판의 중심에 있던 정계의 거물이었다.

빌은 중요한 문헌들로 구성된 놀라운 컬렉션을 갖고 있다고 주장했고, 우리는 더위와 폭풍우를 뚫고 그것을 보러 왔다.

나는 테이블 맞은편에 앉아 있는 카렌과 아버지를 바라보았다. 우리는 남부 중심부에 왔고 우리가 가진 질문에 빌이 곧 대답할 것이었다. 그가 가장 깊은 금맥인 방대한 기록물과 역사적 보물을 정말로 갖고 있을까? 아니면 우리의 주말을 허비하고 수고스러운 교훈을 배우게 될까?

문이 천천히 활짝 열리고 검은색 바인더 수십 개가 보였다. 모두 우리 앞에 놓인 목록상의 숫자가 적힌 라벨이 붙어 있었다. 나는 첫 번째 포트폴리오를 열어 커다란 투명 파일을 보았다. 투명 파일 하나마다 편지가 두 통씩 들어 있었고, 편지 사이에는 검은색 속지가 끼워져 있었다. 바인더 표지 안쪽의 포켓에 빌은 각 품목의 이름을 적고 그가 아는 것을 기록해두었다. 하지만 없는 경우도 많았다. 꼼꼼하게 정리되어 보기 좋은 전시물이었다. 나는 첫 번째 편지를 파일에서 꺼내어 손가락으로 종이 위를 쓸어보고, 전등 불빛에 비춰보면서 모든 요소를 있는 그대로 받아들였다. 진실의 순간, '블링크' 테스트를 한 것이다.

* * *

1812년 전쟁은 미합중국이 선전포고한 첫 번째 전쟁이었다. 당시 미국의 나이는 고작 스물세 살에 불과했다. 1812년 전쟁은 프랑스와 동맹국들이 그들에 맞서 연합한 국가들과 벌였던, (나폴레옹 전쟁이라 불린) 유럽에서 일어난 더 큰 분쟁의 일부분이었다. 미국이 그 전쟁에 참전하게 된 것은 영국과 프랑스가 상대방을 경제적으로 질식시키기 위해 봉쇄와 무역 제재를 지속하면서부터다. 영국은 미국 선원들을 붙잡아 강제로 영국 해군에 복무하게 했다. 나폴레옹이 미국에 가한 무역 제재를 풀어주겠다는 뜻을 내비치고, 영국의 계속되는 해상 적대 행위와 더불어 영국이 서부에 있는 토착 미국인들을 선동하여 미국 정착민들을 공격하는 상황까지 더해지자 제임스 메디슨 대통령은 한계 상황으로 내몰렸다. 1812년에 그는 영국에 전쟁을 선포했다.

많은 사람들이 1812년 전쟁을 영국에 대한 제2의 독립전쟁이라 부른다. 1812년 전쟁과 함께 애국주의와 통합의 추세가 부활했고 서진 운동에 박차가 가해졌다. 이 기간에 미국 역사의 주요 인물 몇 사람이 등장하게 된다. 미래의 대통령 제임스 먼로는 국무장관과 전쟁장관을 겸직한다. 역시 미래의 대통령 존 퀸시 애덤스는 평화 협상가로 전면에 나서게 된다. 미래의 대통령 앤드루 잭슨, 재커리 테일러, 윌리엄 헨리 해리슨이 전쟁 기간에 군대에서 지도력을 발휘하면서 명성을 얻게 된다. 윈필드 스콧도 마찬가지다. 그리고 위대한 협상가 헨리 클레이는 국제 외교 무대에 처음으로 중요한 인물로 등장한다.

나폴레옹 궁정에서 벌어지는 활동의 핵심부에 자리 잡고 있으면서 사방에서 들어오는 보고를 받은 사람이 바로 윌리엄 크로퍼드였다. 존 퀸시 애덤스와 헨리 클레이가 1814년 후반에 전쟁을 종식시키기 위해, 즉 영국과 협상하여 겐트 조약을 맺기 위해 벨기에에서 만났을 때 그들은 최신 보고서를 크로퍼드에게 제출했다.

나는 웰링턴 공작이 보낸 편지를 보았다. 자신의 성만 서명한 웰링턴은 1812년 전쟁의 핵심 인물이었다. 웰링턴은 해리슨, 테일러, 잭슨과 함께 이 시기에 이름을 알렸으며, 1815년에 세계사에서 아마 가장 유명한 전투일 워털루 전투에서 나폴레옹을 패배시켰다. 이 패배는 나폴레옹 제국을 끝장내고 유럽을 영원히 변모시켰다. 웰링턴은 그 뒤 두 차례 영국 수상을 역임했고 나중에는 빅토리아 여왕의 측근 자문관으로 있었다.

웰링턴의 글씨는 읽기 어렵다. 이 편지도 그랬다. 그의 단어는 형태에 전혀 개의치 않고 이쪽에서 저쪽으로 뭉개진다. 글자 하나만 보면 해독하기가 힘들다. 하지만 그의 글씨가 눈에 익은 나는 그 편지를 읽을 수 있었다. 편지에서 웰링턴은 자신을 3인칭으로 지칭했다. 1814년 12월, 그는 크로퍼드가 프랑스에 있던 기간에 대영제국이 프랑스에 파견한 대사였다.

> 웰링턴 공작은 크로퍼드 씨에게 인사를 보내며, 겐트 주재 폐하의 전권대사로부터 행낭을 방금 전해 받았음을 알리게 되어 기쁘게 생각합니다. 24일에 겐트에서 폐하의 전권대사가 미국의 전권대사와 함께 평화조약에 막 서명했다는 소식을 들었습니다.

나는 편지가 의미하는 내용에 벼락을 맞은 것처럼 충격을 받았다. 1812년 전쟁을 끝낸 협약, 미국이 미합중국의 헌법하에서 유럽 국가와 처음 맺은 협약이 조인되었음을 알리는 내용이었다. 공작은 계속해서 두 국가가 애당초 절대 전쟁을 하지 말았어야 했고, 친구여야 했다고 발언했다. 훌륭하고 중요한 편지이며, 미국 원정에 대한 영국군의 시각을 알려주는 깊은 통찰이 담겨 있었다.

이 편지가 진품일까? 나는 편지를 불빛에 대고 비춰보면서 잉크의 깊이를 살펴보고, 반대쪽으로 돌려서 쇼스루, 워터마크를 보았다. 그렇게 편지가 당대의 잉크와 종이로 쓰였다는 증거를 찾았다. 10년 동안 나는 이 모든 기술을 갈고닦았다. 이제 글씨를 보았다. 끼적거려진 형상이 짜증스러울 정도로 익숙했다. 그때까지 수많은 웰링턴 편지들에서 보아왔던 글씨였다.

"제가 보기에는 괜찮은 것 같아요." 내가 입장을 밝혔다.

나는 빌과 제인을 향해 몸을 돌려 물었다. "웰링턴 공작이 쓴 중요한 편지를 갖고 있다는 걸 알고 계셨어요?"

빌은 고개를 끄덕였다. 두 사람 모두 깊은 기쁨을 맛본 순간이었다. 그들은 공식적인 평가를 받은 적이 한 번도 없지만 그렇다고 해서 자신들이 가진 것의 가치를 의심한 적도 없었다. 나는 편지를 카렌과 아버지에게 넘겼고, 두 사람이 느끼는 흥분을 말없이 지켜보았다.

나는 다음 자료를 꺼냈다. 토머스 제퍼슨이 전쟁의 종식에 대한 감응을 묘사한 편지였다. 빌은 그 편지를 특히 좋아한다고 말했다. 제퍼슨은 이렇게 썼다, 1812년 전쟁에서 또 독립전쟁에서.

> [영국의] 정복은 그들의 군대가 위치한 지점 이상을 절대 벗어나지 않았어요. 그들의 대포 탄알이 미치는 범위 이상으로 확장되지 않았습니다. (…) 영국이 이제라도 강제 징병의 문제를 평화롭게 해결할 만큼 현명하다면 최근의 협약은 평화, 장기적인 평화 협약이 될 수도 있겠지요. 우리는 그들이 과거에 저지른 어리석음과 잘못 덕분에 그들로부터 독립하는, 헤아릴 수 없는 이득을 얻을 수 있었습니다.

그런데 빌이 말하지 않은 제퍼슨의 편지가 한 통 더 있었다. 그 편지에서 제퍼슨은 미국의 국가 비전을 제시하고, 그것과 반대되는 비전 그리고 반대 주장의 주요 옹호자인 알렉산더 해밀턴을 공격했다. 제퍼슨은 중앙집권적 연방정부보다 국민들의 정부가 평화와 번영으로 이끌어줄 거라고 강력하게 주장했다.* 미래의 대통령 링컨의 음성이 들리는 것 같았다.

> 지역적이고 이기적인 견해를 갖고 업무를 수행하는 자들에게 영향을 받지 않고, 현명함과 공정함으로 다수를 위해 자신을 규제하는 정부는 아마도 지구상에 존재한 적이 없을 겁니다. 혹은 우리나라가 탄생할 무렵 잠시나마 존재했더라도 그것이 얼마나 지속되었을지 단정하기가 쉽지 않습니다. 그래도 나는 그런 정부가 다른 어디보다도 이곳에 훨씬 더 많이 존재한다고 믿습니다.

제퍼슨은 농촌 국가rural country의 그림을 그리고, 해밀턴에 대해 말했다.

> [해밀턴은] 정말 강력한 심성의 소유자이나 영국에 관한 모든 것에 대해 타고난 편파성에 얽매여 있는 사람입니다. 그는 영국 헌법이 우월하고 완벽하며, 영국 정부가 탁월하고 현명하다는 과장된 관념을 갖고 있지요. 그리고 이 나라가 모든 면에서 영국을 모델로 삼는 것이 이익이라고 진지하게 믿고 있습니다. 본래 상업 국가이며, 주변의 수많은 강대국들과 복잡한 관계로 얽혀 있는 나라의 입장에서 현명하고 좋은 것들이, 본래 농업 국가이며 구세계의 포

* 미국 건국 초기, 제퍼슨은 초대 국무장관, 해밀턴은 초대 재무장관을 역임하면서 대립되는 정치적 견해를 주장하는 양당의 지도자로 부상했다. 해밀턴은 강력한 중앙정부, 은행과 기업가에게 우호적인 경제정책을 옹호하고 영국과의 유대를 강화할 것을 주장한 반면, 제퍼슨은 지방분권과 농민에게 우호적인 정책을 지지했으며 프랑스와의 외교를 강화할 것을 주장했다.

악한 정부들로부터 지리적으로 격리되어 있는 우리나라에는 현명
하지도 좋지도 않을 것임을 고려하지 못한 것이지요.

이 편지는 아마 내가 본 토머스 제퍼슨 편지 중에서 최고일 것이다. 빽빽하면서도 읽기 쉬운 완벽한 제퍼슨 스타일의 글이었다. 네 페이지에 달하는 이 편지의 절정은 맨 마지막에 자리 잡은, 본문 글씨 세 배 크기의 서명이었다.

그다음 편지는 전쟁을 추진한 헨리 클레이가 크로퍼드에게 워싱턴의 방화 사건에 대해 이야기하는 내용이었다. "한 무리의 해적들과 방화범들이 우리의 땅을 오염시키고 우리의 수도를 불태우고도 처벌받지 않고 자기들의 배로 돌아간 것은 나의 영혼에 깊은 상처가 되었습니다!"

미합중국의 초대 대법원장인 존 마셜은 미국 초기의 금융 시스템에 관해 중요한 견해를 발표하고, 재무장관 크로퍼드에게 전달한 바 있다. 내가 아는 한, 대법원장이 내각 구성원에게 보낸 통신으로는 유일한 이 의견서에서 마셜은 정부가 인준한 미국은행 Bank of the United States(주식을 발행해 투자자들에게 판매했다)은 매년 일정한 분량의 주식만 팔 수 있고, 정부가 그 주식을 살 수 있게 한다는 입장을 견지했다. 미국은행은 주식 가치를 높여서 일반 개인들에게 팔고 싶어 했지만 정부가 개입하여 사전에 결정된 이율로 매입하게 했다. 미국에서 심각한 경제 위기가 처음 발생했을 때의 일이었다.

나는 바인더들을 하나씩 살펴보면서 계속 분류했다. 라파예트 후작이 크로퍼드에게 보낸, 미국의 노예제도를 비난하는 편지가

있었다. 크로퍼드 본인도 남부의 노예주였다. 크로퍼드를 전쟁장관과 재무장관으로 임명하는, 제임스 매디슨과 제임스 먼로가 서명한 문서는 아직 가족들의 소유로 남아 있었다. 존 퀸시 애덤스를 포함한 겐트 조약 협상자들이 크로퍼드에게 그 협약의 최종 버전을 보냈다. 내가 아는 한, 미국과 영국 국립기록보관소에 있는 것을 제외하면, 유일한 자료다. 그리고 겐트 협상자들이 보낸 암호 편지가 있었다. 애덤스는 영국이 양보하지 않는다는 소식을 보냈고, 워싱턴에서 메디슨 대통령이 보낸 외교적 기밀 지시들도 전했다. 편지에서 그는 영국을 지시하기 위해 암호, 즉 숫자로 된 암호 666을 사용했다. 편지를 꺼내는 내 손이 떨리고 있었다.

우리는 모든 자료를 읽고 검토했다. 전부 300통이 넘었다. 거의 일곱 시간 동안 그 방에 머물렀다. 우리 손에 든 것은 중요한 문건들로 가득 찬 박물관이라 해도 과언이 아니었다. 2세기 넘게, 빌 일가가 여섯 세대 이어지는 동안 학자들(과 수집가들)의 눈에 띄지 않게 숨겨져 있던 박물관 말이다. 내용은 알려져 있었지만 원본이 어디 있는지는 아무도 몰랐던 편지가 몇 통 있었다. 전혀 발표되지 않은 내용의 편지도 있었다. 그 편지들은 사실상 역사에서 사라질 뻔했던 것들이다.

우리가 보고 있는 것이 얼마나 광범위한지 실감되기 시작하면서 나는 대수롭지 않은 척하며 빌에게 이런 것들을 어디 보관하고 있었는지 물었다.

"아, 어머니 집의 상자에 들어 있었어요. 몇 년 전에 바인더로 정리했지요. 당신 마음에 들면 좋겠어요." 자기과시적인 요소가 전혀 없는 빌의 전형적인 발언이었다.

"이 위기가 우리 국민의 기질에
대한 시험이 될 수 있으나,
독립전쟁을 감당한 선조들의
피가 우리 안에 흐르고 있다면
우리는 겁을 먹지 않을 것이며,
궁극에 가서 영광스러운
승리를 확보하게 될 것이다."

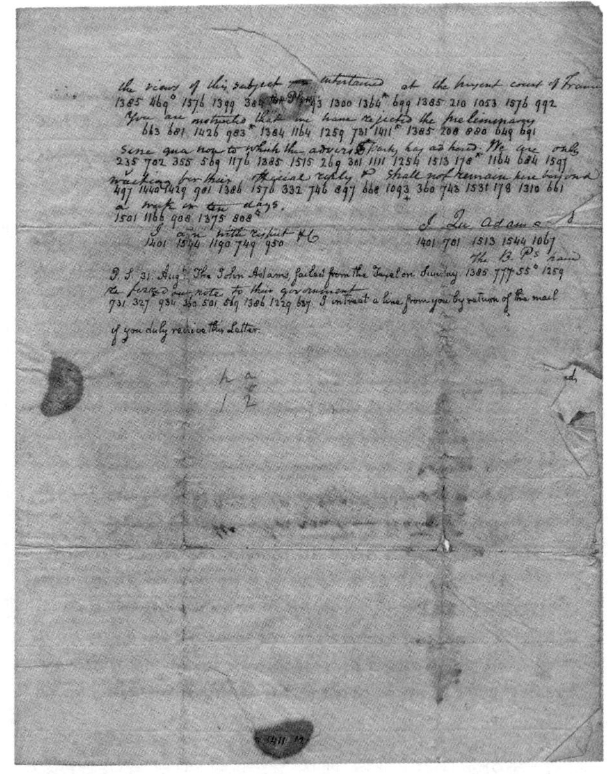

the views of this subject are entertained at the present court of France
1385 469 1576 1399 384 993 1300 1364 699 1385 210 1053 1576 992
You are instructed that we have rejected the preliminary
663 681 1426 983 1384 1164 1259 731 1411 1385 208 880 649 691
Sine qua non to which the adverse party has adhered. We are only
235 702 355 569 1176 1385 1515 269 301 1111 1254 1513 178 1164 684 1597
waiting for their official reply & shall not remain here beyond
497 1440 1429 901 1386 1576 332 746 897 668 1093 360 743 1531 178 1310 661
a week or ten days.
1501 1166 908 1375 808
I am with respect &c
1401 1544 1190 749 950
J. Qu. Adams
1401 701 1513 1544 1067
The B. P's have
P. S. 31. Augt. The John Adams, sailed from the Texel on Sunday. 1385 777 55 1259
referred our note to their government
731 327 934 360 501 569 1386 1229 637. I intreat a line from you by return of the mail
if you duly receive this Letter.

기록물을 살펴보다가 우리는 영국을 '666'이라고 지칭한 존 퀸시 애덤스의 외교용 암호 서한을 발견했다.

우리는 그 컬렉션에 대해 100만 달러에 가까운 돈을 제안했다. 한 푼 한 푼이 모두 순전히 투기성 투자였고, 우리가 그 비용을 회수할 만큼 문헌들을 되팔 수 있다는 보장은 전혀 없었다. 빌은 우리가 원래 제안한 것보다 10만 달러를 더 높여 불렀다. 우리는 오래 고심했다. 고객의 대리인으로서가 아니라 우리가 직접 투기성으로 구매하는 금액으로는 부담스러웠다.

"이런 문헌을 구입하지 않을 거면 우리가 이 사업을 왜 하겠어요?" 내가 아버지에게 말했다.

하지만 아버지는 동의하면서도 확인하고 싶어 했다. "이만한 물건이라면 그 정도의 위험을 감수해도 되겠지? 아니면 우리는 거절해도 된단다."

카렌은 동의했다.

최종 결정은 내 몫이었다. "저는 이 컬렉션을 갖고 싶습니다. 놓치고 싶지 않네요."

우리는 빌의 액수에 동의했고 악수를 나눴다. 나는 그 문서들의 가치를 믿었고, 그 믿음이 나에게 동기 부여가 되었다. 깊은 광맥, 광맥의 본류를 찾아낸 것 같았다. 보물은 우리를 고취시키는 동시에 구매자들에게도 영감을 주게 될 것이다.

거래가 체결되자 빌은 편지들을 필라델피아로 운반해주었다. 편지들은 우리 사무실의 큰 금고에 보관했다. 비행기로 집에 가져가기에는 상자가 너무 컸다.

이제 어마어마한 분류 작업이 시작되었다. 우리는 자료들을 분류하고 하나하나 베껴 쓰고 설명을 달아 카탈로그와 웹사이트에 올려야 했다. 한꺼번에 팔아치우지는 않을 것이다. 각각의 개별적인 시장가치는 어느 정도일까? 이번 거래는 우리에게 큰 거래였고, 우리의 자본 조달 능력은 물론, 지식과 경험과 인맥과 홍행 능력을 시험대에 올리는 작업이었다. 나는 이번 거래가 전체적으로 윈윈 게임이 될 것이라고 믿었다. 빌과 제인은 그 돈으로 은퇴 생활을 즐기게 되었고, 우리는 그 컬렉션을 갖게 되어 자랑스러웠다.

우리는 많은 문서들에게 새 집을 찾아주었다. 시카고의 뉴베리 도서관은 남부 토착 미국인들과의 협상을 다룬 크로퍼드의 편지를 대량 구입했다. 윌리엄앤메리 칼리지는 제임스 먼로가 대통령 재임 시절 크로퍼드 재무장관에게 보낸 편지 마흔다섯 통을 가져갔다. 라파예트 칼리지는 라파예트의 편지들을 구입했다. 또 개인 수집가들에게 각각 1만 달러(웰링턴의 편지)에서 32만 5000달러(1812년 전쟁에 관한 제퍼슨의 편지)에 달하는 다양한 가격으로 문서를 팔았다. 우리는 컬렉션의 구입 비용을 일찌감치 회수했다.

크로퍼드 컬렉션은 크로퍼드의 생애 30년을 두루 포괄한 것이고, 오늘날 미국 건국의 아버지들로 받들어지는 많은 사람들과 관련되어 있었다. 그것은 미국 지형 아래 지극히 깊은 곳을 흘러가는 금맥, 흰고래였다. 그 물건들을 집어 들었을 당시는 물론, 지금 돌이켜 생각하는 순간에도 나는 내 안에서 미국의 맥박을 느낀다. 또 그들이 우리 국가에 바친 경이로운 헌신이 눈앞에 펼쳐진다.

그런 대규모 컬렉션에서 우리는 시간의 한순간을 포착하기보다는 오랜 시간에 걸쳐 역사가 펼쳐지는 모습을 보게 된다. 깊이, 인품, 비극, 승리, 광범위한 맥락이 파악된다. 브레디히 컬렉션에서 우리가 그랬던 것처럼 말이다. 브레디히 컬렉션은 비극으로 끝맺은 사연을 담았지만, 크로퍼드 컬렉션은 미국이 걸어온 여정을 담고 있었다. 브레디히 컬렉션에서 나는 내 가족의 역사를 떠올렸으며, 크로퍼드 컬렉션에서도 똑같이 내 가족의 역사를 보았다. 내게는 나치에서 탈출해온 가족이 있었고 미국 독립전쟁에서 싸운 선조가 있었다. 나의 고조부 찰스 본 휴스턴의 친척 가운데, 그러니까 내 친척 가운데 한 명이 1812년 전쟁에서 싸웠다. 이런 남녀들은 오래전에 죽었고, 더 이상 대화를 나눌 수 없다. 하지만 나는 그들에게 목소리를 줄 수 있다. 내 임무는 관련된 사람들을 이해하고 그들의 이야기를 해주는 것이며, 나는 그 임무를 받아들인다.

에머슨은 역사에 대해 이렇게 말했다. "널리 명성을 떨친 인물들이 먼 옛날에 행한 일을 두고, 지금 자신이 하는 일보다 더 깊은 의미를 가진다고 생각하는 사람들이 있다. 나는 그런 사람들이 역사를 올바르게 이해할 것이라고 기대하지 않는다." 내 여정은 아버지가 시작한 사업에 합류하겠다는 갑작스러운 결정에서 시작되었다. 그 결정은 액자에 담긴 문서와 투명 파일에 든 컬렉션 앞으로 나를 데려갔다. 내 여정은 게오르크 브레디히 옆에 나를 떨어뜨렸고, 나는 그와 함께 나치 독일에서 탈출하는 배를 타고 안전한 뉴욕 항구에 도착해, 우리를 맞아들이기 위해 횃불을 높이 쳐든 자유의 여신상의 환영을 받았다. 내 여정은 몬티첼로의 제퍼슨 옆에 나를 앉혔고, 거기서 나는 그의 위대한 서재에서 책들을 뽑아 읽었으며, 미국이 어떤 나라가 되어야 하는가 하는 비전을 놓고 그와 토론했다. 내 여정은 캐멀롯 시대가 출범할 무럽 존이 흔들의자에 앉아 있고 그 곁에서 로버트가 머리를 쥐어짜고 있던, 젊은 에너지와 이상과 영광으로 가득 찬 백악관의 대통령 집무실로도 나를 데려다놓았다. 또 한 찰나에 나는 에어포스원에 올라 그 모든 것을 끝장낸 광적이고 비극적인 종말을 실시간으로 듣고 있었다.

내 여정은 나를 영원의 교차로에 데려다놓았다. 그 교차로는 과거를 향해 뒤쪽으로, 미래를 향해 앞쪽으로 뻗어 있으며, 나는 그 모든 것이 융해되어 들어가는 현재라는 유리한 위치에 서 있다. 나는 역사 사냥을 통해, 그 일을 하지 않았더라면 내가 상상도 하지 못했을 깊이를 얻게 되었다. 또한 역사 속에서 인간 경험의 복잡성을 진정으로 이해하게 되었고, 그 이해를 통해 내 삶을 바라보는 시각을 갖게 되었다. 편지와 물건들은 나 자신의 삶을 평가하고 되돌아보는 창문이 되었다.

에필로그

발견의 여정, 더 커진 의미를 찾는 여정

이 책에 수많은 참고문헌이 실렸는데, 어쩌다 보니 19세기 독일과 영국이 아니라 19세기 미국의 위대한 작가들의 것이 많았다. 미국 고유의 문학이 처음으로 번성하던 시기였다. 거기에는 한 개인의 젊음과 한 국가의 젊음이 있었고, 그 젊음 안에 에너지와 통찰이 있었다. 이 시기 작가들은 얼마 안 되는 단어로 너무나도 많은 것을 담아냈다.

나는 에머슨과 소로 같은 사람들의 글과 유물로 구성된 자그마한 컬렉션을 갖고 있다. 판매용이 아니라 내 열정을 투사한 것이며, 거래 시장에서 다른 사람들에게 방어벽을 세울 필요 없이 혼자서 향유하는 것들이다. 그중 하나가 소로가 처음 낸 책 『소로의 강*A Week on the Concord and the Merrimack Rivers*』 초판본이다. 그 안에는 저자가 직접 쓴 인용문이 있고, 그 밑에 자필 원고가 있다. 소로의 자필 원고는 희귀하며, 『월든』의 저자가 서명한 인용문을 이것 외에는 본 적이 없다.

소로의 시는 과거를 불러내어 현재를 살아가는 도구로 삼으며, 19세기 낭만주의 시대에 영감의 원천이 되어주던 카르낙의 석재들, 브레타뉴에 있는 고대의 구조물을 불러온다. 그는 이렇게 쓴다.

시대의 정신이란
오늘 그리고 이 길이 아니면 무엇이랴?
삼천 년 전이 이미 사라진 것은 아니니,
이 여름 아침에도 머물러 있고.

이 시는 내가 가진 책에 적힌 인용문으로 끝난다.

카르낙의 원주들이 아직 평원에 서 있다면
우리의 기회를 즐기기 위해 남아 있는 것이다.

그 시대의 필자들은 과거를 살아 있는 현재에 섞어 넣고, 두 시대를 한데 합치는 것에 집착했다. 어떤 의미로는 우리 모두 같은 일을 하고 있다. 그것을 표현하는 방식은 다를지라도 말이다. 우리에게는 다른 선택의 여지가 없다.

우리는 과거에도 미래에도 살 수 없다. 오히려 우리와 타인들의 과거 경험은 현재 속에서 불처럼 타오른다. 혹은 에머슨이 쓴 것처럼 사람들은 "각자 개인 속에서 모든 역사를 살아가는 것"을 목표로 한다. 과거가 우리 안에서 살아나 현재 속에서 우리의 삶을 영위하는 것이다.

역사는 처음부터 내 주위 어디에나 있었다. 내가 받아들일 수 있을 만큼 자라기 전에도 그랬다. 게티즈버그 전쟁터에서 총알을 줍던 소년 시절에도 나를 전율케 했고, 아버지가 과거의 위대한 인물들에 대해 이야기하는 것을 들을 때도 그랬다. 역사는 중학교 때 자필 원고를 얻으려고 유명 인사들에게 편지를 썼을 때, 가업을 승계하기로 마음먹었을 때 내게 자리 잡기 시작했고, 지식을 얻으면서 깊어졌으며, 마침내 나만의 것이 되었다. 더 많이 보고 배울수록, 더 많은 추진력을 얻을수록, 역사가 내게 갖는 의미는 더 커졌다.

하지만 내가 하는 작업이 그저 의미 있는 모험만이 아니며, 여기저기서 보물 하나씩을 발견하는 그런 단순한 문제도 아님을 깨닫게 되었다. 훨씬 더 많은 의미가 있었다. 그리고 중요했다. 역사 사냥은 발견의 여정, 더 커진 의미를 찾는 여정이다. 제퍼슨의 펜은 우리 삶의 이야기를 쓴다. 링컨의 지혜는 우리가 걷는 길을 밝혀준다. 처칠의 용기는 우리에게 힘을 준다. 아인슈타인의 비전은 우리에게 간절히 원하라고 밀어붙인다. 우리는 우리 자신의 삶 속에서 그들의 이야기를 살아간다.

이런 문서, 이런 유물을 소유하고 손에 쥐는 것은 역사의 힘을 생생하게 만들고, 우리 심장과 마음을 그 빛으로 다시금 흠뻑 적신다. 내가 역사를 사냥하는 것은 나 자신을 위해서이기도 하다. 여러분이 이 책을 읽고 이런 이야기를 좋아하게 된다면 여러분 또한 나처럼 된다.

아직도 탐색할 것이 너무나 많이 남아 있다. 다락방과 지하실에, 벽에 걸린 액자에, 전 세계 온갖 부류의 사람들이 가진 장롱 속에 아직 발견되지 않은 보물들이 쌓여 있다. 매일 새로운 발견이 있고, 매일 다른 사냥을 나서자는 이메일이 들어온다. 윈스턴 처칠, 에밀리 디킨슨, 나폴레옹, 조지 워싱턴 등 과거의 위대한 남녀들로부터 영감을 계속 끌어내는 한, 사냥은 계속될 것이고 우리도 그곳에 있을 것이다.

감사의 말

집필에 도움을 준 기록 관리자와 학자들에게 감사드린다. 이 책 안에 언급된 분들이 많다. 특히 감사할 분들은 다음과 같다. 알베르트 아인슈타인 문헌 프로젝트의 다이애나 부크월드, 몬티첼로의 토머스 제퍼슨 문헌 프로젝트의 토머스 제퍼슨 루니, 프린스턴 대학 토머스 제퍼슨 문헌 센터의 리니 슈넥·제임스 매클루어·토머스 다우니, 버지니아 대학 조지 워싱턴 문헌 센터의 벤저민 허긴스, 스미스소니언 국립미국사박물관의 데이비드 밀러, 매사추세츠 역사협회의 새러 조지니, 윌리엄앤메리 칼리지의 제럴드 게드모어, 제임스 먼로 문헌 센터의 대니얼 프레스턴, 콜로니얼 윌리엄스버그 재단의 더글러스 메이요, 의회도서관의 줄리 밀러·바버라 베어·미셸 크라울, 폴저 셰익스피어 도서관의 미셸 리, 펜실베이니아 역사협회의 리 아널드, 그리고 컬럼비아 대학 존 제이 문헌 센터의 롭 하버먼과 브랜트 보겔.

여러분이 현재 손에 들고 있는 이 책의 발상을 처음 구체화하도록 도와준 재닛 벤턴에게 감사한다. 내 이야기가 가진 가능성을 믿고 나를 지도하고 참을성 있게 기다려준 내 에이전트 제인 본 메렌과 에비타스 창작 매니지먼트 회사의 내 팀에게 감사한다. 내 편집자 릭 호건이 이 프로젝트에 가진 열성과 지혜가 이 책을 내는 데 꼭 필요했으며, 로절린 메호터, 브라이언 벨필리오, 애실리 길리엄과 스크리브너 출판사의 내 팀이 최선을 다해 이 책을 만들어준 것에 대해서도 마찬가지로 감사를 전한다. 또 이 책을 꾸미는 과정에서 대체 불가능한 역할을 맡아준 대작가 루크 바에게도 출판 과정 전체에서 귀중한 조언을 해준 것에 대해 감사를 전한다.

할아버지 케네스 셰퍼드와 삼촌 솔 리보위츠에게 고마움을 느낀다. 그들이 보여준 겸손함과 자신을 잊은 애타심은 내가 삶과 사업에서 실현하고자 하는 도덕적 자세의 모범이 되어주었다.

자필 원고 분야의 전문가였고, 지금은 목사로 활동하시는 닐 래니건에게 감사를 전하고 싶다. 그는 아버지가 이 업계에 처음 들어왔을 때 조언을 해주었고, 아버지가 내게 해준 것 같은, 이 책에 서술되어 있는 바로 그런 수업을 아버지에게 해주셨다.

우리 회사에서 자신의 역할을 훌륭하게 수행하여 내가 이 중요한 프로젝트에 힘과 시간을 쏟을 수 있게 해준 하다 맥닐에게도 감사한다.

역사를 향한 나의 사냥은 부모님의 노고가 없었더라면 불가능했다. 부모님은 30년 전에 우리 집 식탁에서 스티븐 라브 자필 원고 회사를 차렸고, 나중에는 나를 맞아들여 이 업계의 고삐를 쥘 수 있을 거라고 나를 믿어주셨다. 아버지는 역사 사냥과 역사에 대해 누구보다도 많은 지식을 물려주셨고, 어머니는 이제껏 내가 받은 것 중에서 가장 중요한 장점을 물려주셨다. 바로 한번에 한 걸음씩 나아가며, 지금 앞에 있는 일을 하는 것이다. 나는 그 덕성을 이 프로젝트와 다른 일에서 셀 수 없이 많이 적용해왔다.

그리고 마지막으로 집에 있는 나의 팀에 감사한다. 아내이자 사업 파트너인 카렌이 없었더라면 이 모든 일은 불가능했을 것이다. 내게 영감을 주는 딸 엘리자베스가 소로와 같은 토지측량기사가 되어서 문제를 해결하기 위해 일하지만 진정한 목표는 삶에 대한 더 깊은 통찰에 두기를 바란다.

역사 사냥꾼

역사가 돈이 되는 세계를 찾아서

초판 1쇄 발행 2021년 6월 18일

지은이 네이선 라브·루크 바
옮긴이 김병화

펴낸이 서지원
책임편집 홍지연, 윤정숙
디자인 어나더페이퍼
조판 김성인

펴낸곳 에포크
출판등록 2019년 1월 24일 제2019-000008호
주소 서울시 서대문구 신촌로 63, 1515호
팩스 070-8870-6907
전화 02-6280-5776
이메일 info@epoch-books.com

ISBN 979-11-970700-2-0(03900)

책값은 뒷표지에 있습니다.
잘못된 책은 구입하신 곳에서 교환해 드립니다.

에포크는 중요한 사건으로 인해 의미 있는 변화가 일어난 시대라는 뜻을 담고 있습니다. 다리를 형상화한 에포크의 로고처럼 과거와 현재, 그리고 미래를 이어주는 에포크의 책들을 통해 독자들도 자신만의 '에포크의 시간'을 만들어 가기를 바랍니다.